国学经典 | 典藏版

呻吟语

上

〔明〕吕　坤　撰

张民服　张文硕　王珊珊　注译

中州古籍出版社

· 郑州 ·

图书在版编目（CIP）数据

呻吟语 /（明）吕坤撰 ；张民服，张文硕，王珊珊注译 . —郑州 ：中州古籍出版社，2023. 3
（国学经典：典藏版）
ISBN 978-7-5738-0316-0

Ⅰ . ①呻…　Ⅱ . ①吕… ②张… ③张… ④王…　Ⅲ . ①人生哲学 – 中国 – 明代 ②《呻吟语》 – 注释 ③《呻吟语》 – 译文
Ⅳ . ① B248.92

中国版本图书馆 CIP 数据核字（2022）第 168905 号

SHENYIN YU
呻吟语

出 版 人　许绍山
责任编辑　翟羽佳
责任校对　牛冰岩
装帧设计　曾晶晶

出 版 社　中州古籍出版社（地址：郑州市郑东新区祥盛街 27 号 6 层
邮编：450016　电话：0371-65723280）
发行单位　河南省新华书店发行集团有限公司
承印单位　郑州印之星印务有限公司
开　　本　640 mm × 960 mm　1/16
印　　张　47.5
字　　数　735 千字
印　　数　1—2 000 册
版　　次　2023 年 3 月第 1 版
印　　次　2023 年 3 月第 1 次印刷
定　　价　118.00 元

前　言

《呻吟语》，明代著名思想家吕坤的代表作，是一部箴言体小品文集。它立足儒学，积极用世，关乎治国修身、处事应物，言简意赅，洞彻精微，在当时及后世影响很大。清乾隆初年担任河南巡抚的尹会一在《吕语集粹·序》中称其“推堪人情物理，研辨内外公私，痛切之至，令人当下猛省，奚啻砭骨之神针，苦口之良剂”。申涵光《荆园小语》更称：“吕新吾先生《呻吟语》，不可不常看。”该书涉及天地自然、人性命运、治学品行、处事为人、人情物理等多方面内容，对于培养品德、待人接物、应对局势、修身养性等都提出许多切实可行的见解，充满智慧之光，具有深邃的思想性和哲理性。在该书中，还突出体现了吕坤的重民思想和民本主义观点，将民众的冷暖疾苦和生老病死作为他思考问题的出发点，这与他的为官理政的理念亦是相一致的。因而《呻吟语》具有很强的可读性和借鉴性。近年来各种版本《呻吟语》的整理改编问世，更可以说明该书已经成为中国传统文化经典宝库中不可或缺的一个宝藏。

一

吕坤（1536—1618 年），字叔简，一字心吾（或新吾），自称抱独居士，宁陵（今属河南）人。万历二年（1574 年），考中进士，任职襄垣（今属山西）知县，政声颇佳。后历任户部主事及郎中、山东右参政、山西按察使、陕西右布政使、山西巡抚、右佥都御史、左佥都御史，累官至刑部左、右侍郎。

吕坤所处的时代，正值明王朝日趋腐朽、危机四伏之时。万历初年，内阁首辅张居正主持整顿吏治、加强边防、治理黄河、清丈土地，继而推行“一条鞭法”，大刀阔斧地在政治、军事、经济等领域采取一系列强有力措施，将嘉靖中期以来的改革活动推向高潮，出现不少清新气象，遂收一时之成效。但是，在张居正去世后，朝政却出现大幅度逆转。神宗皇帝骄奢淫逸，贪财好货，一改在张居正生前那种恭敬谨慎、循规守礼的做法，不仅将张居正抄家削爵，还一概否定了他的治国政绩，此后的朝政日趋黑暗。神宗长期深居内宫，不理政事，搜求无度，恣意挥霍。从中央到地方的各级官府，多缺乏主管长官，政事无人过问。而朝廷内外则是党派林立，互相倾轧，一派混乱局面。在财政方面，国库匮乏，入不敷出，国家机器难以运作。这一时期，土地兼并之势愈演愈烈，大批农民丧失土地，或沦为佃户奴仆，或辗转他乡成为流民。自万历二十四年（1596 年）始，神宗派遣大批矿监税使到全国各地，名为采矿榷税，实则横征暴敛，摧残百姓，此正如当时吏部尚书李戴向朝廷上疏所言：“自矿税出而百姓之苦更甚于兵，自税使出而百姓之苦更甚于矿。年来远迩同嗟，贫富交困。贫者家无宿储，止凭营运，但夺其数钱之利，已扼其一日之喉。至于富民，需求不遂，立见倾家荡产，无地可容，有天难诉。利归群小，怨归朝廷。”（《明神宗实录》卷三四〇）结果造成民怨沸腾，天下骚然。加之天灾频仍，百姓更无生路。凡此种种，导致万历朝出现内忧外患、危机四伏的状况，颇有大厦将倾之势，以致后人有“明之亡，实亡于万历”之说。

面对这种危局，颇有扶危济困之志的吕坤于万历二十五年向朝廷上了一道奏疏，坦言天下安危，并提出了拯救危机、治理国家的方略，此即著名的《忧危疏》。他认为：“今天下之势，乱象已形，而乱势未动。天下之人，乱心已萌，而乱人未倡。今日之政，皆拨乱机使之动，助乱人使之倡者也。”（《明史》卷二二六）而百姓的境遇则十分凄惨：“冻骨无兼衣，饥肠不再食。……流移日众，弃地猥多；留者输去者之粮，生者承死者之役。”（《明史》卷二二六）在这种局势下，吕坤认为最重要的就是收人心，他说：“人心者，国家之命脉也。今日之人心，惟望陛下收之而已。”（《明史》卷二二六）具体而言，就是要采取切实措施减轻民众负担，解决时弊。如他提出停罢山西之绸、陕西之绒、苏松之锦绮、饶州之瓷器，则陕西、江南之人心可收；减少湖广、四川、贵州地区的采木量，则湖广、川、贵之人心可收；停止采矿、征榷矿税，则四方之人心可收；关闭官店、禁止与民争利，则京畿地区之民心可收；澄清冤案、稳定宗室，则宗藩勋戚之人心可收；执法公允、实行法治，则牢狱之人心可收；虚心纳谏、广开言路，则士大夫之人心可收；稳定四邻、加强边防，则属国之人心可收；清查库府、加强管理，则输解物品之人心可收；慎用抄家之法、避免株连之嫌，则郡城之人心可收；少行严刑峻法、善待宫人侍从，则左右之人心可收。（《明史》卷二二六）此疏针砭时弊，言辞恳切，集中反映了吕坤的政治思想。所言虽未得到神宗采纳，却表现出吕坤为国为民的一片赤诚之心，因而深得朝臣们的赞誉，影响颇深。

吕坤一生“刚介峭直，留意正学。居家之日，与后进讲习。所著述，多出新意”（《明史》卷二二六）。他知识渊博，著述颇丰，是著名的思想家、哲学家和政治家。他的著作主要有《去伪斋文集》《呻吟语》《实政录》《四礼疑》《四礼翼》《闺范图说》等。《呻吟语》成书于万历二十一年（1593年），是一部探讨人生哲理的箴言体名作。何谓呻吟？用吕坤本人的话解释，即：“呻吟，病声也。呻吟语，病时疾痛语也。”（《呻吟语·序》）意在通过这种比喻，告诫自己，告诫世人，无论为官，无论做人，都要有正确的行为规范和处世之道；无论行事，无论言谈，都应举止得当，合情遵法。目的在于以自己对人生的感悟“示惩于天下”，起到警世作用。

二

《呻吟语》共分六卷，即礼集、乐集、射集、御集、书集、数集，其下又分为性命、存心、伦理、谈道、修身、问学、应务、养生、天地、世运、圣贤、品藻、治道、人情、物理、广喻、词章十七类。其思想虽仍以儒家为主体，但亦深受时代影响，处处体现出晚明变革之世的思想风貌。正如时任湖广监察御史的赵文炳在其校刻《吕公实政录》序言中所云：“吕先生天中大贤，得伊洛真传。所著《呻吟语》，发明六经孔孟之学，天德王道，渊源于中。居恒慨然以天下为己任，一念民物胞与，真可盟幽独而格鬼神者。”（郑涵《吕坤年谱》）

在《呻吟语》中，吕坤以他丰富的社会阅历和敏锐的洞察力，通过对自然、社会和人情的观察思考，提出许多颇有创见而切合实际的论点，表达了他对人生的深刻感悟，充满了哲理性。

在卷一《性命》中，吕坤以朴素的唯物主义思想谈了生死、形体、精神、人生等问题。他说："人与众动之死生、始终、有无只是一理，更无他说。""气无终尽之时，形无不毁之理。"认为：包括人在内的世上一切有生命的物体，其生长与死亡、起源与终结、存在与消失，都出自同一道理，即一种循环往复、自然代谢的过程。一切有形体的东西是无法长存的，而精神的东西则可与世俱在，代代流传。他在谈到人生发展阶段时认为，人在不同的年龄阶段，其心境是不一样的，这是由于："人之念头与气血同为消长。四十以前是个进心，识见未定而敢于有为；四十以后是个定心，识见既定而事有酌量；六十以后是个退心，见识虽真而精力不振。"意思是说：人的志向、心念是随精力、身体状况一起变化的。四十岁之前有很强的上进心，这是由于对事物还没有足够的认识，还在不断探索，因而敢于有所作为；四十岁之后进入不惑之年，社会阅历已很丰富，见多识广，思想稳定，心态平和，虑事周详，不容易冲动犯错误；六十岁之后逐渐缺乏积极进取之心，虽然见识精深，但精力衰退，故趋于保守。这便是人生的一般规律。在看待命运问题上，他认为君子和小人的命运虽然都掌握在各自手里，但在如何对待上却有不同：君子从道义的角度对待命运，不用非道义的方法来操纵它；小人则企图以欲望来控制命运，不可得到的东西必欲得之，这样命运是不肯接受的。因此，"君子之心常泰，小人之心常劳"。吕坤的这种观点，继承了儒家传统的义利之观，即"君子喻于义，小人喻于利"。君子注重自身修养，为人处事符合天理人情，顺应自然；小人则只为一己私利谋算，不惜损害他人利益，违背自然。这正是君子、小人之间的区别。

在卷二《问学》中，吕坤谈了对治学的一些主张和观点。

他认为，读书人切忌一面学着古代圣贤之道，一面又我行我素，不把书本知识与实际结合起来。如果这样去读书，即使“闭户十年，破卷五车”，仍将一事无成。他强调，读书就应将书本中的知识道理运用到社会实践中，指导自己的为人处事和言行举止，按古代圣贤的标准去要求自己，规范自己，否则就是读再多的书也毫无用处。他还指出，做学问不能仅浮在表面上，一定要深入进去，如果“不由心上做出，此是喷叶学问；不在独中慎起，此是洗面工夫”。肤浅学问和表面功夫是成就不了大事的。有些人讲起话来头头是道，议论事物侃侃而谈，似乎显得很有学问，但要他们去处理实际问题，就一筹莫展、束手无策，这就是对知识掌握得不深、对内涵理解得不够的缘故。所以，学知识、搞学问一定要脚踏实地、扎实勤奋，这样才能掌握到真正的本领。研究学问，应该懂的就一定要弄懂它，否则就是愚昧；没有弄懂的，也不要不懂装懂，否则就是牵强附会。他说：“君子知其可知，不知其不可知。不知其可知则愚，知其不可知则凿。”知识的获得、哲理的明了需要一个过程，学习既要勤奋努力、刻苦钻研，又要切合实际、实事求是。正如孔子所言：“知之为知之，不知为不知。”能够懂得的、掌握的，就一定弄懂它、掌握它，不懂的、没有掌握的，就应当坦然承认不懂，切不可强不知以为知。吕坤还指出，每个人都有优点和缺点，治学也是如此。怎样做学问呢？他说：“学问之道无他，只是培养那自家好处，救正那自家不好处便了。”在治学过程中，每个人都应对自己所擅长的和不擅长的有所了解，从而发挥长处，克服短处，照自己所擅长的方向去发展，这样才可能取得成功。

在卷三《应务》中，吕坤谈了为人处事、应对各种局面的一些看法。他认为，一个人随着年龄的增长，所经历的事情愈来愈多，阅历愈来愈丰富，于是总结出许多如何应对各种事件、如何接触各类人的经验，对不同的人能够采用不同的方法。他说："余行年五十，悟得'五不争'之味。"何谓"五不争"？曰："不与居积人争富，不与进取人争贵，不与矜饰人争名，不与简傲人争礼节，不与盛气人争是非。"意思是说不和重积蓄的人争富有，不和追求显达的人争尊贵，不和矫饰矜持的人争名声，不和倨傲简慢的人争礼节，不和盛气好斗的人争是非。这是吕坤为人处世的经验之谈。年届五十，已经到了知天命的时候，对己可以淡泊名利，对人可以宽容大度，把生活的价值和生命的意义看得更深刻些，从而达到更加完美的人生境界。吕坤还说："理直而出之以婉，善言也，善道也。"道理正确又能委婉地表达，这才是好的语言、好的方式。一个人即使真理在握，也不应盛气凌人，趾高气扬，而应以谦虚宽容的态度待人，循循善诱，虚怀若谷，令人心悦诚服，这是一个人最宝贵的品德。在此卷中，吕坤还进一步谈了善于处世的问题。他说，善于处世的人，要掌握人的自然之情。"得人自然之情，则何所不得？失人自然之情，则何所不失？"关于此点，不仅帝王治理国家需要这样，即使两个人相处，"亦离此道不得"。强调了自然之情在治国和人际交往中的重要性。

在卷四《世运》中，他谈了君子与世俗之人的区别。在吕坤看来，君子和世俗之人在很多方面都有所不同，"世人贱老，而圣王尊之；世人弃愚，而君子取之；世人耻贫，而高士清之；世人厌淡，而智者味之；世人恶冷，而幽人宝之；世人薄素，而有道者尚之"。在此卷中，吕坤还谈了对物质需求的态度。他认为，世间的物质是有限的，但人的欲望则无止境，以有限之物去满足无限之欲，必然会发生争斗。假如"人人知足则天下有余”。他还说，自然界有一定的成规，而人心却是飘忽不定的，以不定之心去撼动自然界的成规，那肯定会失败。假如每个人都无非分之心，做到“人人安分则天下无事”。在人的一生中，能够克服缺点、战胜自己恐怕是最难能可贵的了，“所贵乎刚者，贵其能胜己也，非以其能胜人也”。也就是说，刚的品德之所以可贵，就在于其可用来战胜自己，而并非用来战胜他人。

在卷五《治道》中，他谈了为官理政的一些准则和需要注意的问题。其一，他提出：“天下之患，莫大于‘苟可以’而止。”养成萎靡不振、不思进取的习气，造成积重难返的形势，都是因为“苟可以”的缘故。作为圣人，其治身能够勤勉发奋、自强不息；其治民能够鼓舞干劲，从不懈怠。圣明之人不因天下太平而废除常规，不因无害于世间而忽略小的过失。这是由于圣人能深刻认识到“防患于未然”的道理。其二，他告诫道：“帝王虐民是自虐其身者也，爱民是自爱其身者也。”他以秦的强盛和灭亡为例，谈了施仁政和施虐政的巨大差异：“德之所渐，薄海皆腹心之兵；怨之所结，衽席皆肘腋之寇。”强调了施仁政的重要性。其三，为政要保持公心，摒弃私心。“若自朝堂以至闾里，只把持得‘公’字定，便自天清地宁，政清讼息。”假如上自朝廷、下至市井里坊，人人都能坚持公心、秉公办事，天下自然会安宁太平，政治自然清明，狱讼自然平息。然而就是这样一个“私”字，却“扰攘的不成世界”。很多弊端、很多不法行为就是由于私心而酝酿成的。其四，为政者要有宽广的胸怀和宏大的气度，以宽容待人，改正他人之过。如果对有过之人采取过激态度，只会加剧他的错误并激化矛盾。此正如其所言：“宽人之恶者，化人之恶者也；激人之过者，甚人之过者也。”其五，在采用礼与刑的问题上，吕坤强调了礼的重要性。他说：“五刑不如一耻，百战不如一礼，万劝不如一悔。”设置五刑惩治罪恶，不如使人自感耻辱作用更大；发动百战阻止祸乱，不如以礼相待更能带来安宁；万次劝说转变他人之过，不如使其自我悔恨纠正错误。这里吕坤强调了道德、礼仪、自律所具有的内在力量。在礼与刑的关系上，他进一步分析道：礼与刑，二者常相资也。礼先刑后，“礼行则刑措，刑行则礼衰”。礼仪与刑法是一种互为补充、相辅相佐的关系，治理国家缺一不可。但使用得当与否，则有不同结果：先礼后刑，则礼仪推行而刑法可以放弃；先施刑法，则礼仪就会衰弱，发挥不了作用。此正如儒家思想所主张的那样，对人民要先使其安居乐业，再施行教化，再推行礼仪；无效，才施以刑法。

在卷六《人情》中，吕坤谈了不少人生哲理和人世间的种种现象，或加以阐释，或加以褒扬，或加以抨击。他认为，人的一生会经历各种境遇，能否正确应对，才是最为重要的。他说：“以患难时心居安乐，以贫贱时心居富贵，以屈局时心居广大，则无往而不泰然。”人在患难之时，心态能够安然乐观；人在贫贱之时，心中能有富足之感；人在屈辱之时，心胸能宽广豁达。那就没有什么事不能泰然处之。他进一步谈道：“以渊谷视康庄，以疾病视强健，以不测视无事，则无往而不安稳。”假如能把深渊峡谷视同康庄大道，把疾苦病痛视同强壮健康，把意外事故视同没有事端，那就没有任何使人感到不安稳的事情了。吕坤通过这种辩证的论述，意在使人们培养起应对各种困难艰险的能力。在如何对待人之过错上，吕坤认为：“攻人者，有五分过恶，只攻他三四分，不惟彼有余惧，而亦倾心引服，足以塞其辩口。”批评人的过错，要留有余地，不要求全责备；要有真诚的态度，不要趾高气扬。这样才能使对方心悦诚服，纠正过错。在此卷中，吕坤还对人的一些不良品行进行了抨击。他认为人有三妒："己无才而不让能，甚则害之"，此为一妒；"己为恶而恶人之为善，甚则诬之"，此为二妒；"己贫贱而恶人之富贵，甚则倾之"，此为三妒。对这三类见人生妒者，应当进行严厉惩罚。

民本思想是吕坤思想学说中的又一重要内容，这种思想处处体现在《呻吟语》中，成为该书极富价值的一大特色。

首先，吕坤认为，民是国之根本、国之命脉，国家政权的存亡与民众的作用休戚相关。他说："盈天地间只靠二种人为命，曰农夫、织妇。"（《呻吟语》卷五《治道》）进而问道："吃这一箸饭是何人种获底？穿这一匹帛是何人织染底？大厦高堂如何该我住居？安车驷马如何该我乘坐？"（《呻吟语》卷三《应务》）充分肯定了天下之人赖以生存的吃、穿、住、行是由农夫织妇提供的。告诫统治者要时刻"知君身之安危，社稷之存亡，百姓操其权故耳"（《明史》卷二二六《吕坤传》）。他认为，在人民当中蕴藏着巨大的力量，在人民支持下君主才得以维持其统治，政权才得以保持其稳定。作为统治者及其官吏，平时却认识不到这一点，不注意调和君主与民众的关系，不懂得"水能载舟，亦能覆舟"的道理，漠视百姓疾苦，大肆盘剥压榨。结果使阶级矛盾激化，社会危机加深，反抗事件此伏彼起。到了此时，"惟有丘民难收拾，虽天子亦无躲避处，何况衣冠"（《呻吟语》卷五《治道》）。因此，对人民要想到其劳苦，要尊重其志向，"匹夫有不可夺之志"（《呻吟语》卷五《治道》），"匹夫匹妇未可轻，而下士寒儒其自视亦不可渺然小也"（《呻吟语》卷四《品藻》）。

其次，在君与民的关系上，吕坤强调了民的重要性。他说："天之生民非为君也，天之立君以为民也。"（《呻吟语》卷五

《治道》）民众是国之根本，是国家主体，有了民众，国才得以为国，君才得以为君。民众之生不是为君主而生，民众之存不是为君主而存。而君主的确立则是为了民众，为民众的需要而设立君主。因此，君主不可将天下之子女视为一己之子女，将天下之财富视为一己之财富，供一人恣意挥霍，反对“使一人肆于民上而剥天下以自奉”（《呻吟语》卷五《治道》）。在封建时代，君主拥有至高无上的权威，凭借这种权威君主得以主宰天下，支配万物。但是，君主的权威源自何处？恰恰源自民众。得民众者势得以成，失民众者势遂以崩。他以秦朝的兴盛与速亡为例指出：“始皇以天下全盛之威力，受制于匹夫。何者？匹夫者，天子之所恃以成势者也。”（《呻吟语》卷五《治道》）所以吕坤提出君主当有四畏，即“上畏天、下畏民，畏言官于一时，畏史官于后世”（《呻吟语》卷二《修身》）。这样君主才能有所顾忌，有所收敛。

最后，体察民众的疾苦冷暖，主张减轻民众负担。万历年间，以皇帝为首的腐朽封建势力日益膨胀，人民饱受土地兼并、赋重役繁之苦。吕坤对人民的这种生活遭遇深表同情，指出：“天下之财，生者一人，食者九人；兴者四人，害者六人。其冻馁而死者，生之人十九，食之人十一；其饱暖而乐者，害之人十九，兴之人十一。呜呼！可为伤心矣。”（《呻吟语》卷五《治道》）为人佃户者，不仅在田间辛苦力作，还要承担主人家的各种杂活：“夜警资其救护，兴修赖其筋力，杂忙赖其使令。”然而佃户缺食向主人借贷时，“轻则加三，重则加五，谷花始收，当场扣取，勤动一年，依然冻馁”。（《实政录》卷二《民务》）因此提出，对佃户要给予存恤，减轻还贷负担：“今后佃户缺食，主家放给，亦照官仓加二，如有平借平还者，乡约纪善，以凭优处，有司合行通示。”（《实政录》卷二《民务》）对放高利贷者要加以限制：“放贷只许一年三分起利，过三年者本利倍还。不还者，法当告理。……强拿欠主采打苦拷者，以势豪论。”（《实政录》卷五《乡甲约》）吕坤对官场中漠视百姓疾苦、只顾一己私利的风气进行了抨击：“饥者汝饥，寒者汝寒，尔自尔民，我自我官。”（《去伪斋文集》卷七《公署箴》）官吏的设置本为安民，如今却成了扰民之举：“谓安民故，建此多官；官满天下，民益不安。”（《去伪斋文集》卷七《振扬风纪箴》）官吏设置愈多，百姓所受骚扰愈大，不但不能为民谋利，反而成为害民的一大弊政。在这里，吕坤将对百姓的同情与对官场的抨击结合起来，显现出民众在其心目中的地位是很高的，也从一个侧面反映出对黑暗封建专制统治的不满。他的民本思想成为以后王夫之、顾炎武、黄宗羲和唐甄、颜元等兴起的启蒙思潮的先声。

总之，吕坤在《呻吟语》中谈了许多极富哲理的人生箴言，细细品味起来，言辞简明，寓意深远，颇具明体达用之特色，对治国理政、修身立命、处事应物、培养品行等均不无裨益，对后世产生了深远影响。

三

吕坤在各处为官任内也留下许多令人称道的政绩和作为。万历二年（1574 年）春，吕坤入京应试，中进士，被任命为山西潞安府襄垣县知县。在襄垣期间，积极筹措粮草，调配民夫，以期消除水患。史载：“先生（指吕坤———引者注）设法积谷，立河仓以备修筑，民不知役。”（郑涵《吕坤年谱》）万历六年（1578 年），升任吏部文选司主事，将其俸金及日常积蓄购腴田五百亩，以“祀先人，恤同姓”，名曰“孝睦田”。（吕坤《去伪斋文集》卷八《宁陵吕氏孝睦田碑》）万历十一年（1583年）回宁陵故里休假，针对土地钱粮诡寄、隐瞒等弊端，力主清丈全县地粮，收一时之效。万历十六年（1588年），任职山东济南道右参政。因此前连续两年旱灾，造成该年春天山东大饥荒，灾民食尽草根树皮，又吃各种野草，其中有含剧毒者，食后备受折磨，终致死亡。吕坤得知此情后，深为痛惜，遂作《毒草歌》，以悼死者，以诫生者。此歌云：“柳头尽，榆皮少，岂是学神农，个个尝百草！但教饥饿缓一刻，那论苦辛吃不得！嗟嗟毒草，天胡生此，既不延我生，又不速我死！速死岂不难，长饥何以堪！”（吕坤《去伪斋文集》卷十《毒草歌》）吕坤遍查药书、农书，了解各类植物特性，何种可食，何种有毒，一一注明，其爱民惜民之心于此可见一斑。在山东期间，吕坤还采取措施发展生产，周济鳏寡孤独和残疾之人，解决其生计困难等，颇受赞誉。万历十九年（1591年）末，升任右佥都御史提督雁门等关，巡抚山西。在此期间，曾向朝廷上《摘陈边计民艰》一疏，凡十二款，即：（一）慎优免以息民艰；（二）省兴作以养民力；（三）酌升迁以苏民困；（四）省侈费以惜民财；（五）酌解审以矜原证；（六）兴武教以养将才；（七）精器械以求实用；（八）练乡兵以备缓急；（九）严法令以服豪军；（十）招土著以壮边圉；（十一）议禁山以别利害；（十二）复月粮以恤贫军。（吕坤《去伪斋文集》卷一及《明经世文编》卷四一六）此疏深刻分析了北部边防存在的种种问题和弊端，进而提出解决办法和应采取的措施，切中要害，建议允当，对明代边防大计有重要意义。除注重边防外，吕坤在山西的为政和品行还得到吏部的高度评价，谓吕坤“耿介刚方，光明磊落，在在不避权豪，问司道之所不敢问。居乡能守淡泊，甘士民之所不能甘。友爱家庭，亲睦乡里，年华虽暮，人品极高”（《万历邸钞》第一册）。万历二十五年（1597年），吕坤以病乞休，返回宁陵故里。至次年，湖广监察御史赵文炳校刻《吕公实政录》，在序言中对吕坤一生的政绩做了更为全面的评价，谓其“朝夕焦劳，惟恐一民一物不得其所。……惧民啼饥号寒也，教之垦荒田，兴水利，树农桑，养五孳。其所以殷殷恳恳，导众利而布之下者，必欲家给人足而心始慰。惧茕民无告也，为之岁给粟布，时加存问。即瞽目残肢，俾各专一艺以资其身。乞丐之流，亦冬有生房，房有布被，期穷民举无失所。惧荒歉为民灾也，纸赎无碍尽籴余谷，贮预备仓，而又募民出粟，益以官廪，俾在在皆立社仓，遇有水旱，不能为灾。惧盗贼戕吾民也，而申饬保甲之法。惧淫邪荡吾民也，而讲明乡约之法。惧冤枉害吾民也，而设为平反之法。惧奢靡损吾民也，而崇尚节俭之法。又惧有司之弗毖或至殃吾民也，指陈在公之事正色而告之。……盖先生爱民真如保赤，一猷念、一政事，设诚而力行之”。吕坤为政时爱民、亲民之心，跃然纸上。

四

《呻吟语》始撰于嘉靖四十二年（1563年），吕坤时年28岁，至万历二十一年（1593年）付梓刊行，历时30年。作者在谈及刊刻之由时言道：“司农大夫刘景泽，摄心缮性，平生无所呻吟，予甚爱之。顷共事雁门，各谈所苦。予出《呻吟语》示景泽，景泽曰：‘吾亦有所呻吟，而未之志也。吾人之病，大都相同。子既志之矣，盍以公人，盖三益焉。’……因择其狂而未甚者存之。”（《呻吟语·序》）《呻吟语》问世于晚明这样一个社会大变革时代，既蕴含着儒家思想中修身洁己、治国理政的传统信念，又体现出顺应时代潮流，不拘经道、重民务实的独立思想风格。书中处处闪耀着体用一致、自强不息的积极处世精神，为后人留下一份丰厚而可资研习采纳的思想文化遗产。

该书问世后，自明至清，有多种版本流传于世。此次底本，采用明万历年间刻本、清同治光绪间修补印本《吕新吾先生全集》中的《呻吟语》，参看清道光七年（1827 年）栗毓美等编刻的《吕子遗书》本，译文则参看了近年数家出版社出版的《呻吟语》译注本，力求译文准确、恰当，并保持原作风格。当然，由于译注者学识水平有限，错误之处当不少，希望读者随时批评指正。

需要说明的是，研究生金荣洲、刘士岭、杨洋等参加了本书的注译工作，付出了辛勤的劳动，限于体例，未能一一署名，志此以示谢意。

呻吟语·序

呻吟，病声也。呻吟语，病时疾痛语也。病中疾痛，惟病者知，难与他人道；亦惟病时觉，既愈，旋复忘也。予小子生而昏弱，善病，病时呻吟，辄志所苦以自恨，曰："慎疾，无复病。"已而弗慎，又复病，辄又志之。盖世病备经，不可胜志，一病数经，竟不能惩。语曰："三折肱，成良医。"予乃九折臂矣。沉痼年年，呻吟犹昨。嗟嗟！多病无完身，久病无完气。予奄奄视息而人也哉！

三十年来，所志《呻吟语》，凡若干卷，携以自药。司农大夫刘景泽，摄心缮性，平生无所呻吟，予甚爱之。顷共事雁门，各谈所苦。予出《呻吟语》示景泽，景泽曰："吾亦有所呻吟，而未之志也。吾人之病，大都相同。子既志之矣，盍以公人，盖三益焉。医病者见子呻吟，起将死病；同病者见子呻吟，医各有病；未病者见子呻吟，谨未然病。是子以一身示惩于天下，而所寿者众也。即子不愈，能以愈人，不既多乎？"予矍然曰："病语狂，又以其狂者，惑人闻听，可乎？"因择其狂而未甚者存之。呜呼！使予视息苟存，当求三年艾，健此余生，何敢以沉痼自弃？景泽，景泽，其尚医余也夫！

万历癸巳三月抱独居士宁陵吕坤书

目　录

卷一　内篇　礼集

性命

1.001　正命[①]者，完却正理，全却初气，未尝以我害之，虽桎梏而死[②]，不害其为正命。若初气凿丧[③]，正理不完，即正寝告终，恐非正命也。

［注释］

①正命：《孟子·尽心上》："尽其道而死者，正命也。桎梏死者，非正命也。"②桎梏而死：桎梏，刑具，脚镣手铐。朱熹注："桎梏，所以拘罪人者。言犯罪而死，与立岩墙之下者同，皆人所取，非天所为也。"③凿丧：穿透、失落。

［译文］

寿终而死的人，正常的规律得以完成，保持了人生之初的元气。元气没有因为自我而受到损害，这样，即使被囚禁而死，也可以算作正命。如果最初禀受的元气丢了，违背了正常的规律，即使能寿终正寝，恐怕也不能算作正命。

1.002　德性以收敛沉着为第一。收敛沉着中，又以精明平易为第一。大段收敛沉着人怕含糊，怕深险。浅浮子虽光明洞达，非蓄德之器也。

［译文］

德性以收敛沉着为第一。在收敛沉着中，又以精明平易为第一。一般说来，收敛沉着的人怕含糊，怕深沉阴险。浅浮的人看上去即使光明洞达，也不是具有高尚道德的人。

1.003　或问："人将死而见鬼神，真耶？幻耶？"曰："人寤则为真见，梦则为妄见。魂游而不附体，故随所之而见物，此外妄也。神与心离合而不安定，故随所交而成景，此内妄也。故至人无梦，愚人无梦，无妄念也。人之将死如梦然，魂飞扬而神乱于目，气浮散而邪客于心，故所见皆妄，非真有也。或有将死而见人拘系者，尤妄也。异端[①]之语，入人骨髓，将死而惧，故常若有见。若死必有召之者，则牛羊蚊蚁之死，果亦有召之者耶？大抵草木之生枯，土石之凝散，人与众动之死生、始终、有无只是一理，更无他说。万一有之，亦怪异也。"

［注释］

①异端：指释道鬼神等。

［译文］

有人问："人濒临死亡时，说见到了鬼神，这是真的呢？还是幻觉呢？"我认为："人醒着的时候看见的叫真见，梦中见到的是妄见。人濒临死亡时，魂魄飘游而不附体，这时见到的事物，叫作外妄。神与心分离会合不定，心神相交时出现的景象，叫作内妄。所以道德修养至上的人没有梦，愚蠢的人没有梦，这是因为他们没有妄念。人之将死，就如同做梦一样，魂魄飞离而目光散乱无神，正气浮散而邪气侵入内心，因此所见之物都是虚妄的，不真实的。还有将死的人看见有人来抓捕他，这就更虚妄了。一些歪门邪道的话深印脑海，将死时感到恐惧，所以总是好像看到了什么。假如死时真有东西来招的话，那么牛羊蚊蚁的死必定也有来招的？大致说来，草木的生长荣枯，土石的凝结散开，人与各种动物的死生、始终、有无都是同一个道理，没有另外的说法。万一有的话，就是怪异的说法。”

1.004　气无终尽之时，形无不毁之理。

［译文］

气没有终止和完结的时候，形体没有不毁不灭的道理。

1.005　真机、真味要涵蓄，休点破。其妙无穷，不可言喻，所以圣人无言。一犯口颊，穷年说不尽，又离披浇漓[①]，无一些咀嚼处矣。

［注释］

①离披浇漓：离披，分散貌；浇漓，刻薄。

［译文］

真机、真味要含蓄，休要点破。这样就其妙无穷，不可言喻，所以圣人不多说话。一旦犯了口舌之争，终年也说不尽，又众说纷纭，不合情理，就没有任何可品味之处了。

1.006　性分[①]不可使亏欠，故其取数也常多，曰穷理，曰尽性[②]，曰达天，曰入神[③]，曰致广大、极高明。情欲不可使赢余，故其取数也常少，曰谨言，曰慎行，曰约己，曰清心，曰节饮食、寡嗜欲。

［注释］

①性分：性的本分，指人先天具有的善性。②尽性：尽量发挥和扩充人的本性（善性）。③入神：指人的修养达到最高境界。

[译文]

人先天具有的善性，不应有任何的亏损，所以要达到较高的境界，就要做到常说的“穷理”“尽性”“达天”“入神”“致广大、极高明”。感情和欲望，不可太多太强，所以要节制，也就是常说的“谨言”“慎行”“约己”“清心”“节饮食、寡嗜欲”等。

1.007　深沉厚重是第一等资质，磊落豪雄是第二等资质，聪明才辩是第三等资质。

[译文]

深沉厚重是第一等的资质，磊落豪雄是第二等的资质，聪明才辩是第三等的资质。

1.008　六合原是个情世界，故万物以之相苦乐，而至人圣人不与焉。

[译文]

天地之间原本是个感情的世界，所以万物生于其中就有苦有乐，而道德修养极高的至人和人格品德极高的圣人则不受这感情世界的干扰。

1.009　凡人光明博大、浑厚含蓄，是天地之气；温煦和平，是阳春之气；宽纵任物，是长夏之气；严凝敛约、喜刑好杀，是秋之气；沉藏固啬，是冬之气。暴怒是震雷之气，狂肆是疾风之气，昏惑是霾雾之气，隐恨留连是积阴之气，从容温润是和风甘雨之气，聪明洞达是青天朗月之气。有所钟[①]者，必有所似。

[注释]

①钟：享受。作者认为人的性格、气质相异，皆因所禀之气所致。

［译文］

如果人的气质光明博大、浑厚含蓄，这是禀受了天地之气；温煦和平，这是禀受了阳春之气；宽纵随和，这是禀受了夏天之气；严凝敛约、喜刑好杀，这是禀受了秋天之气；沉藏固啬，这是禀受了严冬之气。暴怒是禀受了震雷之气，狂肆是禀受了疾风之气，昏惑是禀受了霾雾之气，隐恨留连是禀受了积阴之气，从容温润是禀受了和风甘雨之气，聪明洞达是禀受了青天朗月之气。禀受了什么气，必然表现出相似的气质。

1.010　先天之气[①]发泄处不过毫厘，后天之气扩充之必极分量。其实分量极处原是毫厘中有底。若毫厘中合下原无，便是一些增不去。万物之形色才情，种种可验也。

［注释］

①先天之气：指人降生前禀受之气，本文指中和及具有善性之气，这种气经过人的修养和扩充就会达到极处。

［译文］

人先天禀受的气质，能够发扬扩充的不过只有毫厘，但经过后天的修养扩充却能达到至高至大的境界。其实，修养扩充到至高至大的境界的气质原来就存在那只有毫厘大小的中间。如果毫厘中原来一点也没有，就丝毫也不能增加。万物的形、色、才、情，种种方面都可以验证这个道理。

1.011　蜗藏于壳，烈日经年而不枯，必有所以不枯者在也。此之谓以神用，先天造物命脉处。

［译文］

蜗牛藏在壳中，太阳晒着，经过一年都不会枯死，这里面必然有不枯死的道理。这就叫作神用，是先天造物的根本点。

1.012　兰以火而香，亦以火而灭；膏以火而明，亦以火而竭；炮以火而声，亦以火而泄。阴者所以存也，阳者所以亡也，岂独声色气味然哉！世知郁者之为足，是谓万年之烛。

［译文］

兰香因火的点燃而发出香气，也因火的燃烧而消尽；灯油因用火点燃而发光，也因火的燃烧而耗竭；炮因火的点燃而发声，也因火的点燃而散竭。隐忍而不显露就能够存在，显露而不隐藏就要灭亡，岂止声、色、气、味是这个道理呢！世人知道蕴藉不发就能永远充实满足，可以称之为万年之烛。

1.013　火性发扬，水性流动，木性条畅，金性坚刚，土性重厚，其生物也亦然。

［译文］

火的性质发扬，水的性质流动，木的性质条畅，金的性质坚刚，土的性质重厚。由这些物质变化出来的东西，性质也这样。

1.014　一则见性①，两则生情。人未有偶而能静者，物未有偶而无声者。

［注释］

①一：专一。性：指善性。

［译文］

纯一就能见到事物的本性，不纯则会生情。人没有在两人相对时能保持静的状态的，物没有在两物相撞时不发出声音的。

1.015　声无形色，寄之于器；火无体质，寄之于薪；色无着落，寄之草木。故五行惟火无体，而用不穷。

[译文]

声音无形无色，依托于器物；火没有形状，依托于柴草；颜色无着落，依托于草木。所以五行当中，只有火没有形状，可它的用途却无穷无尽。

1.016　人之念头与气血同为消长。四十以前是个进心，识见未定而敢于有为；四十以后是个定心，识见既定而事有酌量；六十以后是个退心，见识虽真而精力不振。未必人人皆此，而此其大凡也。古者四十仕，六十、七十致仕，盖审之矣。人亦有少年退缩不任事，厌厌若泉下人者；亦有衰年狂躁妄动喜事者，皆非常理。若乃以见事风生之少年为任事，以念头灰冷之衰夫为老成，则误矣。邓禹[①]沉毅，马援[②]矍铄，古诚有之，岂多得哉！

[注释]

①邓禹：东汉光武帝时名将，善谋。官拜司徒时年 24 岁，《后汉书·邓禹传》称其“笃行淳备”。②马援：东汉光武帝时名将，屡建奇功，晚年尝征五溪蛮，自谓丈夫立志，穷当益坚，老当益壮。又说当死于战场，以马革裹尸还。事见《后汉书·马援传》。

[译文]

人的想法与身体中的气血同时消长。四十岁以前有个进取心，这时识见还没有完全稳定下来而敢于有所作为。四十岁以后是个安定的心，这时识见已经稳定而遇事能够酌量而行。六十岁以后是个退心，这时见识虽真但精力已经不济了。这一规律，未必人人相同，但大体是这样的。古时候，四十岁出去做官，六十、七十岁辞官退休，这样做是很审慎的。人也有少年退缩不敢承担工作的，少年无力好像将死的人；也有到老年还狂躁妄动喜欢多事的，但这都不合常理。至于认为遇见事情风风火火的少年人可以承担重任，认为念头灰冷的衰弱老人是老成的，也是错的。东汉的邓禹少年即深沉而刚毅，东汉的名将马援老而勇健，像这样的人才古代确实是有的，岂能多得！

1.017　命本在天，君子之命在我，小人之命亦在我。君子以义处命，不以其道得之不处，命不足道也。小人以欲犯命，不可得而必欲得之，命不肯受也。但君子谓命在我，得天命之本然；小人谓命在我，幸气数之或然。是以君子之心常泰，小人之心常劳。

[译文]

人的命本来是上天决定的，但君子的性命在于自己掌握，小人的性命也在于自己掌握。君子以义处命，不是用正义的方法得来的就不处，而命的好坏并不放在心上。小人用自己的欲望去违犯上天决定的命运，不能得到的也一定努力得到，不肯接受上天的决定。但所说的君子的性命在于自己掌握，是说他得到的命和上天赋予的是相同的；而所说的小人的性命在于自己掌握，是希图上天能偶尔改变原定的命运。因此，君子的内心常常是安定的，小人的内心常常是劳累的。

1.018　性者，理气之总名。无不善之理，无皆善之气。论性善者，纯以理言也；论性恶与善恶混者，兼气而言也。故经传言性各各不同，惟孔子无病[①]。

[注释]

①孔子无病：孔子论性时说："性相近，习相远。"所以作者认为孔子这种说法没有毛病。

[译文]

性，是理和气的总称。没有不善的理，也没有全善的气。说性善，这是单从理这方面说的；说性恶或善恶相混，这是从理、气两方面兼说的。所以儒家的经典和传注谈到性时，观点都不相同，唯有孔子的论述没有错。

1.019　气、习，学者之二障也。仁者与义者相非，礼者与信者相左，皆气质障也。高髻而笑低鬌[①]，长裾而讥短袂，皆习见障也。大道明，率天下气质而归之，即不能归，不敢以所偏者病人矣。王制一，齐天下趋向而同之，即不能同，不敢以所狃者病人矣。哀哉！兹谁任之？

［注释］

①髻：束发于顶。鬌：音抓，束在头顶两边的髻。

［译文］

气质和习见，是学习者的两大障碍。仁和义相互抵触，礼和信相互背离，这都是气质形成的障碍。梳高发髻的人讥笑梳两个低发髻的人，穿长衣的人讥笑穿短衣的人，这都是习惯造成的障碍。大道昌明，普天下的气质都会归向大道，即使不能归，也不敢以自己偏好的东西来苛求别人。成就王业的制度统一，天下的趋向就能一致，即使不一致，也不敢以偏离王制的东西去责备别人。可悲啊！大道昌明、王制统一这样的重任由谁来担当呢？

1.020　父母全而生之，子全而归之，发肤还父母之初，无些毁伤，亲之孝子也。天全而生之，人全而归之，心性还天之初，无些缺欠，天之孝子也。

［译文］

父母把孩子完整地降生出来，孩子就应该把自己再完整地归还父母，发肤也和父母生他时一样完整，没有丝毫损伤，这才是父母的孝子。上天让人完整地降生出来，人也应该把自己完整地归还上天，心性也和上天降生他时一样，一点没有欠缺，这才是天的孝子。

1.021　虞廷[①]不专言性善，曰：“人心惟危，道心惟微。”或曰：“人心非性。”曰：“非性可矣，亦是阴阳五行化生否？”六经不专言性善，曰：“惟皇上帝，降衷下民，厥有恒性。”又曰：“天生蒸民有欲，无主乃乱。”孔子不专言性善，曰：“继之者善也，成之者性也。”又曰：“性相近也”，“惟上智与下愚不移”。才说相近，便不是一个，相远从相近起脚。子思不专言性善，曰：“修道之谓教。”性皆善矣，道胡可修？孟子不专言性善，曰：“声色、臭味、安佚，性也。”或曰：“这性是好性。”曰：“好性如何君子不谓？”又曰：“动心忍性。”善性岂可忍乎？犬之性，牛之性，岂非性乎？犬牛之性亦仁义礼智信之性乎？细推之，犬之性犹犬之性，牛之性犹牛之性乎？周茂叔[②]不专言性善，曰：“五性相感而善恶分，万事出矣。”又曰：“几善恶。”程伯淳[③]不专言性善，曰：“恶亦不可不谓之性。”大抵言性善者，主义理而不言气质，盖自孟子之折诸家始。后来诸儒遂主此说，而不敢异同，是未观于天地万物之情也。义理固是天赋，气质亦岂人为？无论众人，即尧、舜、禹、汤、文、武、周、孔，岂是一样气质哉？愚僭为之说曰：“义理之性，有善无恶；气质之性，有善有恶。”气质亦天命于人而与生俱生者，不谓之性可乎？程子[④]云：“论性不论气不备，论气不论性不明。”将性、气分作两项，便不透彻。张子[⑤]以善为天地之性，清浊纯驳为气质之性，似觉支离。其实天地只是一个气，理在气之中，赋于万物，方以性言，故性字从生从心，言有生之心也。设使没有气质，只是一个德性，人人都是生知圣人，千古圣贤千言万语、教化刑名都是多了底，何所苦而如此乎？这都是降伏气质，扶持德性。立案于此，俟千百世之后驳之。

［注释］

①虞廷：指虞舜，古帝名，姚姓，有虞氏，名重华。②周茂叔：宋代理学家周敦颐，字茂叔。③程伯淳：宋代理学家程颢，字伯淳。④程子：指程颐，程颢之弟，理学创立者之一。⑤张子：指张载，北宋哲学家。

［译文］

舜没有刻意说性善，他说："生于形气之私的人欲之心，即人心，是危殆不安的；原于性命之正的天理之心，即道心，是微妙难见的。"有人说，人心不是得之于天的本性。我认为，说人心不是得之于天的本性是可以的，但人心不也是阴阳五行化生出来的吗？六经不专讲性善，而是说："只有皇天上帝，降善于人民，顺人之常情。"又说："上天降生众民，有私欲而无人管束就要发生混乱。"孔子没有刻意说性善，他说："一阴一阳之道连续不断，继承它的就是善，成就为某种事物的就是性。"又说："性都是相近的，只有上智和下愚不会改变。"只要说相近，便不是一个事物，相远从相近开始。子思没有刻意说性善，他说："修道就叫作教。"性都是善的，道还有什么可修的呢？孟子也没有刻意说性善，他说："声色、嗅味、安逸，性也。"有人说，这性是好性。我认为，如果是好性，为什么君子不称道它呢？孟子又说："动心忍性。"如果这里说的是善性的话，善性还要忍吗？犬之性、牛之性，难道不是性吗？犬牛之性也是仁义礼智信的性吗？仔细推想，犬之性就是犬之性，牛之性就是牛之性吗？周敦颐没有刻意说性善，他说："五性相感而善恶分，万事出矣。"又说："几善恶。"意思是说人心有微动，善恶就由此分。程颢没有刻意说性善，他说："恶也不能不叫作性。"大概说来，说性善的人，主张义理而不说气质，这一观点是从孟子折服诸子百家之后开始的。后来的儒家学者遂都主张此说，而不敢表示不同的意见，这是因为他们没有很好地观察天地万物之情造成的。义理固然是天所赋予的，气质难道就不是人为的吗？不必说众人，即使是尧、舜、禹、汤、文王、武王、周公、孔子，难道气质相同吗？我不揣冒昧，说说自己的看法：义理之性，有善无恶；气质之性，有善有恶。气质也是天赋予人的，与生俱来的，不称之为性怎么可以呢？程颐说："论性不论气不完备，论气不论性不分明。"把气和性分成两项，便讲不透彻。张载以善为天地之性，清浊纯驳为气质之性，似乎有些支离。其实天地只是一个气，理在气之中，赋予万物，就用性来说明，所以性字由生和心组成，意思是说有生之心。假如没有气质，只是一个德性，那人人生下来就是天生的圣贤，那样千古以来圣贤们的千言万语、提倡教化和循名责实的主张就是多余的了。为什么要如此辛苦自己呢？其实他们这样做都是为了降伏气质，扶持德性。把我的看法写在这里，等千百世之后人们来批驳吧！

1.022　性一母而五子，五性者，一性之子也。情者，五性之子也。一性静，静者阴；五性动，动者阳。性本浑沦，至静不动，故曰"人生而静，天之性也"。才说性便已不是性矣，此一性之说也。

[译文]

善性为母亲，仁、义、礼、智、信就是五子。这五种性，就是善性的儿子。情，就是五种性的儿子。善性是静的，静是阴；五性是动的，动是阳。性本来是浑然不可分的，又是至静不动的。所以说"人生而静，是天之性"。刚说性便已不是性了，这就是一性的说法。

1.023　宋儒有功于孟子，只是补出个气质之性来，省多少口吻。

［译文］

宋儒有功于孟子的学说，只是补充了一个气质之性，这样就省了很多口舌。

存心

1.024　心要如天平，称物时物忙而衡不忙，物去时即悬空在此，只恁静虚中正，何等自在。

［译文］

心要如一秤，在称物品时物品被拿上拿下而秤不乱，不称物品时就悬挂起来。处在这样静怡虚无的状态下，是多么悠闲自在呀！

1.025　收放心休要如追放豚，既入笠[①]了，便要使他从容闲畅，无拘迫懊侬之状。若恨他难收，一向束缚在此，与放失同。何者？同归于无得也。故再放便奔逸不可收拾。君子之心如习鹰驯雉，搏击飞腾，主人略不防闲[②]；及上臂归庭，却恁忘机自得，略不惊畏。

［注释］

①笠：牲畜的圈栏。②防闲：防备、禁止。

［译文］

要收回一个人放纵的心，不要像追逐放出去的猪一样，已经把它追回栏里，就要让它从容闲畅，不要让它有拘迫烦闷的懊恼。如果恨它难收回来，一直就束缚在那儿，就好像没有追到一样。为什么这样说呢？因为放出去和追回来，它都什么也没有得到。因此再放出去时，它就会逃走追不回来了。君子的心如同经过驯服的鹰雉一样，放开它，让它搏击飞腾，主人一点不用操心；等它飞回主人的臂上，回到家中，却是那样的从容闲适，一点也不惊恐害怕。

1.026　学者只事事留心，一毫不肯苟且，德业之进也，如流水矣。

[译文]

学习者只要事事留心，一点也不得过且过，那么德业的进步，就会如流水一样地前进了。

1.027　不动气，事事好。

[译文]

控制自己的怒气，那么凡事都会有好的结果。

1.028　心放不放，要在邪正上说，不在出入上说。且如高卧山林，游心廊庙；身处衰世，梦想唐虞。游子思亲，贞妇怀夫，这是个放心否？若不论邪正，只较出入，却是禅定之学。

[译文]

心是豁达还是不豁达，应该分辨正当与否，而不在于其是否出入。比如隐居在山林，心中又想着朝廷上的事情；生活在衰微的时代，梦想唐虞盛世再现。游子思念父母，贞妇怀念自己的丈夫，这是不是豁达呢？如果不分辨正当与否，只计较出入，就成了佛教的禅定了。

1.029　或问："放心如何收？"余曰："只君此问便是收了。这放收甚容易，才昏昏便出去，才惺惺便在此。"

[译文]

有人问："放纵的心如何收？"我说："你这么一问，就证明已经收敛了。这收放非常容易，不过是漫不经心时，心便放纵出去了；才一警醒，心便收敛回来了。”

1.030　常使精神在心目间，便有主而不眩。于客感之交，只一昏昏，便是胡乱应酬。岂无偶合？终非心上经历过，竟无长进，譬之梦食，岂能饱哉？

［译文］

经常保持清醒的头脑，便会有主见，而不会眩惑。否则与外来的感觉一接触，只要有一点昏惑，便是胡乱应酬。难道没有偶然对的时候吗？但那毕竟不是在自己的心上经历过，终究不会有什么长进。譬如在梦中吃东西，哪能饱呢？

1.031　防欲如挽逆水之舟，才歇力便下流；力善如缘无枝之树，才住脚便下坠。是以君子之心无时而不敬畏也。

［译文］

防止私欲，好比逆水行舟，稍一歇息，舟就要向下游漂浮；努力行善，好比攀缘没有树枝的大树，稍一歇脚，身体就要下滑。因此正人君子的心里要时刻保持警惕。

1.032　一善念发，未说到扩充，且先执持住，此万善之囮[①]也。若随来随去，更不操存此心，如驿传然，终身无主人住矣。

［注释］

①囮：音俄，捕鸟者用活鸟诱捕他鸟的设置，又叫“鸟媒”。这里指万事之成因。

［译文］

心中一旦产生一个善良的愿望，先不要说扩充它，先要自己掌握住，其他的善良愿望就好办了。如果让善良的愿望随来随去，而不放在心上，就好像驿站永远没有长住之人一样，心中永远就不会有善良的愿望了。

1.033　千日集义，禁不得一刻不慊于心，是以君子瞬存息养，无一刻不在道义上。其防不义也，如千金之子之防盗，惧馁之故也。

[译文]

千日努力在道义上用功夫，但禁不住有片刻的放松。因此君子时时刻刻都要注意存心养性，一刻也不要在道义上放松。防止不义的行为，如同家有千金的人防备盗贼一样，害怕失去了将来会挨饿。

1.034　无屋漏工夫，做不得宇宙事业。

[译文]

没有在无人看见时仍保持高尚情操的功夫，就做不成大事业。

1.035　君子口中无惯语，存心故也。故曰“修辞立其诚”，不诚何以修辞？

[译文]

君子不随便说话，说出的话都是用心思考过的。所以说“修辞立其诚”，不诚怎么能修饰好词句呢？

1.036　一念收敛则万善来同，一念放恣则百邪乘衅。

[译文]

一个不好的念头收敛了，万种善念就会产生；一个不好的念头放纵了，各种邪端就会乘虚而入。

1.037　得罪于法，尚可逃避；得罪于理，更没处存身。只我的心，便放不过我。是故君子畏理甚于畏法。

［译文］

触犯了法律，尚且可以逃避；违反了天理，那就没有地方存身立命。即使自己的内心，也不会饶过自己。因此君子畏惧天理更甚于畏惧法律。

1.038　或问："鸡鸣而起，若未接物，如何为善？"程子曰："只主于敬，便是善。"愚谓惟圣人未接物时，何思何虑？贤人以下，睡觉时合下便动个念头：或昨日已行事，或今日当行事，便来心上。只看这念头如何，若一念向好处想，便是舜边人；若一念向不好处想，便是跖[1]边人。若念中是善而本意却有所为，这又是舜中跖，渐来渐去，还向跖边去矣。此是务头工夫，此时克己更觉容易，点检更觉精明，所谓去恶在纤微，持善在根本也。

［注释］

①跖：即盗跖，相传为古代大盗。

［译文］

有人问："鸡鸣而起，还没有做什么事，怎么行善呢？"程子说："只要心中虔诚就是行善了。"我认为，在圣人没有遇到什么事情时，不会思虑什么。贤人以下之人，就是睡觉时躺下，心中也会想点什么：不是想昨天已经做过的事，就是想今天应当做什么事，这些事都会来到心上。这时只看是怎么想的，如果每一个念头都向好处想，便是像舜这样的人；如果有一念向不好处想，便会成为像跖那样的人。如果一开始想的是做善事，而本意却是别有用心，这是在舜和跖之间徘徊，一来二去，还会向跖这边发展。这必须开始时就要注意。此时注意克制自己，就会觉得很容易，注意检点，更会感到清醒明察。所以说摒弃邪恶、坚持仁善是其根本所在。

1.039　目中有花，则视万物皆妄见也；耳中有声，则听万物皆妄闻也；心中有物，则处万物皆妄意也。是故此心贵虚。

［译文］

眼珠上长了白翳，看万物都是荒诞不真实的；耳中有了鸣叫声，再听万物也是荒诞不真的；心中已经有了固定的想法，再去处理万事万物也会受到其影响。所以心境最可贵的是虚空。

1.040　忘是无心之病，助长是有心之病。心要从容自在，活泼于有无之间。

［译文］

遗忘是没有留心的缘故，纵容是过于留意的缘故。所以心境要从容自在，要活动在有无之间。

1.041　“静”之一字，十二时离不了，一刻才离便乱了。门尽日开阖，枢常静；妍媸尽日往来，镜常静；人尽日应酬，心常静。惟静也，故能张主得动，若逐动而去，应事定不分晓。便是睡时，此念不静，作个梦儿也胡乱。

［译文］

“静”这个字，时刻也不能忘记，一旦忘记，便会乱了套。门每天不停地开合，但门上的转轴永远是静止的；美丽的人和丑陋的人每天都来来往往照镜子，但镜子永远是静止的；人们每天都要忙于应酬，而心里常是静怡平和的。只有静能制动，遇事才能有主张，才能处理好。如果心随事动，必然不知如何处理事物才算恰当。就是睡觉时，心不静的话，做个梦也是乱七八糟的。

1.042　把意念沉潜得下，何理不可得？把志气奋发得起，何事不可做？今之学者将个浮躁心观理，将个萎靡心临事，只模糊过了一生。

[译文]

把意念收敛起来，有什么道理不能领悟？把志气奋发起来，有什么事情不能成功？现在的学者，常常带着浮躁的心境去看待正理，用毫无生气的心情去办事，只能糊里糊涂地过一生。

1.043　“心平气和”，此四字非涵养不能。做工夫只在个定火，火定则百物兼照，万事得理。水明而火昏。静属水，动属火，故病人火动则躁扰狂越，及其苏定，浑不能记。苏定者，水澄清而火熄也。故人非火不生，非火不死；事非火不济，非火不败。惟君子善处火，故身安而德滋。

[译文]

“心平气和”这四个字说来容易，然而没有涵养是做不到的。这其中的工夫只在定“火”上。“火”定了，百物都能看得清，万事都能处理得宜。水明而火昏。静属水，动属火，因此病人火动就狂躁不安，待其苏醒安静以后，什么都不记得。苏醒安定时，就如同水澄清、火熄灭。所以人没有“火”就不会生存，没有“火”就不会死亡；事情没有“火”就不能成功，没有“火”就不会失败。君子善于处理“火”，所以能够身体安康、德业日长。

1.044　当可怨可怒、可辩可诉、可喜可愕之际，其气甚平，这是多大涵养！

[译文]

当处在可怨可怒、可辩可诉、可喜可愕之际，还能做到心平气和，这是需要多深的涵养才能做到的啊！

1.045　天地间真滋味，惟静者能尝得出；天地间真机括，惟静者能看得透；天地间真情景，惟静者能题得破。作热闹人，说孟浪语，岂无一得？皆偶合也。

［译文］

天地间的真正的滋味，只有心境怡和的人才能品尝得出；天地间事物真正的关键，只有心境怡和的人才能看得透；天地间的真情境，只有心境怡和的人才能写得出。做凑热闹的人，说轻率鲁莽的话，难道不会做对一件、说对一句吗？那都是偶然碰巧罢了。

1.046　未有甘心快意而不殃身者，惟理义之悦我心，却步步是安乐境。

［译文］

没有纵欲无度的人不给自己带来祸殃的，只有义理能使人心情愉快，每一步都是安乐境界。

1.047　问："慎独[①]如何解？"曰："先要认住'独'字，'独'字就是'意'字。稠人广坐、千军万马中，都有个'独'，只这意念发出来是大中至正底，这不劳'慎'就将这'独'字做去，便是天德王道[②]。这意念发出来，九分九厘是，只有一厘苟且为人之意，便要点检克治，这便是慎独了。"

［注释］

①慎独：《大学·诚意章》："此谓诚于中，形于外，故君子必慎其独也。"

②天德王道：天德，指道德的最高境界；王道，指儒家政治上的最高理想。

［译文］

有人问："慎独该如何解释？"我回答说："首先要认清这个'独'字，'独'是从意念上说的。在大庭广众、千军万马当中，都有个‘独’字存在，只要意念发出来是恰如其分、合乎正道的，不必用‘慎’，只在这‘独’字上去做，就符合天德王道。如果这意念发出来，百分之九十九是恰如其分、合乎正道的，只有一点是马马虎虎做人的想法，这时就要检点克制，这就是‘慎独’。”

1.048　用三十年心力，除一个“伪”字不得。或曰：“君尽尚实矣。”余曰：“所谓‘伪’者，岂必在言行间哉？实心为民，杂一念德我之心便是伪；实心为善，杂一念求知之心便是伪；道理上该做十分，只争一毫未满足便是伪；汲汲于向义，才有二三心便是伪；白昼所为皆善，而梦寐有非僻之干便是伪；心中有九分，外面做得恰像十分便是伪。此独觉之伪也，余皆不能去，恐渐溃防闲，延恶于言行间耳。”

［译文］

我用了三十年的心血和气力，想除一个“伪”字而不可得。有人说：“你已经很实在了。”我说：“所谓‘伪’，难道一定表现在言谈举止上吗？实心实意为了老百姓，心中只掺杂了一点想让人感恩戴德的杂念便是伪；实心实意去施善，只掺杂了一点想让世人知道的念头便是伪；按道理应该做十分的事，只差一毫没有做好便是伪；时刻讲求正义，偶有一点三心二意便是伪；白天所做的都是善事，而在梦中做了非分的事便是伪；心里只有九分，可是外表做的却像十分便是伪。这是我个人感觉到的内心伪，我自己也难以摒弃。这些如果都克服不掉的话，恐怕会逐渐扩散而冲破我的防范，以致伪就会在言行之中表现出来了。”

1.049　自家好处掩藏几分，这是涵蓄以养深；别人不好处要掩藏几分，这是浑厚以养大。

[译文]

自己的长处要掩藏几分，这就是涵养，能使自己更深沉；别人的短处要替他遮掩几分，这是浑厚，能使自己的心胸更广大。

1.050　宁耐是思事第一法，安详是处事第一法，谦退是保身第一法，涵容是处人第一法，置富贵、贫贱、死生、常变于度外，是养心第一法。

[译文]

宁静忍耐是思考策划的最好方法，安详是处理事物的最好方法，谦让妥协是保护自己的最好方法，包涵容忍是搞好人际关系的最好方法，把富贵、贫贱、死生、常变置之度外，是修养心性的最好方法。

1.051　胸中情景要看得：春不是繁华，夏不是发畅，秋不是寥落，冬不是枯槁，方为我境。

[译文]

胸怀中的情景应看成：春天不是繁华富贵，夏天不是抒发畅快，秋天不是萧条冷落，冬天不是枯萎槁竭，这才是最好的自我境界。

1.052　大丈夫不怕人，只是怕理；不恃人，只是恃道。

[译文]

大丈夫不畏惧什么人物，只畏惧天理；不依靠什么人物，只依靠道义。

1.053　静里看物欲，如业镜[①]照妖。

［注释］

①业镜：佛教语，指冥界照映众生善恶业的镜子。

［译文］

在心静时看物欲，好像用冥界照映众生善恶业的镜子照妖一样。

1.054　“躁心浮气，浅衷狭量”，此八字进德者之大忌也。去此八字，只用得一字，曰主静。静则凝重，静中境自是宽阔。

［译文］

“躁心浮气，浅衷狭量”，这八个字是修进德业的大忌。去掉这八个字，只有一个字，那就是“静”。静则凝重，在静的心境之中，一切都会宽广、辽阔起来。

1.055　士君子要养心气，心气一衰，天下万事分毫做不得。冉有[①]只是个心气不足。

［注释］

①冉有：冉求，字子有，孔子弟子。《论语·雍也》：“冉求曰：‘非不说子之道，力不足也。’子曰：‘力不足者，中道而废，今女画。’”

［译文］

士君子要修养心中的正气，正气一衰竭，一切事都无从做起。孔子的弟子冉有就是心气不足。

1.056　主静之力大于千牛，勇于十虎。

［译文］

主静的力量大于一千头壮牛，勇于十只猛虎。

1.057　君子洗得此心净，则两间不见一尘；充得此心尽，则两间不见一碍；养得此心定，则两间不见一怖；持得此心坚，则两间不见一难。

［译文］

君子如果使心境洗涤得澄净，就看不见一点灰尘；如果使清静充满整个身心，就没有什么障碍了；如果以此使身心安定，就看不到什么可以害怕的情景了；如果以此使身心磐固坚定，就看不到天地间有什么难事了。

1.058　人只是心不放肆，便无过差；只是心不怠忽，便无遗忘。

［译文］

人只要心不放任纵欲，便不会发生过错；只要心境不怠惰疏忽，遇事便不会遗忘。

1.059　胸中只摆脱一“恋”字，便十分爽净，十分自在。人生最苦处，只是此心沾泥带水，明是知得，不能断割耳。

［译文］

只要心里能够摆脱一个“恋”字，便会感到十分爽净，十分自在。人的一生最痛苦的地方，就是心里沾泥带水，明明知道不可挽回，却不能断然割舍。

1.060　盗，只是欺人。此心有一毫欺人，一事欺人，一语欺人，人虽不知，即未发觉之盗也。言如是而行欺之，是行者言之盗也。心如是而口欺之，是口者心之盗也。才发一个真实心，骤发一个伪妄心，是心者心之盗也。谚云“瞒心昧己”，有味哉其言之矣。欺世盗名其过大，瞒心昧己其过深。

［译文］

盗窃，就是欺骗人而已。心中只要有一点欺骗人、一事欺骗人、一语欺骗人，别人虽不知道，但也只是未被发觉的盗窃。口头是一套，而行为却是另一套，自己的行为就是言语的盗贼。心里是一套，而口中却是另一套，口就是心之盗。刚有一真实心，又突生一个伪妄心，这伪妄心就是心之盗。谚语说“瞒心昧己”，这话说得很有意味啊！欺世盗名其过大，瞒心昧己其过深。

1.061　此心果有不可昧之真知，不可强之定见，虽断舌可也，决不可从人然诺。

［译文］

心中既然有不可掩藏的真知，有不可改变的定见，即使割掉你的舌头，也不可随着别人来改变自己的意见。

1.062　才要说睡，便睡不着；才要说忘，便忘不得。

［译文］

刚刚想到说睡，便睡不着；刚刚要说忘记，便忘不了。

1.063　举世都是我心，去了这我心，便是四通八达，六合内无一些界限。要去我心，须要时时省察这念头是为天地万物，是为我。

［译文］

我的心无处不在，忘却了自我，便是四通八达，天地内无一点界限。要忘却自我，就必须时时省察这一念头是为天地万物，还是为了自我。

1.064　目不容一尘，齿不容一芥，非我固有也。如何灵台[①]内许多荆榛，却自容得？

［注释］

①灵台：指心。

［译文］

眼睛里面容不得一点灰尘，牙齿中间容不得一点饭屑，因为这些东西都不是眼睛和牙齿中本来就有的东西。为什么心中有那么多的杂念，人们却能容忍得下呢？

1.065　手有手之道，足有足之道，耳目鼻口有耳目鼻口之道。但此辈皆是奴婢，都听天君[①]使令，使之以正也顺从，使之以邪也顺从。渠[②]自没罪过，若有罪过，都是天君承当。

［注释］

①天君：指心。出自《荀子·天论》：“心居中虚……拂是之谓天君。”②渠：他；它。

［译文］

手有手的作用，足有足的作用，耳目鼻口有耳目鼻口的作用。然而这些器官都像奴婢一样，都要听从心的指挥。让它们干正事，它们顺从；让它们干邪事，它们也顺从。它们本身没有什么罪过，倘若说有罪过的话，也应由心来承担。

1.066　心一松散，万事不可收拾；心一疏忽，万事不入耳目；心一执着，万事不得自然。

［译文］

心境稍微有一点松懈散漫，一切都会变得不可收拾；心境稍微有一点疏忽，一切都会变得不入耳目；心境稍微有一点执着，一切都不能顺乎自然。

1.067　当尊严之地，大众之前，震怖之景，而心动气慑，只是涵养不定。

［译文］

假如在庄严的地方，在大庭广众之下，遇到令人震惊害怕的景象，而心动气慑，只是因为缺乏涵养。

1.068　久视则熟字不识，注视则静物若动。乃知蓄疑者乱真知，过思者迷正应。

［译文］

原来认识的字看得久了，也会变得好像不认识了；目不转睛地注视，静物也好像动了。从这种现象就可以知道，心中有了疑虑就会连本来明确的道理也弄不清楚，过度地思考连应当做的事情也会疑疑惑惑。

1.069　常使天君为主，万感为客便好。只与他平交已自亵其居尊之体，若跟他走去走来，被他愚弄啜哄，这是小儿童，这是真奴婢，有甚面目来灵台上坐，役使四肢百骸？可羞可笑。(示儿)

［译文］

经常使心为自己做主，其他的感官只能做客，这样才好。如果都是平等的，就亵渎了心居于尊位的地位，如果再跟着各种感觉走来走去，被这些感觉愚弄瞒哄，这就成了小孩子，成了奴婢，还有什么面目居于心的位置，来驱使四肢百骸？那真是可羞可笑的了。

1.070　不存心，看不出自家不是。只于动静语默、接物应事时，件件想一想，便见浑身都是过失。须动合天则，然后为是。日用间如何疏忽得一时，学者思之。

［译文］

如果不修身养性，就看不出自身的短处。只要在动静语默、接物应事时一件件想一想，就能看出浑身都是短处和过失。所以，必须使行动符合客观规律，然后才能正确行事。在日常生活中怎么可以有一刻的疏忽呢？学者要多想想这件事情。

1.071　人生在天地间，无日不动念，就有个动念底道理；无日不说话，就有个说话的道理；无日不处事，就有个处事的道理；无日不接人，就有个接人的道理；无日不理物，就有个理物的道理。以至怨怒笑歌、伤悲感叹、顾盼指示、咳唾涕洟、隐微委曲、造次颠沛、疾病危亡，莫不各有道理，只是时时体认，件件讲求。细行小物尚求合则，彝伦[①]大节岂可逾闲？故始自垂髫，终于属纩，持一个自强不息之心通乎昼夜。要之，于纯一不已之地忘乎死生。此还本归全之道，戴天履地之宜。不然恣情纵意而各求遂其所欲，凡有知觉运动者皆然，无取于万物之灵矣。或曰："有要乎？"曰："有。其要只在存心。""心何以存？"曰："只在主静。只静了，千酬万应都在道理上，事事不错。"

［注释］

①彝伦：常道。出自《尚书·洪范》"我不知其彝伦攸叙"。

［译文］

人生天地间，每天都在思考，这就要有个思考的道理；每天都在说话，这就有一个说话的道理；每天都要处事，这就要有个处事的道理；每天都要与别人交往，这就要有个结交人的道理；每天都治理事物，这就要有个治理事物的道理。以至于怨怒笑歌、伤悲感叹、顾盼指示、咳唾涕洟、隐微委曲、仓促颠沛、疾病危亡，每每都有各自的道理。所以要时时体认，件件讲求。细小的事物尚且要求合乎客观规律，何况天地人的常道这样的大节，哪能够草率行事呢？所以从儿童时期开始，直到死时，白天黑夜，都要有一个自强不息之意志，要忘却生死，使自己处在一个纯粹至善的境地。这是一个人从生到死做人的道理，这是做一个顶天立地的人的原则。如果不这样，恣情纵意，每人都要求实现自己的欲望，这是有知觉的动物的本能，作为人也如此的话，就称不上万物之灵了。有人问："有没有什么要领呢？"我回答说："有。其要领只在修身养性。""怎么修身养性？"我回答说："主要在静怡。只要达到静怡的境界了，一切都会合乎道理，事事都不会错。"

1.072　迷人之迷，其觉也易；明人之迷，其觉也难。

[译文]

糊涂人的迷惑，让他明白比较容易；明白人的迷惑，让他觉悟就比较难了。

1.073　心相信，则迹[①]者土苴[②]也，何烦语言？相疑，则迹者媒孽[③]也，益生猜贰。故有誓心不足自明，避嫌反成自诬者，相疑之故也。是故心一则迹万，故君子治心不修迹。《中孚[④]》，治心之至也，豚鱼且信，何疑之有？

[注释]

①迹：行为。②土苴：比喻极轻贱之物。③媒孽：媒，酒母；孽，酒曲。比喻挑拨是非，陷人于罪。④中孚：《易》卦名。

[译文]

如果内心互相信任，就是有些可疑的迹象，也如同土渣一样不被注意，何须用语言解释呢！如果内心有猜疑，可疑的迹象正好成了媒介，更会增加猜疑。所以用发誓的办法表白也没有用，表示避嫌反而给自己招来猜疑，这是因为互相不信任的缘故。因此，每人的心中只有一个，可表现出的迹象却有千万，所以君子只注意心的修养而不注重外表的行为。《易·中孚》卦，讲心的修养是最明白彻底的，对微贱之物都可以使其达到诚信，还有什么可疑的呢？

1.074　君子畏天不畏人，畏名教不畏刑罚，畏不义不畏不利，畏徒生不畏舍生。

［译文］

君子惧怕天道而不惧怕人，惧怕名教而不惧怕刑罚，惧怕自己不仁不义而不惧怕利害得失，惧怕无所作为地活着而不惧怕舍生取义地去死。

1.075　“忍”“激”二字，是祸福关。

［译文］

“忍耐”和“激动”两个词是祸福的关键所在。

1.076　殃咎之来，未有不始于快心者，故君子得意而忧，逢喜而惧。

［译文］

祸殃和错误的发生，没有不是产生于一时痛快时，所以君子在得意时会感到忧愁，遇到欢喜事时会感到害怕。

1.077　一念孳孳，惟善是图，曰正思。一念孳孳，惟欲是愿，曰邪思。非分之福，期望太高，曰越思。先事徘徊，后事懊恨，曰萦思。游心千里，岐虑百端，曰浮思。事无可疑，当断不断，曰惑思。事不涉己，为他人忧，曰狂思。无可奈何，当罢不罢，曰徒思。日用职业，本分工夫，朝惟暮图，期无旷废，曰本思。此九思者，日用之间，不在此则在彼。善摄心者，其惟本思乎！身有定业，日有定务，暮则省白昼之所行，朝则计今日之所事，念兹在兹，不肯一事苟且，不肯一时放过，庶心有着落，不得他适，而德业日有长进矣。

[译文]

每产生一个念头，都是孜孜向善之意，叫正思。每产生一个念头，都想实现自己的欲望，叫邪思。非分之福，期望太高，叫越思。事前踟蹰不定，事后悔恨，叫萦思。想入非非又顾虑万千，叫浮思。事无可疑，当断不断，叫惑思。事不涉己，为他人忧，叫狂思。无可奈何，当罢不罢，叫徒思。对自己日常生活、自己的职业、本身的道德修养，朝思暮虑，希望不要旷废，叫本思。这九思就存在于人们的日常生活之中。善于修身养性的人，大概就在于本思。本身有固定的职业，每天有固定的任务，夜晚则反省白天做的一切，清晨则盘算当天该做什么事，想着这件事就干这件事，不肯一事马虎，不肯一时放松，这样心境才会有着落，不会想那些与自己毫不相干的事，德业才能日渐长进。

1.078　学者只多忻喜心，便不是凝道之器。

[译文]

学者只要经常一味沾沾自喜，就不会有很深的修养。

1.079　小人亦有坦荡荡处，无忌惮是已；君子亦有常戚戚处，终身之忧是已。

[译文]

小人也有坦荡荡的地方，无所忌惮罢了；君子也有郁郁不欢的时候，这就是忧虑自己的道德修养不够。

1.080　只脱尽轻薄心，便可达天德。汉唐以下儒者，脱尽此二字不多人。

[译文]

只要摆脱轻狂浅薄之心，便可达到道德的最高境界。汉唐以后的儒者，脱尽轻薄心的没有几个人。

1.081　斯道这个担子，海内必有人负荷。有能慨然自任者，愿以绵弱筋骨助一肩之力，虽走僵死不恨。

[译文]

道义这副沉重的担子，天下的人必然有愿意承担的。如果有人能慨然自任，我愿意以自己这软弱的筋骨助其一肩之力，即使是长途跋涉，死而无憾。

1.082　耳目之玩，偶当于心，得之则喜，失之则悲，此儿女子常态也。世间甚物与我相关，而以得喜以失悲耶？圣人看得此身亦不关悲喜，是吾道之一囊橐[①]耳。爱囊橐之所受者，不以囊橐易所受，如之何以囊橐弃所受也？而况耳目之玩又囊橐之外物乎！

[注释]

①囊橐：口袋。

[译文]

赏心悦目之事，偶尔心中喜欢，得到了就高兴，失去了就悲伤，这是小孩子和女人的常态。世间什么事物与我相关，而能让我得到就高兴，失去就悲伤呢？圣人认为自己和悲喜没有任何关系，身体只不过是载道的一个口袋而已。喜欢袋子中装载的东西，就不会因为袋子来变换这些东西，怎么能为了这个袋子而丢弃装载的东西呢？况且赏心悦目的东西不过是身外之物而已！

1.083　寐是情生景，无情而景者，兆也；寤后景生情，无景而情者，妄也。

［译文］

睡着以后做梦，那是因所思而产生的景象，没有思虑而出现了景象，就是某种预兆。醒来以后，因景而生情，没有景象而产生思虑，那就是荒诞不经之念了。

1.084　人情有当然之愿，有过分之欲。圣王者足其当然之愿而裁其过分之欲，非以相苦也。天地间欲愿止有此数，此有余则彼不足，圣王调剂而均厘之，裁其过分者以益其当然。夫是之谓至平，而人无淫情、无觖望。

［译文］

从人情来说，有应当满足的愿望，有过分的欲望。圣人满足人们应当满足的愿望而裁制其过分的欲望，这不是要人们受苦。因为天地间能够满足的愿望、欲望只有这么多，此有余则彼不足，圣王只是调剂而均衡它们，裁制其过分的以满足那些应当得到的。这就叫至平。这样，人就不会有过分的情欲和过分的抱怨。

1.085　恶恶太严，便是一恶；乐善甚亟，便是一善。

［译文］

对恶的东西痛恨过分，也是一种恶；对善的东西喜欢之极，也是一种善。

1.086　投佳果于便溺，濯而献之，食乎？曰：不食。不见而食之，病乎？曰：不病。隔山而指骂之，闻乎？曰：不闻。对面而指骂之，怒乎？曰：怒。曰：此见闻障也。夫能使见而食，闻而不怒，虽入黑海、蹈白刃可也。此炼心者之所当知也。

[译文]

有人问："把美味的果子投到粪便中，然后洗干净献给别人，人家会吃吗？"回答说："不吃。"又问："如果掉入粪中的情景没有人看到，就会吃，吃了以后心里会觉得不舒服吗？"回答说："不会。""隔着山指名骂人，能听到吗？"回答说："听不到。""如果当面指人谩骂，会发怒吗？"回答说："会的。"我认为这就是见和闻造成的障碍。如果看见果子掉在粪便中，洗干净还敢吃，听到别人当面骂自己还不发怒，这样的人即使上刀山下火海也会面不改色。对于这一点，修身养性的人是应当知道的。

1.087　只有一毫粗疏处，便认理不真，所以说"惟精"，不然众论淆之而必疑。只有一毫二三心，便守理不定，所以说"惟一"，不然利害临之而必变。

[译文]

只要有一点粗心疏忽的地方，就会偏离真理，所以说"惟精"，否则众说纷纭，混淆难辨，自己必定疑疑惑惑。只要有一点三心二意，便对事理把握不定，所以说"惟一"，不然面临利害关头，必然要改变自己正确的立场。

1.088　种豆其苗必豆，种瓜其苗必瓜，未有所存如是而所发不如是者。心本人欲而事欲天理，心本邪曲而言欲正直，其将能乎？是以君子慎其所存。所存是，种种皆是；所存非，种种皆非，未有分毫爽者。

[译文]

种豆，长出来的苗一定是豆苗，种瓜，长出来的苗一定是瓜秧，从来没有播种的是这种东西，而长出来的又是另一种东西的例子。心中想的本来都是私欲，而做出来的却想合乎天理；心本来是邪恶的，而说出话来却想正直，这怎么可能呢？因此君子对待自己要保持的东西非常谨慎。保持的东西是正确的，表现出来种种都是正确的；保持的东西是错误的，表现出来的种种都是错误的。以此来验证事物，分毫不差。

1.089　属纩之时，般般都带不得，惟是带得此心。却教坏了，是空身归去矣，可为万古一恨。

[译文]

人死去的时候，什么东西都带不走，只能带走自己的这颗心灵。如果这颗心灵都受到损伤了，那么将空身归去，这真是万古的遗憾了。

1.090　吾辈所欠只是涵养不纯不定，故言则矢口所发，不当事，不循物，不宜人；事则恣意所行，或太过，或不及，或悖理。若涵养得定，如熟视正鹄而后开弓，矢矢中的；细量分寸而后投针，处处中穴。此是真正体验，实用工夫，总来只是个沉静。沉静了，发出来件件都是天则。

[译文]

我们这些人所欠缺的只是涵养不够彻底，因此说话时就脱口而出，不考虑面临的是什么事，不遵循事物的法则，也不看对别人是否适宜；遇到事情则随意而为，或做得太过分，或做得还不够，或违背了事理。如果涵养功夫到家了，就如同看清了靶子再开弓射箭一样，箭箭都能射中目标；又如同量好穴位然后针灸一样，每一针都能扎中穴位。这是真正的体验，也是实用的功夫。总的说来就是一个沉静。沉静了，做出来的事，说出来的话，件件都符合客观规律。

1.091　定静中境界，与六合一般大，里面空空寂寂，无一个事物。才问他索时，般般足，样样有。

［译文］

定静中的境界，与天地一样大，里面空空寂寂，没有一个事物。只要问他要时，又般般足，样样有。

1.092　“暮夜无知”，此四字百恶之总根也。人之罪莫大于欺，欺者，利其无知也。大奸大盗，皆自无知之心充之。天下大恶只有二种：欺无知，不畏有知。欺无知，还是有所忌惮心，此是诚伪关；不畏有知，是个无所忌惮心，此是死生关。犹知有畏，良心尚未死也。

［译文］

“暮夜无知”，这四字是一切罪恶的根源。人的罪恶莫大于欺骗，所谓欺骗，就是利用了对方不知道。大奸大盗都是从无知之心发展来的。天下最大的恶行有两种：欺骗无知的人，不怕有知识的人。欺骗无知的人，心中还有所畏惧，因此这只是真诚与虚伪的问题。不怕有知识的人，心里就毫无顾忌，也就是肆无忌惮，这可是个生死攸关的问题了。如果知道尚有所畏惧的东西，那就说明良心还没有完全泯灭。

1.093　天地万物之理，出于静，入于静；人心之理，发于静，归于静。静者，万理之橐籥[①]，万化之枢纽也。动中发出来，与天则便不相似，故虽暴肆之人，平旦皆有良心，发于静也；过后皆有悔心，归于静也。

［注释］

①橐籥：古代冶铁鼓风用的器具，本文指关键之处。

[译文]

天地万物的规律，是发生于平静，最后仍以平静结束；人的心境，是始于静，归于静。所谓静，是一切规律的关键，万物的枢纽。在运动中发出来的，与自然的法则就不相符合。因此，即使是暴怒狂肆的人，在平常也有良心出现，这是始于静的缘故；事情过后又会产生悔过之心，这是归于静的缘故。

1.094　动时只见发挥不尽，那里觉错？故君子主静而慎动。主静，则动者静之枝叶也；慎动，则动者静之约束也。又何过焉？

[译文]

行动的时候，只觉得发挥还不够淋漓尽致，怎么会察觉自己哪里有错误呢？所以君子应该保持平静切忌妄动。保持平静，行动就是平静的枝叶；切忌妄动，行动就是平静约束出来的。这样怎么会有过失呢？

1.095　童心最是作人一大病，只脱了童心，便是大人君子。或问之，曰："凡炎热念、骄矜念、华美念、欲速念、浮薄念、声名念，皆童心也。"

[译文]

幼稚是做人的一个大毛病，一旦脱离了幼稚之心，便是成熟君子了。有人问这话如何讲？回答说："凡是趋炎附势的念头、骄傲矜夸的念头、享受奢华美物的念头、欲迅速成功的念头、浅薄虚浮的念头、追求声名的念头，都是幼稚之心。"

1.096　吾辈终日念头离不了四个字，曰"得、失、毁、誉"。其为善也，先动个得与誉底念头；其不敢为恶也，先动个失与毁底念头。总是欲心、伪心，与圣人天地悬隔。圣人发出善念，如饥者之必食，渴者之必饮。其必不为不善，如烈火之不入，深渊之不投，任其自然而已。贤人念头只认个可否，理所当为，则自强不息；所不可为，则坚忍不行。然则得失毁誉之念可尽去乎？曰：胡可去也。天地间惟中人最多。此四字者，圣贤藉以训世，君子藉以检身。曰“作善降之百祥，作不善降之百殃”，以得失训世也。曰“疾没世而名不称”，曰“年四十而见恶”，以毁誉训世也。此圣人待衰世之心也。彼中人者，不畏此以检身，将何所不至哉！故尧舜能去此四字，无为而善，忘得失毁誉之心也。桀纣能去此四字，敢于为恶，不得失毁誉之恤也。

［译文］

我们这些人，每日所想的都离不开四个字，就是“得、失、毁、誉”。在做一件事的时候，都先要想会得到什么和得到什么荣誉；不敢做坏事的原因，是害怕失去什么和毁灭前程。这些念头都是欲心、伪心，与圣人相比，有天壤之别。圣人发出的善念，好像饥者必然要吃饭，渴者必然要饮水一样。他们决不会做不善的事，就如同不会走入火堆，不会投身深渊一样，都是自自然然的事。贤人只是明白这事该做还是不该做，理所当做的，则自强不息；不该做的，则坚决不干。然而这样得失毁誉的念头可以完全没有了吗？回答说：怎么可以说没有了呢！天地间只有平常人最多。这四个字，圣贤要凭借它来教诲世人，君子要凭借它来约束自身。《尚书》说“作善降之百祥，作不善降之百殃”，就是以得失来教诲世人的。《论语》说君子引为憾事的是到死而名声不被别人称颂，又说到了四十岁还被别人厌恶，这一生也就完了。这些是圣人以毁誉来教诲世人的。不能约束自身的话，还会有什么事情做不出来呢！尧舜所以没有这四个字，是因为他们做善事不为得到什么，是忘记了得失毁誉之心。桀纣也没有这四个字，他们敢于做坏事，是因为已经不再顾及得失毁誉了。

1.097　心要虚，无一点渣滓；心要实，无一毫欠缺。

［译文］

心境要虚空，不能有一点渣滓；心境要实在，不能有一毫欠缺。

1.098　只一事不留心，便有一事不得其理；一物不留心，便有一物不得其所。

［译文］

只要有一件事没有留心，便有一件事得不到应有的料理；有一件物没有留心，便有一件物得不到合理的安排。

1.099　只大公了，便是包涵天下气象。

［译文］

只要有了大公这种品德，就有了包容天下的气象。

1.100　士君子作人，事事时时只要个用心。一事不从心中出，便是乱举动；一刻心不在腔子里，便是空躯壳。

［译文］

士君子做人，事事时时都要仔细认真。一件事不是用心思考，便是轻举妄动；一刻心不在焉，便是行尸走肉。

1.101　古人也算一个人，我辈成底是甚么人？若不愧不奋，便是无志。

［译文］

古代的人也是人，我辈要成为一个什么样的人？如果还不感到惭愧，不奋发图强，那就是太没有志气了。

1.102　圣狂之分，只在苟不苟两字。

［译文］

至圣和轻狂之分，只在认真与不认真上面。

1.103　余甚爱万籁无声萧然一室之趋，或曰：“无乃大寂灭乎？”曰：“无边风月自在。”

［译文］

我特别喜爱在万籁无声时独自在室内徘徊的乐趣。也许有人会说：“恐怕太寂寞了吧！”我说：“此刻的境界虚无缥缈，自由自在得很。”

1.104　无技痒心，是多大涵养。故程子见猎而痒。学者各有所痒，便当各就痒处搔之。

［译文］

碰到感兴趣的事也不为其所动，这是多么大的涵养啊！宋代程颐先生看见别人打猎，自己手也发痒。学者也都各有所痒，这样就需克制自己的欲望。

1.105　欲只是有进气无退气，理只是有退气无进气。善学者审于进退之间而已。

［译文］

欲念只有进取的气势而无退让的气势，理智只有退让的气势而无进取的气势。善于修身养性的人，是会审慎地处理好这种进退的关系的。

1.106　圣人悬虚明以待天下之感，不先意以感天下之事。其感也，以我胸中道理顺应之；其无感也，此心空空洞洞，寂然旷然。譬之鉴，光明在此，物来则照之，物去则光明自在。彼事未来而意必是，持鉴觅物也。尝谓镜是物之圣人，镜日照万物而常明，无心而不劳故也。圣人日应万事而不累，有心而不役故也。夫惟为物役而后累心，而后应有偏着。

［译文］

圣人以空虚明净的心来感应天下事物，不先以自己的想法来感应天下的事。感应时，以自己胸中的道理来顺应；没有感知时，自己心中则空空洞洞，寂然旷然。这就如镜子，光明存在，有物来照即照之；物离开后，光明依旧存在。事物没来而光明一定要去照，是拿着镜子去寻物。我曾说镜子是物中之圣人，镜子日照万物而常明，是无心而自己又不为物所累的缘故。圣人日应万事而不知疲倦，是有心而不为物所累的缘故。人们只有被物驱使，才会劳心伤神，而后才有偏颇执着。

1.107　恕心养到极处，只看得世间人都无罪过。

［译文］

宽容心修养到极点，只看得世间人都无罪过。

1.108　物有以慢藏而失，亦有以谨藏而失者。礼有以疏忽而误，亦有以敬畏而误者。故用心在有无之间。

［译文］

物品有因漫不经心地乱放而丢失的，也有因谨慎小心地收藏而丢失的。礼仪有因为疏忽而出错的，也有因为敬畏而出错的。所以用心要在若有若无之间才好。

1.109　说不得真知明见，一些涵养不到，发出来便是本象，仓卒之际，自然掩护不得。

［译文］

不要自以为无所不知，只要有一点涵养不到，表现出来的便是本来面目。这真面目在仓促之际，自然不能掩饰。

1.110　一友人沉雅从容，若温而不理者。随身急用之物，座客失备者三人，此友取之袖中，皆足以应之。或难以数物，呼左右取之携中，犁然在也。余叹服曰："君不穷于用哉！"曰："我无以用为也。此第二着，偶备其万一耳。备之心，慎之之心也。慎在备先。凡所以需吾备者，吾已先图，无赖于备，故自有备以来，吾无万一，故备常余而不用。"或曰："是无用备矣。"曰："无万一而犹备，此吾之所以为慎也。若恃备而不慎，则备也者，长吾之怠者也，久之必穷于所备之外。恃慎而不备，是慎也者，限吾之用者也，久之必穷于所慎之外。故宁备而不用，不可用而无备。"余叹服曰："此存心之至者也。《易》曰：'藉之用茅，又何咎焉。'其斯之谓与？"吾识之，以为疏忽者之戒。

［译文］

我有一个朋友，沉雅从容，好像性格很柔和不善理事的样子。一次聚会，随身急用的东西，有三个人忘了准备，我这个朋友就从袖中取出了三件东西，解决了三人之用。有的人又故意为难他，说了几种东西，让他拿出来。我的朋友喊跟随他的人将携带的东西取出来，他带的东西中果然有这几种东西。我佩服地感叹道："你是不愁用的了！"友人说："这不是我要用的东西，之所以有准备，以备万一用得着。预备之心，就是谨慎小心的意思。谨慎要在预备之先。凡是我所需要的、应该必备的，我早就准备好了，不必依赖预备的东西。因此自从有了预备以来，没有发生过万一的情况，所以预备的东西常常有余而用不着。”又有人说：“这样的话就不需要预备了。”友人说：“没有万一的情况我也得预备，这就是我的慎重。假如依仗有了预备而不谨慎，那预备好了的东西，反而助长我的懒散，日子久了，必然连预备的东西也不够用。依仗谨慎而不预备，那么谨慎的结果，只能耽误我使用东西，时间长了，连我谨慎准备的必用之物也不够用。所以宁可备而不用，不可用而不备。”我非常佩服地说：“这样的用心是很全面的。如《易经》上说：放祭品的时候，用茅草来衬垫，是没有什么错误的。这是讲慎重之极的意思，大概这也是指我的朋友的这种做法吧！”我把这件事记下来，用来告诫那些疏忽大意的人。

1.111　欲理会七尺，先理会方寸；欲理会六合，先理会一腔。

[译文]

想要了解七尺身躯，先要了解方寸之心；想要了解天下，先要了解自己。

1.112　静者生门，躁者死户。

[译文]

平静则万事贯通，躁动则常入绝境。

1.113　士君子一出口无反悔之言，一动手无更改之事，诚之于思故也。

[译文]

士君子一言既出驷马难追，行动起来就绝不会改变，这是因为经过仔细思考的缘故。

1.114　只此一念公正了，我与天地鬼神通是一个，而鬼神之有邪气者，且跧伏退避之不暇。庶民何私何怨，而忍枉其是非腹诽巷议者乎？

［译文］

如果一个念头公正了，我和天地鬼神都是相通的，即使鬼神有邪气，也会缩着身体，退避三舍犹恐不及。普通百姓又有什么私心和怨恨？他们难道会忍心颠倒是非，腹诽巷议吗？

1.115　和气平心，发出来如春风拂弱柳，细雨润新苗，何等舒泰，何等感通！疾风迅雷，暴雨酷霜，伤损必多。或曰："不似无骨力乎？"余曰："譬之玉，坚刚未尝不坚刚，温润未尝不温润。"余严毅多，和平少，近悟得此。

［译文］

和气是从平静的心中发出来的，犹如春风拂动弱软的柳枝，细雨滋润刚刚萌生的幼苗，那是何等舒畅泰然，何等痛快通畅的景象啊！疾风迅雷、暴雨酷霜损伤弄坏的必然很多。有人说："这样不是太没骨力了吗？"我说："比如玉石，说它坚硬是够坚硬的，温润是够温润的。"我这个人严肃刚毅多，温和平静少，近来体悟到了这一点。

1.116　俭则约，约则百善俱兴；侈则肆，肆则百恶俱纵。

［译文］

勤俭节俭就会自我约束，能自我约束则百废俱兴；奢侈就会放肆，放肆则各种邪恶都会泛滥成灾。

1.117　天下国家之存亡，身之生死，只系"敬""怠"两字。敬则慎，慎则百务修举；怠则苟，苟则万事隳颓。自天子以至于庶人，莫不如此。此千古圣贤之所兢兢，而世人之所必由也。

[译文]

天下国家的存亡，个人的生死，都在“敬”“怠”这两字上。恭敬办事就会慎重，慎重了办任何事都会成功；怠慢，办事就会马虎应付，马虎应付则任何事都会做不成。从天子到平民百姓，莫不如此。这就是千古以来圣贤也要小心谨慎的原因，这也是世上所有的人必须走的路。

1.118 每日点检，要见这念头自德性上发出，自气质上发出，自习识上发出，自物欲上发出。如此省察，久久自识得本来面目。初学最要如此。

[译文]

每时每刻，都要反省检查这个念头是从德性上发出来的？还是从气质上发出来的？还是从习识上发出来的？还是从物欲上发出来的？如此省察，久而久之定能认识本来面目。修身养性之初最应该知道这一点。

1.119 道义心胸发出来，自无暴戾气象，怒也怒得有礼。若说圣人不怒，圣人只是六情？

[译文]

道义是发自内心的，就不会有粗暴强横的征象，即使发怒也怒不失礼。如果说圣人不发怒的话，那岂不是说圣人的感情有欠缺？

1.120 过差遗忘，只是昏忽，昏忽只是不敬。若小心慎密，自无过差遗忘之病。孔子曰：“敬事。”樊迟[①]粗鄙，告之曰：“执事敬。”子张[②]意广，告之曰：“无小大，无敢慢。”今人只是懒散，过差遗忘安得不多？

［注释］

①樊迟：孔子弟子，曾向孔子问稼，孔子称其为“小人”。②子张：孔子弟子，名颛孙师，字子张。

［译文］

发生了过失或遗忘了事情，只是由于糊涂不经心。糊涂不经心只是因为不严肃慎重。如果小心谨慎，自然就不会发生过失、不会遗忘。孔子说：“要谨慎小心地做事。”孔子的弟子樊迟粗心浅陋，孔子告诫他说：“做事要谨慎小心。”孔子的弟子子张的愿望很多，孔子告诫他说：“事情无论大小，都不要轻视怠惰。”现在的人只是懒散，差错和遗忘的事情怎能不多？

1.121　吾初念只怕天知，久久来不怕天知，又久久来只求天知，但未到那何必天知地步耳。

［译文］

最初我的想法，只是怕天会知道，久而久之不怕天知，又久而久之只求天知，但还没有达到何必要让天知道的地步。

1.122　气盛便没涵养。

［译文］

过于争强好胜，就是没涵养的表现。

1.123　定静安虑，圣人胸中无一刻不如此。或曰：“喜怒哀乐到面前何如？”曰：“只恁喜怒哀乐，定静安虑胸次无分毫加损。”

［译文］

圣人心中总是平静安稳的。有人问：“假如喜怒哀乐到了面前会怎么样呢？”我回答说：“任凭怎样的喜怒哀乐，我那定静安稳的心胸也不会为其所动。”

1.124　忧世者与忘世者谈，忘世者笑；忘世者与忧世者谈，忧世者悲。嗟夫！六合骨肉之泪，肯向一室胡越之人哭哉？彼且谓我为病狂，而又安能自知其丧心哉！

［译文］

忧国忧民的人与超然世外的人谈自己的想法，超然世外的人会觉得好笑；超然世外的人向忧国忧民的人谈自己的想法，忧国忧民的人会觉得可悲。唉！天底下骨肉至亲之人的眼泪，怎么能向那些同在一室而心却相距很远的人去哭诉呢？如果那样的话，那些人会以为你是生病了或发疯了，他哪里又会知道自己丧失了人心呢？

1.125　“得”之一字，最坏此心。不但鄙夫患得、年老戒得为不可，只明其道而计功，有事而正心，先事而动得心，先难而动获心，便是杂霸杂夷。一念不极其纯，万善不造其极，此作圣者之大戒也。

［译文］

“得”这个字最坏人心。不只鄙陋浅薄的人会计较得失，即使让老年人警戒得失，也是难以做到的。如果做事合乎道而计较功利，遇到事先端正用心，事之前先有了得心，事情难做先有了获取心，便是用心不纯。一个念头不是纯而又纯，万种善事就不是善而又善。这是想要成为圣人的大戒。

1.126　充一个公己公人心，便是胡越一家；任一个自私自利心，便是父子仇雠。天下兴亡，国家治乱，万姓死生，只争这个些子。

[译文]

只要心中充满一个公平对自己、公平对待别人之心，天下便会亲如一家；如果只是一个自私自利之心，即使父子也会成为仇人。天下兴亡，国家治乱，万姓生死，都和这些有关。

1.127　厕牏之中可以迎宾客，床笫之内可以交神明，必如此而后谓之不苟。

[译文]

在家中隐秘的地方迎接宾客，卧室之内和神明交心，必须做到这样之后才能叫作认真。

1.128　为人辨冤白谤，是第一天理。

[译文]

挺身为别人辨别冤屈、洗清诽谤，是第一天理。

1.129　治心之学莫妙于“瑟僩[①]”二字。瑟训严密，譬之重关天险，无隙可乘。此谓不疏，物欲自消其窥伺之心。僩训武毅，譬之将军按剑，见者股栗。此谓不弱，物欲自夺其猖獗之气。而今吾辈灵台四无墙户，如露地钱财，有手皆取。又孱弱无能，如杀残俘虏，落胆从人。物欲不须投间抵隙，都是他家产业；不须硬迫追求，都是他家奴婢。更有那个关防？何人喘息？可哭可恨！

[注释]

①瑟僩：语出《诗经·卫风·淇奥》：“瑟兮僩兮，赫兮咺兮。”

[译文]

修身养心的道理，有“瑟僩”之妙。“瑟”有严密的意思，好比重关天险，无隙可乘。这就叫作不疏忽，物欲自然就不敢侵入内心了。“僩”有武毅的意思，好像将军手握宝剑，看见的人就感到害怕。这就叫作不软弱，物欲自然就丧失了猖獗的气焰。现在的人心四无屏障，就像露天地上的钱财，随手可得。人心又是那么软弱无能，如同伤残的俘虏，丧魂落魄，任人摆布。物欲不需要乘人间隙就可侵入，都成了他家的产业；不需要硬迫软求就听从使唤，都成了他家的奴婢。还有哪个去防范它呢？还有何人为物欲的泛滥而叹息呢？真是可笑可恨啊！

1.130　沉静非缄默之谓也。意渊涵而态闲正，此谓真沉静。虽终日言语，或千军万马中相攻击，或稠人广众中应繁剧，不害其为沉静，神定故也。一有飞扬动扰之意，虽端坐终日，寂无一语，而色貌自浮。或意虽不飞扬动扰，而昏昏欲睡，皆不得谓沉静。真沉静底自是惺憁[1]，包一段全副精神在里。

[注释]

①惺憁：清醒、警觉。

[译文]

沉静并非就是缄默的同义语。内心深沉有涵养而仪态娴雅，这才是真正的沉静。这样的人虽然天天讲话，或者在千军万马中去出击，或在稠人广众中忙应酬，也不失为沉静，这是因为神定的缘故。一旦有了飞扬动扰的心思，即使终日端坐，寂无一语，神色面貌自然会表现出来。或者是没有飞扬动扰的心思，但昏昏欲睡，也不能叫作沉静。真正沉静的人自然是清醒警觉的，内心一定是精神饱满的。

1.131　明者料人之所避，而狡者避人之所料，以是相与，是贼本真而长奸伪也。是以君子宁犯人之疑，而不贼己之心。

[译文]

聪明人能预料到别人的隐讳，而狡猾之徒能隐讳被人们所预料的事情，这两种人相结交，就会戕害人的本性而滋长奸伪。所以君子宁愿受到别人的怀疑，也从不自欺欺人。

1.132　室中之斗，市上之争，彼所据各有一方也。一方之见皆是己非人，而济之以不相下之气，故宁死而不平。呜呼！此犹愚人也。贤臣之争政，贤士之争理亦然。此言语之所以日多，而后来者益莫知所决择也。故为下愚人作法吏易，为士君子所折衷难。非断之难，而服之难也。根本处在不见心而任口，耻屈人而好胜，是室人市儿之见也。

[译文]

家中的争斗，社会上的争闹，都是双方各持己见，认为自己正确，对方错误，再加上不愿认输的气势，所以宁死也不愿平息争端。唉！这就是愚蠢的人啊！即便贤臣为了政见而争，贤士为了真理而争，也是如此。争来争去，这就使双方所讲的理由越来越多，也使后来的人无所适从。所以为普通人判断是非很容易，为士君子评判是非就很难。这不是判断是非难，而是使他们心服难。这其中根本的原因是不了解他的内心，只能听他的语言，而他们又耻于认输而争强好胜，这真是普通妇女和市井之徒的见识啊！

1.133　大利不换小义，况以小利坏大义乎？贪者可以戒矣。

[译文]

再大的利益也不能与很小道义作交换，况且是以微小的利益而损害了大的道义呢！贪婪的人要以此为戒。

1.134　杀身者不是刀剑，不是寇仇，乃是自家心杀了自家。

[译文]

伤害自己的东西不是刀剑，也不是强盗仇敌，而是自己邪恶的心。

1.135　知识，帝则之贼也。惟忘知识以任帝则，此谓天真，此谓自然。一着念便乖违，愈着念愈乖违。乍见之心歇息一刻，别是一个光景。

[译文]

知识，是危害自然法则的东西。只有忘记了知识，按自然法则行事，这才是天真，才是自然。一有了固定的想法便要乖离自然法则，愈执着愈乖离。刚看见一个事物，稍冷静一下，便又是一番光景。

1.136　为恶惟恐人知，为善惟恐人不知，这是一副甚心肠？安得长进？

[译文]

作恶的时候唯恐别人知道，行善的时候唯恐别人不知道，这是一副什么心肠？品德怎么能有长进呢？

1.137　或问："虚、灵二字如何分别？"曰："惟虚故灵，顽金无声，铸为钟磬则有声；钟磬有声，实之以物则无声。圣心无所不有而一无所有，故感而遂通天下之故。"

[译文]

有人问："虚、灵二字如何分别？"我回答说："只有虚才能灵。没经过铸造的金属不会发声，铸为钟磬敲打则会发声；钟磬会发声，如果里面塞满了东西则不会发声。圣人的心无所不有又一无所有，所以能感通天下所有的事物。"

1.138　浑身五脏六腑、百脉千络、耳目口鼻、四肢百骸、毛发甲爪，以至衣裳冠履，都无分毫罪过，都与尧舜一般，只是一点方寸之心千过万罪，禽兽不如。千古圣贤只是治心，更不说别个。学者只是知得这个可恨，便有许大见识。

［译文］

从五脏六腑、经络血脉、耳目口鼻、四肢形体、毛发指甲，直到衣裳冠履，都完美无缺，都和尧舜的一样，但是只要存有一点罪恶之心，就连禽兽都不如了。千古以来的圣贤只是治心，再不说别的。学者只要知道这个心可以为恶，便是很大的见识。

1.139　人心是个猖狂自在之物，陨身败家之贼，如何纵容得他？

［译文］

人心是个猖狂自在之物，是毁身败家之贼，怎么能纵容它呢？

1.140　良知何处来？生于良心。良心何处来？生于天命。

［译文］

良知从何处来？生于良心。良心从何处来？生于天命。

1.141　心要实又要虚。无物之谓虚，无妄之谓实。惟虚故实，惟实故虚。心要小又要大，大其心能体天下之物，小其心不偾天下之事。

［译文］

心地既要实又要虚。没有存在叫作虚无，没有妄念叫作充实。有虚无才能有充实，有充实才能有虚无。心地既要细小又要宽阔，宽阔之心能容纳天下之物，细小之心能仔细审度天下万事。

1.142　要补必须补个完，要拆必须拆个净。

[译文]

要弥补就弥补得彻底，要拆掉就要拆个干净。

1.143　学术以不愧于心、无恶于志为第一。也要点检这心志是天理、是人欲。便是天理，也要点检是边见、是天则。

[译文]

学术研究最重要的是无愧于良心、无损于志向。同时还要反省检查这志向是天理还是人欲。即使是天理，还要反省检查是片面之见还是遵循自然法则。

1.144　尧眉舜目，文王之身，仲尼之步，而盗跖其心，君子不贵也。有数圣贤之心，何妨貌似盗跖？

[译文]

即使长着尧眉舜目，周文王的身体，迈着孔子的步态，只要有盗跖一样的心，君子也不看重这种人。拥有圣贤那样的心灵，即使面貌像盗跖又有什么关系呢？

伦理

1.145　宇宙内大情种，男女居其第一。圣王不欲裁割而矫拂之，亦不能裁割矫拂也。故通之以不可已之情，约之以不可犯之礼，绳之以必不赦之法，使纵之而相安相久也。圣人亦不若是之亟也，故五伦中父子、君臣、兄弟、朋友，笃了又笃，厚了又厚，惟恐情意之薄。惟男女一伦是圣人苦心处，故有别先自夫妇始，本与之以无别也，而又教之以有别，况有别者而肯使之混乎？圣人之用意深矣，是死生之衢而大乱之首也，不可以不慎也。

［译文］

天地之间情之所聚，男女之情居第一位。圣王不愿裁割和违反这种情感，实际上也没办法裁割和违反这种情感。所以用不可放任的情感来教化他们，用不可逾越违反的礼仪来约束他们，用不能赦免的法律来纠正他们，即使男女之情任其发展，也能确保相安而长久。但圣人并非那样极端，所以五伦之中，父子、君臣、兄弟、朋友这四伦情分笃实深厚，唯恐人伦之情淡薄了。唯有在男女之情这一伦上煞费苦心，所以有别先从夫妇开始。夫妇本来是没有别的，但却教导他们要有别，更何况那些应该有别的男女，哪能让他们相混呢？圣人的用意很深，这是因为它是死生之路，是大乱的首要问题，不可以不小心谨慎。

1.146　亲母之爱子也，无心于用爱，亦不知其为用爱。若渴饮饥食然，何尝勉强？子之得爱于亲母也，若谓应得，习于自然，如夏葛冬裘然，何尝归功？至于继母之慈，则有德色、有矜语矣。前子之得慈于继母，则有感心、有颂声矣。

［译文］

亲生母亲爱自己的孩子，并不是为爱而爱，也不知道自己的行为就是爱。这种爱就像渴了要饮水、饿了要吃饭一样自然，哪里勉强过呢？孩子得到亲生母亲的爱，认为应该得到，好像习惯成自然一样，就如夏天要穿葛衣、冬天要穿裘皮一样，哪里会想到要赞美母亲的功劳呢？至于继母爱丈夫前妻的孩子，有的表现出想让人夸奖的脸色，有的在别人面前自夸。前母所生的儿子得到继母的慈爱，就会产生感激之情、称颂之声。

1.147　一家之中，要看得尊长尊，则家治。若看得尊长不尊，如何齐他？得其要在尊长自修。

［译文］

一个家庭之中，如果看到长辈得到尊敬，那么这个家就会和睦、有条理。如果看到长辈一点尊严也没有，那么这个家怎么会好得了呢？所以治家最要紧的就是长辈要加强自我修养。

1.148　人子之事亲也，事心为上，事身次之，最下事身而不恤其心，又其下事之以文而不恤其身。

［译文］

儿女们侍奉父母，使父母心情愉快是最主要的，其次是关心照料他们的身体，再其次是虽然关心照料他们的身体却不管他们心情是否愉快，最糟的就是只说空话而没有具体照料父母的行动。

1.149　孝子之事亲也，礼卑伏如下仆，情柔婉如小儿。

［译文］

孝顺的子女侍奉父母，礼貌的周到要如仆人，感情的柔婉就像孩童。

1.150　进食于亲，侑而不劝；进言于亲，论而不谏；进侍于亲，和而不庄。亲有疾，忧而不悲；身有疾，形而不声。

［译文］

为父母送上吃的，要陪侍在身边，帮助父母让他们吃得高兴，而不只是劝他们多吃；劝谏父母，只是讲道理，而不要直言规谏；侍奉父母时，态度要温和委婉，而不要严肃庄重。父母有了疾病，子女要表现得忧伤而不悲泣。自己患病的时候，不要呻吟，不要张扬。

1.151　侍疾忧而不食，不如努力而加餐。使此身不能侍疾，不孝之大者也。居丧羸而废礼，不如节哀而慎终。此身不能襄事，不孝之大者也。

［译文］

侍奉生病的父母，发愁得吃不进饭，倒不如努力加餐。如果自己的身体垮了，而不能侍奉父母，那才是最大的不孝了。在父母去世，子女居丧时，悲痛得不能依丧礼行事，倒不如节制自己的悲哀情绪而谨慎地依礼办好父母的丧事。倘若不能亲身办好父母的丧事，也是最大的不孝。

1.152　朝廷之上，纪纲定而臣民可守，是曰朝常。公卿大夫、百司庶官各有定法，可使持循，是曰官常。一门之内，父子兄弟、长幼尊卑各有条理，不变不乱，是曰家常。饮食起居、动静语默，择其中正者守而勿失，是曰身常。得其常则治，失其常则乱。未有苟且冥行而不取败者也。

［译文］

在朝廷上，国家的法律制度制定好了，臣民就有法制遵守，这叫作朝常。公卿大夫、朝廷百官各有定法可以依循，这叫作官常。一家之内，父子兄弟、长幼尊卑各有规矩，不变不乱，这叫作家常。饮食起居、动静语默，选择中道而行，守中正而不偏斜，这叫作身常。按照常道行动就会有条理，违反了常道就会混乱。没有懒散昏庸而不失败的。

1.153　雨泽过润，万物之灾也；恩宠过礼，臣妾之灾也；

情爱过义，子孙之灾也。

［译文］

雨过大而泛滥，就会给万物带来灾害；君王的恩宠超过了礼制，就会给臣妾带来灾祸；过于溺爱而有失礼仪，就要给子孙带来灾祸。

1.154　人心喜则志意畅达，饮食多进而不伤，血气冲和而不郁，自然无病而体充身健，安得不寿？故孝子之于亲也，终日乾乾，惟恐有一毫不快事到父母心头。自家既不惹起，外触又极防闲，无论贫富贵贱、常变顺逆，只是以悦亲为主，盖悦之一字，乃事亲第一传心口诀也。即不幸而亲有过，亦须在悦字上用工夫。几谏积诚，耐烦留意，委曲方略，自有回天妙用。若直诤以甚其过，暴弃以增其怒，不悦莫大焉，故曰不顺乎亲不可以为子。

［译文］

人的心情好，情绪则畅快，食量大而不伤身体，血气通和而不会郁结，身体康健而自然不会生病，怎么会不长寿呢？所以孝子对待父母，要时刻加以注意，千万不要有一丝一毫不快乐的事情烦扰父母。自己既不惹父母不快，又要防备意外的事物惹得父母不快。无论贫富贵贱、常变顺逆，只是以悦亲为主要目的，大概“悦”这个字，是侍奉亲人的第一要诀。即使父母有了过错，也要在“悦”字上下功夫。耐心诚恳地劝说，殷勤周至地考虑策略办法，自然有效果。如果直截了当加深其过错，脾气粗暴增加其恼怒，那样就会使父母更加生气。所以说不能顺着父母的心意行事就当不好儿女。

1.155　郊社，报天地生成之大德也。然灾沴有禳，顺成有祈，君为私田则仁，民为公田则忠。不嫌于求福，不嫌于免祸。

子孙之祭先祖，以追养继孝也。自我祖父母以有此身也，曰赖先人之泽以享其余庆也，曰吾朝夕奉养承欢，而一旦不复献杯棬，心悲思而无寄，故祭荐以伸吾情也。曰吾贫贱不足以供菽水，今鼎食而亲不逮，心悲思而莫及，故祭荐以志吾悔也。岂为其游魂虚位能福我而求之哉？求福已非君子之心，而以一饭之设，数拜之勤，求福于先人，仁孝诚敬之心果如是乎？不谋利，不责报，不望其感激，虽在他人犹然，而况我先人乎？《诗》之祭必言福，而《楚茨》诸诗为尤甚，岂可为训耶？吾独有取于《采蘩》《采蘋》二诗，尽物尽志，以达吾子孙之诚敬而已，他不及也。明乎此道，则天下万事万物皆尽我所当为，祸福利害皆听其自至。人事修而外慕之心息，向道专而作辍之念忘矣。何者？明于性分而无所冀幸也。

[译文]

祭祀天地，目的是为了报答天地生成万物的大德。然而人们经常用祈祷的方法来消除灾害，用祭祀的方法来祈求丰年。国君如果是为了百姓的田地丰收而祈祷，这就是仁；百姓是为了国家而努力种田，这就是忠。有了正当的理由，就不怕别人说是为了求福，也不怕说是为了免祸。子孙祭奠祖先，是为了追念祖先的养育之恩，表达自己的孝心。有了我的先祖以至我的父母，才有了我的身体，我是依靠先人的恩泽才享受今天的福分。我朝夕奉养着双亲，一旦不能再向他们进献食物表示我的孝心，心中悲伤且无所寄托，所以就用祭祀的方法来表达我对父母和先人的思念之情。从前我很贫穷，不能供给父母好的食物，现在我富有了而父母却已不在，我心中悲伤思念而无法弥补，所以就用祭祀来表达我的悔恨。哪里是为了父母的灵魂能给我降福才去祈求的呢？只是为了求福已不是君子应有的心肠，却以摆一些祭品，拜上几拜，来向先人求福，仁孝诚敬的心是这样吗？不谋利，不求报，不企望别人感激，对待他人都是如此，何况是我的先人呢！《诗经》中谈到祭祀的文章必然讲到福，在《楚茨》等篇中尤其如此，这种主张岂能为训？我独取《采蘩》《采蘋》两首诗，它描写的祭祀，是物尽其用，人尽其志，以表达子孙的诚敬为目的，其他的就不涉及了。明白了这个道理，就能做到对待天下的万事万物都能尽我所能，而祸福利害则听其自然。只想着努力做事，其他的念头就会消失；只专心按照自然的规律去做，不想做的想法就会断绝。为什么呢？是因为明白了哪些是我本分中应该做的，而不去希望侥幸地获得意外的收获。

1.156　友道极关系，故与君父并列而为五，人生德业成就，少朋友不得。君以法行，治我者也；父以恩行，不责善者也。兄弟怡怡，不欲以切偲[①]伤爱。妇人主内事，不得相追随规过。子虽敢争，终有可避之嫌。至于对严师，则矜持收敛而过无可见；在家庭，则狎昵亲习而正言不入。惟夫朋友者，朝夕相与，既不若师之进见有时，情礼无嫌，又不若父子兄弟之言语有忌。一德亏则友责之，一业废则友责之。美则相与奖劝，非则相与匡救。日更月变，互感交摩，骎骎[②]然不觉其劳且难，而入于君子之域矣。是朋友者，四伦之所赖也。嗟夫！斯道之亡久矣。言语嬉媟[③]、樽俎[④]妪煦[⑤]，无论事之善恶，以顺我者为厚交；无论人之奸贤，以敬我者为君子。蹑足附耳，自谓知心；接膝拍肩，滥许刎颈。大家同陷于小人而不知，可哀也已！是故物相反者相成，见相左者相益。孔子取友曰“直”“谅”“多闻”。此三友者，皆与我不相附会者也，故曰益。是故得三友难，能为人三友更难。天地间不论天南地北、缙绅草莽，得一好友，道同志合，亦人生一大快也。

［注释］

①切偲：切磋、督促。②骎骎：马速行貌，意为急速。③嬉媟：嬉，玩

笑；媟，亵。④樽俎：盛酒食的器皿。⑤妪煦：好色貌。

［译文］

朋友之道，关系极为重大，所以与君臣、父子等并列为五伦。人生若要成其功名事业，就离不开朋友。国君依法行事，是管治我们的人。父亲以慈爱行事，不谴责儿子行善。兄弟之间和和乐乐，不会以切磋督促而伤害手足之情。妻子操持家务，不能跟随在丈夫的身边规劝改过。子女虽然敢于争辩，终究会避免不孝之嫌。至于面对严师，则会矜持收敛，不会让严师发现自己的过错。在家中，因太过亲密，很难严肃地谈话。只有朋友在一起，朝夕相处，既不像在老师面前，见面有一定的时间，也不会像父子兄弟那样言语有忌。一有品德亏欠，朋友就会责备；一业废辍，朋友就会规劝。好事就会相互劝勉，坏事就会相互纠正。时间长了，互相感染切磋，浑然不觉有什么劳累和困难，这样就自然而然地进入君子之交的境界了。所以说，朋友之道是其他四伦的基础。唉！这种朋友的交往已不多见了。现在朋友见面不是开开玩笑，就是吃吃喝喝，不管事情对错，顺着我的就是好朋友；不管人好坏，只要尊敬我的就是好人。成天在一起嘀嘀咕咕，就自认为知心；勾肩搭背，就胡乱认作生死之交。大家一同陷入小人的行列而不自知，真是可悲啊！所以物相反才能相成，意见不一致才能取长补短。孔子认为，朋友之道是正直、信实、见闻广博。这三种朋友，都不会随声附和，所以能对我有帮助。所以得到这三种朋友很难，能成为别人的这样的朋友更难。人世间不论天南地北、缙绅草莽，得一知心朋友，志同道合，真是人生一大乐事。

1.157　长者有议论，唯唯而听，无相直也；有咨询，謇謇而对，无遽尽也。此卑幼之道也。

[译文]

听到长辈的议论，唯唯诺诺，不要与之争论；长辈有话问，要慢慢地回答，不要遽然说尽。这才是晚辈应有的态度。

1.158　阳称其善以悦彼之心，阴养其恶以快己之意，此友道之大戮也。青天白日之下，有此魅魑魍魉之俗，可哀也已。

[译文]

当面称赞其长处讨好他人，实际内心却想让他不断增加恶行来使自己快然自适，这是交友之道中最可耻的行径。在光天化日之下，有这样鬼鬼祟祟的事，真让人悲哀啊！

1.159　古称君门远于万里，谓情隔也。岂惟君门？父子殊心，一堂远于万里；兄弟离情，一门远于万里；夫妻反目，一榻远于万里。苟情联志通，则万里之外犹同堂共门而比肩一榻也。以此推之，同时不相知而神交于千百世之上下亦然。是知离合在心期，不专在躬逢。躬逢而心期，则天下至遇也。君臣之尧、舜，父子之文、周，师弟之孔、颜。

[译文]

古人说君门比万里还远，这实际上是说感情的距离。岂止君门如此，如果父子不一心，犹如同处一堂而远隔万里；兄弟离情，犹如同在一门远隔万里；夫妻反目为仇，犹如同在一榻而远隔万里。假如情连志通，远隔万里之外也如同堂共门、比肩一榻。依此类推，有的在同一时代相交不相知，有的尽管相距千百世而神交心通，也是同样的道理。以此可知离合是指两心是否期许，而不专指亲身相遇。亲身相遇加上两心期许，是普天之下极为罕见的。君臣中的尧、舜，父子中的周文王、周公，师徒中的孔子、颜渊，就是典型代表。

1.160 “隔”之一字，人情之大患。故君臣、父子、夫妇、朋友、上下之交务去隔。此字不去，而不怨叛者，未之有也。

［译文］

“隔”这个字，是人们感情交流的头号敌人。所以君臣、父子、夫妇、朋友、上下之间的交往一定要除去“隔”。这个字不除去，就会发生怨恨、叛离一类的事情。

1.161 仁者之家，父子愉愉如也，夫妇雍雍[1]如也，兄弟怡怡如也，僮仆䜣䜣如也，一家之气象融融如也。义者之家，父子凛凛如也，夫妇嗃嗃如也，兄弟翼翼如也，僮仆肃肃如也，一家之气象栗栗如也。仁者以恩胜，其流也知和而和；义者以严胜，其流也疏而寡恩。故圣人之居家也，仁以主之，义以辅之，洽其太和之情，但不溃其防斯已矣。其井井然，严城深堑，则男女之辨也，虽圣人不敢与家人相忘。

［注释］

①雍雍：鸟和鸣声，此处指和睦。

［译文］

仁者之家，父子之间和颜悦色、心情愉快，夫妇之间和和睦睦、恩恩爱爱，兄弟之间和乐友爱，僮仆之间融洽快乐，一家的气象融洽和睦。义者之家，父子之间严肃敬谨，夫妇之间恭谨严厉，兄弟之间庄重恭慎，僮仆之间规规矩矩，一家的气象恐惧谨慎。仁者以恩胜，处理事情该和的就和；义者以严胜，处理事情冷淡而寡恩。所以圣人处理家庭之事，以仁为主，以义为辅，使人的天性融洽和谐，但又不破坏礼制。一切井然有序，严加防范的，则是男女的分别，即使是圣人在家中也不敢随随便便。

1.162　父在居母丧，母在居父丧，以从生者之命为重。故孝子不以死者忧生者，不以小节伤大体，不泥经而废权，不徇名而害实，不全我而伤亲。所贵乎孝子者心，亲之心而已。

［译文］

父亲尚在为母亲守孝，母亲尚在为父亲守孝，以顺从生者的愿望为重。所以孝子不会因为死者而使生者忧愁，不以小节伤大体，不因固守常理而放弃权变，不因虚名而害真实，不会为了保全自己而伤害亲人。对孝子来讲，最宝贵的孝心就是按亲人的心意办事。

1.163　天下不可一日无君，故夷、齐非汤、武，明臣道也。此天下之大防也，不然则乱臣贼子接踵矣，而难为君。天下不可一日无民，故孔、孟是汤、武，明君道也。此天下之大惧也，不然则暴君乱主接踵矣，而难为民。

［译文］

天下不可一日无君，所以伯夷、叔齐批评商汤、周武王，阐明为臣之道。这是普天之下的大防，否则乱臣贼子就会不断出现，君主就难以维持统治了。天下不可一日无民，所以孔子、孟子认为商汤、周武王的做法是正确的，阐明了为君之道。君道不明是天下最可怕的事，否则暴君乱主相继出现，当个普通百姓也很难了。

1.164　爵禄恩宠，圣人未尝不以为荣，圣人非以此为加损也。朝廷重之以示劝，而我轻之以示高，是与君忤也，是穷君鼓舞天下之权也。故圣人虽不以爵禄恩宠为荣，而未尝不荣之，以重帝王之权，以示天下帝王之权之可重，此臣道也。

［译文］

爵禄恩宠，圣人未尝不以为荣耀，但圣人不认为爵禄恩宠对自己的地位会有什么提高和贬低。朝廷重视爵禄恩宠，是以此表示鼓励；而我轻视爵禄恩宠，是为了表示清高。这与君主的意思是相违背的，这样做只能削弱君主统治天下的权力。所以圣人虽不以得到爵禄恩宠为荣，而君主也要给予爵禄恩宠使他们荣耀，以此来加重君主的权威，表示普天之下君主权力的重要，这就是用臣之道。

1.165　人子和气、愉色、婉容，发得深时，养得定时，任父母冷面寒铁，雷霆震怒，只是这一腔温意，一面春风，则自无不回之天，自无屡变之天，谗谮何由入？嫌隙何由作？其次莫如敬慎，夔夔斋栗[①]，敬慎之至也，故瞽瞍[②]亦允若。温和示人以可爱，消融父母之恶怒；敬慎示人以可矜，激发父母之悲怜：所谓积诚意以感动之者。养和，致敬之谓也。盖格亲之功，惟和为妙、为深、为速、为难，非至性纯孝者不能。敬慎，犹可勉强耳。而今人子，以凉薄之色、惰慢之身、骄蹇之性，及犯父母之怒，既不肯挽回，又倨傲以甚之，此其人在孝弟之外，固不足论。即有平日温愉之子，当父母不悦而亦愠见，或生疑而迁怒者，或无意迁怒而不避嫌者，或不善避嫌、愈避而愈冒嫌者，积隙成衅，遂致不祥。岂父母之不慈？此孤臣孽子之法戒，坚志熟仁之妙道也。

［注释］

①夔夔斋栗：恐惧貌。②瞽瞍：舜父之名。见于《尚书·大禹谟》。

［译文］

作为子女，和气、愉悦、婉顺的脸色要发自内心深处，要从长期的教养中培养，任父母冷面如寒铁，震怒如雷霆，仍要以满身心的温意、满面的春风去抚慰他们，就不会有不可挽回的事情，这样，谗言怎么能中伤？嫌隙怎么会产生？其次是恭敬谨慎，颤惊恐惧是恭敬谨慎的最高表现，所以即使像舜的父亲瞽瞍那样不能辨别善恶的人也会点头称是。温和能让人觉得可爱，可以消融父母的怒气；敬慎能让人产生怜悯之情，以此来激发父母的爱怜。这就是以积累诚意来感动他们。养和，就是致敬的意思。感动亲人的功夫，只有和气最好、最真、最快，做到这一点也最难，非具有真纯之性和真正孝心的人，不能做到。敬慎，只能尽量努力去做而已。而现在做人子的，用冷淡的态度、惰慢的行为、倔强的性格来对待父母，等惹得父母生气，还不愿想办法挽回，反而傲慢之极。这种忤逆之人不忠不孝，根本不值得谈论了。也有平日温顺和气的子女，在父母不悦的时候，有时也会表现出不高兴的脸色，或产生疑心而迁怒他人，或无意迁怒而又不避嫌疑，或不善避嫌，愈避嫌愈加使人感到可疑，慢慢积怨成隙，导致父子不和。这哪能说父母不慈爱呢？失势的臣子和失宠的儿子应引以为戒。这也是努力修养仁德之心的人应遵行的最好方法。

1.166　孝子之事亲也，上焉者先意，其次承志，其次共命。共命则亲有未言之志不得承也，承志则亲有未萌之意不得将也，至于先意而悦亲之道至矣。或曰："安得许多心思能推至此乎？"曰："事亲者，以悦亲为事者也。以悦亲为事，则孳孳皇皇[①]无以尚之者，只是这个念头。亲有多少意志，终日体认不得？"

［注释］

①孳孳皇皇：孳孳，勤勤不懈。皇皇，同"惶惶"，匆忙貌。

［译文］

孝顺的子女侍奉父母，最好的是能先领会到父母的心意，其次能秉承父母的意愿，再次是听话。光做到听话，那父母有没讲出的心愿就无法秉承；光做到秉承父母的心愿，那父母有未能明确表示的意愿就不能猜出来。至于事先能领会到父母的意愿，才是最使父母高兴的办法了。有人说："哪有那么多的心思来推想父母的意愿呢？”回答说：“侍奉父母，就是要让父母感到高兴。只有为了让父母高兴，才能做到勤勉不懈追求的不是其他的东西，心里只有想知道父母的意愿。父母亲能有多少意愿？终日不停地体会领会能不知道吗？”

1.167　或问：“共事一人未有不妒者，何也？”曰：“人之才能、性行、容貌、辞色，种种不同，所事者必悦其能事我者，恶其不能事我者。能事者见悦，则不能事者必疏。是我之见疏，彼之能事成之也，焉得不妒？既妒，安得不相倾？相倾，安得不受祸？故见疏者妒，妒其形己也；见悦者亦妒，妒其妒己也。”“然则奈何？”曰：“居宠则思分而推之以均众，居尊则思和而下之以相忘，人何妒之有？缘分以安心，缘遇以安命，反己而不尤人，何妒人之有？此入宫入朝者之所当知也。”

［译文］

有人问：“共同侍奉一个人，没有不嫉妒的，那是为什么呢？”回答说：“人由于才能、性情、行为、容貌、辞色各不相同，被侍奉的人必然喜欢那些善侍奉他的人，讨厌那些不善侍奉他的人。善侍奉的就被喜欢，不善侍奉的就被疏远。我所以被疏远，是因为他善于侍奉造成的，哪能不嫉妒呢？既然产生了嫉妒之情，怎能不相互倾轧呢？相互倾轧，怎能不遭受祸患呢？因此，被疏远的人嫉妒，原因是他超过了自己；被喜欢的人也嫉妒，原因是他嫉妒自己。”“那么怎样做才好呢？”回答说：“受到偏爱则要想着分一些好处给众人，使大家都沾点好处。受到重视时更要平易近人，这样人们怎么还会有嫉妒之情呢？随缘安分，乐天知命，严己而宽人，别人怎么还会嫉妒呢？人应有这样的修养，这也是出入朝廷者应该知道的。”

1.168　孝子侍亲不可有沉静态，不可有庄肃态，不可有枯淡态，不可有豪雄态，不可有劳倦态，不可有病疾态，不可有愁苦态，不可有怨怒态。

[译文]

孝顺的子女侍奉亲人时，不应该寡言少语，不应该过于严肃，不应该枯燥冷淡，不应该骄横矜持，不应该疲惫不堪，不应该病恹恹，不应该愁眉苦脸，不应该怨恨恼怒。

1.169　子弟生富贵家，十九多骄惰淫泆，大不长进，古人谓之豢养，言甘食美服养此血肉之躯，与犬豕等。此辈阘茸，士君子见之为羞，而彼方且志得意满，以此夸人。父兄之孽，莫大乎是。

[译文]

出生在富贵之家的子弟，十有八九有骄惰淫逸的毛病，不思长进，古人叫作豢养，意思是说甘甜的美食、华丽的服装，养着这样的血肉之躯，与养犬养猪是一样的。这些子弟品格卑下，士君子看到他们都会为之羞愧，而他们却还扬扬得意，以此夸耀于人。父兄的罪孽，没有比养这样的富贵子弟再大的了。

1.170　男女远别，虽父女、母子、兄妹、姊弟，亦有别嫌明微之礼，故男女八岁不同食。子妇事舅姑，礼也，本不远别，而世俗最严翁妇之礼，影响间即疾趋而藏匿之。其次夫兄弟妇相避。此外，一无所避，已乱纲常，乃至叔嫂、姊夫妻妹妻弟之妻互相嘲谑以为常，不几于夷风乎？不知古者远别，止于授受不亲，非避匿之谓。而男女所包甚广，自妻妾之外，皆当远授受之嫌，爱礼者不可不明辨也。

［译文］

男女要避嫌、要有别，即使是父女、母子、兄妹、姐弟，也要有避免嫌疑、表明微小差别的礼制，所以男女八岁就不在一起吃饭。儿媳妇侍奉公婆，是符合礼制的，本来不须远避嫌疑，而世俗最严的却是公公和儿媳之间的礼节，所以看到身影、听到声音就赶快躲藏、避开。其次是丈夫的哥哥和弟弟的媳妇要相避。除此之外，都不避嫌的话，这已经乱了纲常，可是甚至还有叔嫂之间、姐夫和妻妹、妻弟之妻之间相互戏谑以为常的，不近乎下流了吗？不了解古代的避嫌有别只是指授受不亲，而不是要相互躲避。而男女的范围包括很广，妻妾以外，都应当避免授受之嫌，愿意依照礼制行事的人不可不明确地分辨。

1.171　子妇，事人者也，未为父兄以前，莫令奴婢奉事，长其骄惰之性。当日使勤劳，常令卑屈，此终身之福，不然是杀之也。昏愚父母、骄奢子弟不可不知。

［译文］

子弟媳妇就是侍奉家人的人，在未做父兄之前，不要让奴婢去伺候他们，以免增长他们骄惰的性情。应当每天让他们多做事情，让他们常感到自己低贱，这样才是他们终身的福气，不然就是害他们了。昏庸愚蠢的父母、骄横奢侈的子弟，必须要知道这一点。

1.172　问安，问侍者不问病者，问病者非所以安之也。

［译文］

问安，要向侍奉的人打听，不要问病人，问病人会使他心不安。

1.173　丧服之制，以缘人情，亦以立世教，故有引而致之者，有推而远之者，要不出恩义两字。而不可晓亦多。观会通之君子，当制作之权，必有一番见识。泥古非达观也。

[译文]

居丧时穿什么样的衣服，这个制度的制定是根据人情来的，也是为了教育世人，所以有的人就照此办，有的人就推脱不用，但都是从“恩义”二字出发的。可是丧服的礼制，其中搞不清楚的地方也不少。看看那些能够融会变通的君子，他们在按礼制行事时，一定会有自己的见识。一味地遵循古道是不明智的。

1.174　亲没而遗物在眼，与其不忍见而毁之也，不若不忍忘而存之。

[译文]

亲人去世遗物留在眼前，与其不忍心看见而毁掉，还不如不忍忘记而保存。

1.175　示儿云：门户高一尺，气焰低一丈。华山只让天，不怕没人上。

[译文]

我告诉儿子说：门户高一尺，气焰低一丈。华山只让天，不怕没人上。

1.176　慎言之地，惟家庭为要。应慎言之人，惟妻子、仆隶为要。此理乱之原而祸福之本也。人往往忽之，悲夫！

[译文]

慎言的地方，只有家庭之内最应当谨慎。慎言的对象，只有对妻子孩子、奴仆说话最应谨慎。这是治理家庭混乱的根本，也是产生祸福的本源。人们往往忽视了这一点，可悲啊！

1.177　门户可以托父兄，而丧德辱名非父兄所能庇。生育可以由父母，而求疾蹈险非父母所得由。为人子弟者，不可不知。

［译文］

门户可以托付给父兄，但丧德辱名就不是父兄所能庇护的了。生养依靠父母，但生了病、铤而走险则不是父母所左右的。为人子女，不可不知道这一点。

1.178　继母之虐，嫡妻之妒，古今以为恨者也。而前子不孝，丈夫不端，则舍然不问焉，世情之偏也久矣。怀非母之迹而因似生嫌，借恃父之名而无端造谤，怨讟[①]忤逆，父亦被诬者，世岂无耶？恣淫狎之性而恩重绿丝[②]，挟城社之威而侮及黄里[③]，《谷风》《柏舟》妻亦失所者，世岂无耶？惟子孝夫端，然后继母嫡妻无辞于姻族矣。居官不可不知。

［注释］

①讟：怨言。②绿丝：代指年轻女子。③黄里：代指嫡妻。出自《诗经·邶风·绿衣》。

［译文］

继母虐待后夫子女，正妻嫉妒婢妾，古往今来都认为是可恨的事。但前夫的子女不孝，丈夫的品德不端，则很少有人过问，世上人情的偏袒已很久了。前夫之子心中认为后母不是自己的生母，而后母因一些形似虐待的做法，给人以虐待的嫌疑，其子依仗着父亲的名义无端地造谣诽谤，口出怨言，行为忤逆，连父亲也受到诬蔑，难道世上还少吗？有的丈夫淫狎成性，喜新厌旧，宠爱那些年轻美貌的女子，依仗自己掌握着一定的权势而侮辱到嫡妻。《诗经》中《谷风》《柏舟》篇中描写的妻子就是失去丈夫欢心的人，这样的事情难道世上没有吗？唯独儿子孝顺，父亲端正，继母和嫡妻则在亲朋好友面前再也没有什么可说的了。当官的人不可不知道这一点。

1.179　齐，以刀切物，使参差者就于一致也。家人恩胜之地，情多而义少，私易而公难。若人人遂其欲，势将无极。故古人以父母为严君，而家法要威如，盖对症之治也。

［译文］

用刀切物，使参差不齐的变成整齐一致的。家庭是重视恩德的地方，家人之间感情多而理智少，讲私情易而论公道难。如果要满足每个人的想法，发展下去每个人的想法就没有尽头了。所以古人要求父母要成为严君，家法也要威重，这就是对症下药。

1.180　闺门之中少了个礼字，便自天翻地覆，百祸千殃、身亡家破皆从此起。

［译文］

闺门之中少了个“礼”字，便会天翻地覆。百祸千殃、身亡家破，都是少“礼”引起的。

1.181　家长，一家之君也。上焉者使人欢爱而敬重之，次则使人有所严惮，故曰严君。下则使人慢，下则使人陵，最下则使人恨。使人慢，未有不乱者；使人陵，未有不败者；使人恨，未有不亡者。呜呼！齐家岂小故哉！今之人皆以治生为急，而齐家之道不讲久矣。

［译文］

所谓家长，就是一家的君主。最好的家长是使人喜爱而敬重，其次的是使人尊敬畏惧，所以叫作严君。再其次的是让人轻视，再次的是让人欺凌，最下等的是让人痛恨。家长让人轻视，这个家没有不乱的；家长让人欺凌，这个家没有不败的；家长让人痛恨，这个家没有不亡的。唉！治好一个家庭怎么是小事呢？现在人们都讲究谋生之道，可对治家之道却很长时间不提了。

1.182　儿女辈常着他拳拳曲曲，紧紧恰恰，动必有畏，言必有惊。到自专时，尚不可知。若使之快意适情，是杀之也。此愚父母之所当知也。

［译文］

对于儿女们，要经常让他们小心翼翼，规规矩矩，做事有所畏惧，说话有所警惕。即使这样，到他们自立时还不知会怎么样。如果任他们胡来，那可就毁了他们。那些愚蠢的父母应该知道这一点。

1.183　责人到闭口卷舌、面赤背汗时，犹刺刺不已，岂不快心？然浅隘刻薄甚矣。故君子攻人不尽其过，须含蓄以余人之愧惧，令其自新，方有趣味，是谓以善养人。

［译文］

责备别人到了哑口无言、面红耳赤、汗流浃背的时候，仍然数落不已，这样是不是很痛快？实际上这也浅隘刻薄得过分了。所以君子说人，不会尽揭别人的短处，必须以含蓄的口吻，让人愧悔，令其改过自新，才有意义，这叫作以善良的心帮助人。

1.184　曲木恶绳，顽石恶攻，责善之言不可不慎也。

［译文］

曲木怕用绳墨来衡量，顽石怕用斧凿去雕凿，劝人行善的话不可不慎重。

1.185　恩礼出于人情之自然，不可强致。然礼系体面，犹可责人；恩出于根心，反以责而失之矣。故恩薄可结之使厚，恩离可结之使固，一相责望，为怨滋深。古父子、兄弟、夫妇之间，使骨肉为寇仇，皆坐责之一字耳。

［译文］

恩德和礼貌出于人情之自然，不可强求。然礼数关系着脸面，还可以要求别人做到；而恩德却源于内心，强要人做到就不妥了。所以恩义欠缺可以加厚，恩义离散可以加固，可一旦因责备不休而形成怨恨，就会怨恨日深。古代父子、兄弟、夫妇之间，骨肉成为寇仇，都是犯了“责”这一个字。

1.186　宋儒云：“宗法明而家道正。”岂惟家道？将天下之治乱，恒必由之。宇宙内无有一物不相贯属、不相统摄者。人以一身统四肢，一肢统五指；木以株统干，以干统枝，以枝统叶；百谷以茎统穗，以穗统稃[①]，以稃统粒。盖同根一脉，联属成体，此操一举万之术而治天下之要道也。天子统六卿，六卿统九牧，九牧统郡邑，郡邑统乡正，乡正统宗子。事则以次责成，恩则以次流布，教则以次传宣，法则以次绳督，夫然后上不劳下不乱而政易行。自宗法废而人各为身，家各为政，彼此如飘絮飞沙，不相维系，是以上劳而无要领可持，下散而无脉络相贯，奸盗易生而难知，教化易格而难达。故宗法立而百善兴，宗法废而万事弛。或曰：“宗子而贱而弱而幼而不肖，何以统宗？”曰：“古之宗法也，如封建，世世以嫡长，嫡长不得人，则一宗受其敝。且豪强得以豚鼠视宗子而鱼肉孤弱，其谁制之？盖有宗子又当立家长。宗子以世世长子孙为之，家长以阖族之有德望而众所推服、能佐宗子者为之，胥[②]重其权而互救其失。此二者，宗人一委听焉，则有司有所责成，而纪法易于修举矣。”

［注释］

①稃：谷穗的皮壳。②胥：相互。

［译文］

宋儒说：“宗法明则家道正。”岂止是家道？天下是治理还是混乱，也取决于是否做到了宗法明。宇宙内无一物是没有统属或统摄的。人以身体统摄四肢，四肢统领五指；树木以根统领树干，以干统领树枝，以树枝统领树叶；百谷以茎统领谷穗，以穗统稃，以稃统粒。这些都是同根一脉，连属成体。这种举一反三的方法，也是治理天下的要诀。天子统率六卿，六卿统率九牧，九牧统率郡邑，郡邑统率乡正，乡正统率宗子。事情以次序办理，恩德以次序下达，教化以次序传宣，法则以次序绳督，这样上不劳、下不乱，而且政策法度易于推行。自从宗法制度废除，人各为身，家各为政，彼此如飞沙飘絮，风马牛不相及。因此在上者劳累而没有要领可以把握，在下者一盘散沙而无脉络相连，奸盗容易发生而难于觉察，教化容易被阻遏而难于下达。所以宗法立而百善兴，宗法废而万事弛。有人问：“宗子贫贱病弱，年幼又没有德行，怎么能统领一宗呢？”回答说：“古代的宗法制，和古代的分封土地爵位、在封地建立邦国是一样的，世世以嫡长子为宗子，嫡长子没有才能，一宗都要受影响。如果豪强大族把宗子看成猪鼠之辈而加以欺凌，又有谁能制止呢？所以有了宗子还应当立家长。宗子以世世代代的长孙担任，而家长以在全族中德高望重、众人佩服而又能帮助宗子的人担任，都让他们有权，而又能互相匡正对方的失误。这两个人，一宗的人都要听从他们的统领，这样官府交给的任务容易完成，纲纪法度也容易遵守推行。”

1.187　责善之道，不使其有我所无，不使其无我所有，此古人之所以贵友也。

［译文］

鼓励别人向善的办法，不使他具备我所不具备的，也不使他不具备我所具备的，这是古人认为朋友重要的原因。

1.188　“母氏圣善，我无令人”，孝子不可不知。“臣罪当诛兮，天王圣明”，忠臣不可不知。

［译文］

“母氏圣善，我无令人”，意思是说：母亲聪慧贤良，我却是个没有才德的人，不能报答母亲。孝子应牢记这句话。“臣罪当诛兮，天王圣明”，意思是说：作为臣下没有尽到责任，其罪当死，但君主是圣明的。忠臣应牢记这句话。

1.189　士大夫以上有祠堂，有正寝，有客位。祠堂有斋房、神库，四世之祖考居焉，先世之遗物藏焉，子孙立拜之位在焉，牺牲鼎俎盥尊之器物陈焉，堂上堂下之乐列焉，主人之周旋升降由焉。正寝，吉礼[①]则生忌[②]之考妣[③]迁焉，凶礼[④]则尸柩停焉，柩前之食案香几衣冠设焉，朝夕哭奠之位容焉，柩旁床帐诸器之陈设、五服之丧次、男女之哭位分焉，堂外吊奠之客、祭器之罗列在焉。客位，则将葬之迁柩宿焉，冠礼之曲折、男女之醮位、宾客之宴飨行焉。此三所者，皆有两阶，皆有位次，故居室宁陋，而四礼之所断乎其不可陋。近见名公有以旋马[⑤]容膝、绳枢瓮牖为清节高品者，余甚慕之，而爱礼一念甚于爱名。故力可勉为，不嫌弘裕，敢为大夫以上者告焉。

［注释］

①吉礼：古代五礼之一，即祭礼。②生忌：生日和忌日。③考妣：父母。

④凶礼：古代五礼之一，即丧礼。⑤旋马：掉转马头，形容地方小。

［译文］

士大夫以上的人家，有祠堂，有正寝，有客位。祠堂又有斋房，有神库，四代的祖先供奉在里面，先祖的遗物收藏在里面，子孙立拜的位置在里面，祭祀的牲礼、锅碗瓢盆等生活用品也摆放在里面，堂上堂下的乐器放置在里面，主人进出、上下、举行各种祭祀活动都很方便。正寝，祭礼用来祭祀死去的父母的生日、忌日，丧礼，则将尸柩停放在这里，柩前摆放食案、香几、衣帽，设有儿孙早晚哭奠的地方，柩旁陈设床帐等卧具、穿五种丧服的亲属的位次、男女的哭位分设，堂外还设有前来吊祭的客人休息的处所、祭器摆放的地方。客位，则是把将要举行葬礼的棺柩停放在里面，男女举行冠礼、男女的婚礼、宴飨宾客也在这里。祠堂、正寝、客位三个处所，都有两阶，有位次，居室可以简陋，但举行冠婚丧祭四种典礼绝不可马虎。近来见一些有名望的公卿，以家中这些处所简陋狭小表明自己品德的清廉高尚，我很敬慕这些人士，但我爱礼甚于爱名。所以自己的力量如果能勉强可以做到的话，我家中举行四礼的地方就会修建得高大宽敞一些。我乐意把我的做法告诉士大夫以上的人士。

谈道

1.190　大道有一条正路，进道有一定等级。圣人教人只示以一定之成法，在人自理会。理会得一步，再说与一步，其第一步不理会到十分，也不说与第二步。非是苦人，等级原是如此。第一步差一寸，也到第二步不得。孔子于赐[①]，才说与他“一贯”，又先难他“多学而识”一语。至于仁者之事，又说“赐也，非尔所及”。今人开口便讲学脉，便说本体，以此接引后学，何似痴人前说梦？孔门无此教法。

［注释］

①赐：孔子弟子，姓端木，名赐，字子贡。

［译文］

认识大道有一个正确的方法，谈论道也要有一定的步骤。圣人教导人时只给出某种结论，然后让学道者自己去体会。体会了一步再说下一步，第一步不体会十分，也不说给他第二步。这不是故意与人为难，而是由于步骤必须如此。第一步差一寸，也到不了第二步。孔子对于弟子端木赐，刚对他说“予以一贯之”，又先问他：“你以为我是多学而识的人吗？”至于谈到仁者之事，孔子又说：“赐啊，这不是你所能达到的。”今人一开口就讲学派，谈论正宗，用此来教导后学，这跟痴人说梦有何不同呢？孔子学派中没有这个教法。

1.191　有处常之五常[①]，有处变之五常。处常之五常是经，人所共知；处变之五常是权，非识道者不能知也。不擒二毛[②]，不以仁称；而血流漂杵[③]，不害其为仁。“二子乘舟[④]”，不以义称；而管、霍被戮[⑤]，不害其为义。由此推之，不可胜数也。嗟夫！世无有识者，每泥于常而不通其变。世无识有识者，每责其经而不谅其权。此两人皆道之贼也，事之所以难济也。噫！非精义择中之君子，其谁能用之？其谁能识之？

［注释］

①五常：仁、义、礼、智、信。②不擒二毛：二毛，指头发斑白的老人。事见《左传》。③血流漂杵：形容杀人之多。出自《尚书·武成》。④二子乘舟：见《诗经·邶风·二子乘舟》。⑤管、霍被戮：按，“霍”当为“蔡”。事见《史记·管蔡世家》。

[译文]

有适用于常规的仁、义、礼、智、信，有适用于权变的仁、义、礼、智、信。适用于常规的仁、义、礼、智、信是经典所言，人所共知；适用权变之仁、义、礼、智、信是权变之法，只有深谙事理的人才能理解。春秋时宋国与楚国开战，宋公在战争中主张不擒拿年纪老的战俘，但后世并不认为他是“仁”；而周武王伐纣时，战争很残酷，史书形容“血流漂杵”，但后世仍认为周武王是“仁”。卫宣公的儿子寿和伋为了不拂逆父意而争死，并不能称为“义”，而周公杀管叔放蔡叔，不能不称为“义”。以此类推，此类事情不可胜数。唉！世上没有看清事情本质的人，每每拘泥于常态而不懂变化；世上不能理解那些有识之士的人，每每要求他们按常道办事而不理解权变之法。这两种人都会妨碍事情的成功，所以事情就难以办成。唉！不是精于事理而又能择其中道而行的君子，有谁能把常和变运用好？又有谁能识别何时用常何时用变呢？

1.192　谈道者虽极精切，须向苦心人说。可使手舞足蹈，可使大叫垂泣。何者？以求通未得之心，闻了然透彻之语，如饥得珍羞，如旱得霖雨。相悦以解，妙不容言。其不然者，如麻木之肌，针灸终日，尚不能觉，而以爪搔之，安知痛痒哉？吾窃为言者惜也。故大道独契，至理不言，非圣贤之忍于弃人，徒哓哓无益耳。是以圣人待问而后言，犹因人而就事。

[译文]

谈道的人，尽管对事物的道理能讲得极其精确明白，可是也得向那些有心人去讲。这些人听了，就可能会手舞足蹈，欢呼大叫，或潸然泪下。这是为什么呢？这是因为他早就想寻求这些透彻的道理而没有寻到，听了这些透彻的议论，就如同饥者得美食，如同久旱逢甘露一样。相谈以后，疑难顿解，内心的高兴就不可言喻。如果对不想听到这些道理的人去讲，就如同一个人的肌肉已经麻木，终日针灸，仍无知觉，而你这只是用手去挠一挠，怎么能使他知道痛痒呢？我很为那些谈道的人惋惜。所以大道在于相合，事理至深无法言传，这不是圣人不愿教诲人，而是说再多也毫无用处。所以圣人要等到别人发问时才回答，并且还要因人而教。

1.193 庙堂之乐，淡之至也，淡则无欲，无欲之道与神明通；素之至也，素则无文，无文之妙与本始通。

［译文］

庙堂中的礼乐，听起来清淡到了极点，淡则无欲，无欲的境界与神明相通；也朴素到了极点，朴素就不会华丽，不华丽的妙处就与本根相通。

1.194 真器不修，修者伪物也。真情不饰，饰者伪交也。家人父子之间不让而登堂，非简也；不侑而饱食，非饕也，所谓真也。惟待让而入，而后有让亦不入者矣；惟待侑而饱，而后有侑亦不饱者矣，是两修文也。废文不可为礼，文至掩真，礼之贼也，君子不尚焉。

［译文］

真正的器物不修饰，修饰以后就成了假的了。真情不粉饰，粉饰就是虚情了。家人父子之间，进屋时不必谦让，这不是简慢；吃饭时不必劝勉，这不是贪吃，这是“真”。只有等着让才进来，以后就会有让也不进来的人了；只有劝勉才吃饱，以后就会有劝勉也吃不饱的人了，这是双方都在矫情的缘故。抛开应有的礼节就不合礼仪，过分了又会掩住真情，矫情成了害人的东西，君子不提倡这个。

1.195　百姓得所，是人君太平；君民安业，是人臣太平；五谷丰登，是百姓太平；大小和顺，是一家太平；父母无疾，是人子太平；胸中无累，是一腔太平。

［译文］

百姓各得其所，是君主太平；民众各安其业，是臣子太平；五谷丰登，是百姓太平；老少和顺，是一家太平；父母健康，是做儿女的太平；胸中无累，是全身太平。

1.196　至道之妙，不可意思，如何可言？可以言，皆道之浅也。玄之又玄，犹龙公亦说不破，盖公亦囿于玄玄之中耳。要说，说个甚？然却只在匹夫匹妇共知共行之中，外了这个便是虚无。

［译文］

至道之妙，不可意想，怎能言传？可以言传的都是道的浅显之处。玄之又玄，老子也说不清，因为老子也囿于玄玄之中。要说，说个什么？然而只在一般人所共知共行的事物之中，离开了这些就无从谈起了。

1.197　除了个“中”字，更定道统不得。旁流之至圣，不如正路之贤人，故道统宁中绝，不以旁流继嗣。何者？气脉不同也。予尝曰：“宁做道统家奴婢，不为旁流家宗子。”

［译文］

如果没有个“中”字，就没有办法认识道的真谛。旁流最高的圣人，也不如正宗的贤人。所以道统宁可半途而断绝，也不能以旁流的理论来继承。这是为什么呢？因为气血经脉不同。我曾经说：“宁可做道统家的奴隶，也绝不做旁流家的宗子。”

1.198　或问："圣人有可克之己否？"曰："惟尧、舜、文王、周、孔无己可克，其余圣人都有己。任是伊尹的己，和是柳下惠的己，清是伯夷的己，志向偏于那一边便是己。己者，我也。不能忘我而任意见也，狃于气质之偏而离中也。这己便是人欲，胜不得这'己'，都不成个刚者。"

［译文］

有人问："圣人也有应该克制自己的地方吗？"回答说："只有尧、舜、文王、周公、孔子无可克制处，其余圣人都有己念需要克制。伊尹以天下为己任，柳下惠被称为'圣之和者'，伯夷被称为'圣之清者'，志向偏向一边就是己念。所谓己，也就是我。不能忘我而按照自己的想法去做事，不能习惯于气质的偏颇而离开了'中'。这样的'己'便是人欲，战胜不了这个'己'，不会成为一个坚定的人。"

1.199　自然者，发之不可遏，禁之不能止。才说是当然，便没气力。然反之之圣，都在当然上做工夫，所以说勉然。勉然做到底，知之成功，虽一分数境界，到那难题试验处，终是微有不同。此难以形迹语也。

［译文］

所谓"自然"，就是自然而成的事物，它们发生的时候不能阻挡，停下来时也不可阻止。一说是"当然"，也就是必须做的事，就没有这么大的力量了。然而经过后天修养而复归至善之性的圣人，也都是在"当然"上下功夫，所以说他们是尽力而为。尽力做到底，就修养成了圣人，虽然和天生的圣人达到同一境界，但遇到难题检验时还是有所不同。这一点难以从形迹上讲清楚。

1.200　尧、舜、周、孔之道只是傍人情、依物理，拈出个天然自有之中行将去，不惊人，不苦人，所以难及。后来人胜他不得，却寻出甚高难行之事，玄冥隐僻之言，怪异新奇、偏曲幻妄以求胜，不知圣人妙处只是个庸常。看《六经》《四书》语言何等平易，不害其为圣人之笔，亦未尝有不明不备之道。嗟夫！贤智者过之，佛、老、杨、墨、庄、列、申、韩是已，彼其意见，才是圣人中万分之一，而漫衍闳肆以至偏重而贼道。后学无识，遂至弃菽粟而餐玉屑，厌布帛而慕火浣①。无补饥寒，反生奇病。悲夫！

［注释］

①火浣：石棉织的布，不怕火烧。

［译文］

尧、舜、周公、孔子之道，只是依据人情物理找出合乎自然规律、恰到好处的中道让人遵行，按此道而行，既不惊人，也不苦人，所以难以做到。后来人由于不能超过他们，就编造出高深难以实行的事，用玄冥隐僻的语言，以怪异、新奇、偏曲、幻妄来敷衍，根本不知道圣人的精妙之处。试看《六经》《四书》的语言何等简易，但并不影响其为圣人的手笔，也没有不明了的、不周全的地方。唉！贤者智者比起圣人来已经超越了，这里所说的贤智者，是指佛、老、杨、墨、庄、列、申、韩诸家，他们的见解只有圣人的万分之一，但漫衍闳肆以至偏颇而害中道。向他们学习的人也没有见识，以至达到不吃饭而吃玉屑、厌弃布帛而穿火浣布的地步。这样，不但不能解决饥寒的问题，反而会患上各种奇怪的疾病，真是可悲啊！

1.201　“中”之一字，是无天于上，无地于下，无东西南北于四方。此是南面独尊道中的天子，仁、义、礼、智、信都是东西侍立，百行、万善都是北面受成者也。不意宇宙间有此一妙字，有了这一个，别个都可勾销。五常、百行、万善但少了这个，都是一家货，更成甚么道理？

[译文]

“中”这个字，意思是上没有天，下没有地，四方无东南西北。它是处于南面称尊道中的天子，仁、义、礼、智、信在东西侍立，百行、万善都面北受教。没有想到宇宙间有这么一个妙字，有了这个字，别的什么都可以勾销。五常、百行、万善只要少了这个字，都会成为一样的东西，还成个什么道理？

1.202　愚不肖者不能任道，亦不能贼道。贼道全是贤智。后世无识之人不察道之本然面目，示天下以大中至正之矩，而但以贤智者为标的。世间有了贤智，便看的中道寻常，无以过人，不起名誉，遂薄中道而不为。道之坏也，不独贤智者之罪，而推崇贤智，其罪亦不小矣。《中庸》为贤智而作也，“中”足矣，又下个“庸”字，旨深哉！此难与曲局之士道。

[译文]

愚蠢没有才能的人不能担当道的重任，但也没有能力造异端邪说。造异端邪说的全是有才能的人。后世没有见识的人，不考察道的本来面目，不晓得大中至正是正宗的规则，反而以所谓“贤智者”的言论为标准。世间的“贤智者”，觉得中道很普通平常，没有过人之处，不能使人名声显赫，于是他们就看不起中道而不力行。中道的破坏不只是“贤智者”的罪过，推崇“贤智者”的人，其罪也不小。《中庸》就是为“贤智者”写的，“中”已经够了，又用个“庸”字，其用意是很深的。这个道理就难以和认识浅薄的人讲。

1.203　道者，天下古今共公之理，人人都有分的。道不自私，圣人不私道，而儒者每私之，曰“圣人之道”。言必循经，事必稽古，曰“卫道”。嗟夫！此千古之大防也，谁敢决之？然道无津涯，非圣人之言所能限；事有时势，非圣人之制所能尽。后世苟有明者出，发圣人所未发而默契圣人欲言之心，为圣人所未为而吻合圣人必为之事，此固圣人之深幸而拘儒之所大骇也。呜呼！此可与通者道，汉唐以来鲜若人矣。

［译文］

所谓道，不过是贯穿天下古今的事理和规律，人人都有分。道本身不自私，圣人也不把道据为私有，而儒生每每把它据为私有，称作“圣人之道”。说话必引经据典，做事必征引古代，美其名曰“卫道”。唉！这是从古到今的堤防啊，谁能冲决呢？然而道无边无涯，不是圣人几句话所能限制的；事情有时势的变化，不是圣人制定的制度可以涵盖的。后世如果能出现一个明了这些道理的人，发圣人所未发，而和圣人想要说的话相契合；做圣人所未做，而和圣人想做的事相吻合，这本身就是圣人的大幸，但也会让迂阔偏狭的儒生大吃一惊。啊！这个道理可以和学识渊博、通情达理的人说，但汉唐以来这样的人简直太少了。

1.204　《易》道，浑身都是，满眼都是，盈六合都是。三百八十四爻，圣人特拈起三百八十四事来做题目，使千圣作《易》，人人另有三百八十四说，都外不了那阴阳道理。后之学者求易于《易》，穿凿附会以求通，不知易是个活的，学者看做死的；易是个无方体的，学者看做有定象的。故论简要，《乾》《坤》二卦已多了；论穷尽，虽万卷书说不尽。《易》的道理，何止三百八十四爻。

［译文］

《易》中讲的道，无处不在，启眸即是，遍布四面八方。三百八十四爻，是圣人特地拈出三百八十四件事来做引子，假使让一千位圣人来写《易》，人人都会另有三百八十四种说法，但终究离不开阴阳的道理。后来的学者从《易》中寻求变化的道理，却用穿凿附会的方法以求道理能讲得通。不知《易》中讲的道理是活的，而学《易》的人把它看成死的了；《易》是个没有固定方位和形状的东西，学习的人却把它看成是有一定形体的。如果说简要，《乾》《坤》二卦已经多了；如果说穷尽，即使用一万卷书来解说也解说不尽。由此可见《易》的道理何止三百八十四爻！

1.205　“中”之一字，不但道理当然，虽气数离了“中”，亦成不得寒暑；灾祥失“中”，则万物殃；饮食起居失“中”，则一身病。故四时各顺其序，五脏各得其职，此之谓“中”。差分毫便有分毫验应。是以圣人执“中”以立天地万物之极。

[译文]

“中”这个字，不但是当然的道理，就是大自然中的天气没有“中”，也不会有寒暑的变化；祸福离开了“中”，万物都要遭殃；饮食起居离开了“中”，身体就会生病。因此四时各顺其序，五脏各司其职，这就叫“中”。相差分毫就有分毫的问题。所以圣人执“中”以建立天地万物的准则。

1.206　学者只看得世上万事万物种种是道，此心才觉畅然。

[译文]

学者只要看到天下万事万物都是道，心境就会觉得舒畅。

1.207　在举世尘俗中，另识一种意味，又不轻与鲜能知味者尝，才是真趣。守此便是至宝。

［译文］

在滚滚红尘中，能独具慧眼识别出一种意味，同时又不轻易让不能理解它的人去分享，这才是真趣。坚持这一点最为难能可贵。

1.208　五色胜则相掩，然必厚益之，犹不能浑然无迹。维黑一染不可辩矣。故黑者，万事之府也，敛藏之道也。帝王之道黑，故能容保无疆；圣人之心黑，故能容会万理。盖含英采、韬精明、养元气、蓄天机皆黑之道也，故曰“惟玄惟默”。玄，黑色也；默，黑象也。《书》称舜曰“玄德升闻”，老子曰“知其白，守其黑”，得黑之精者也。故外著而不可掩，皆道之浅者也。虽然，儒道内黑而外白，黑为体，白为用；老氏内白而外黑，白安身，黑善世。

［译文］

五色（青、黄、赤、白、黑）过浓则会相互遮盖，就是多涂抹几层，也不能做到浑然一色，一点痕迹不留。只有用黑色轻轻一染，就看不见别的颜色了。所以说，“黑”是万事聚集之处，是万物收敛之道。帝王之道“黑”，所以能囊括四海；圣人的心胸“黑”，所以能融汇万理。精粹的内容、精诚的蕴含、元气的培养、天机的蕴藏，都是“黑”之道，所以说，“惟玄惟默”。玄，就是黑的颜色；默，就是黑的形象。《尚书》称赞舜“玄德升闻”，意思是说道德幽深，名声达于天地，遂被任用。老子说“知其白，守其黑”，是得到了“黑”的精髓。所以显露而不知掩藏，说明道很浅。虽然如此，儒道是内黑而外白，黑为体，白为用；老子是内白而外黑，白安身立命，黑是善于处世。

1.209　道在天地间，不限于取数之多，心力勤者得多，心力衰者得少，昏弱者一无所得。假使天下皆圣人，道亦足以供其求；苟皆为盗跖，道之本体自在也，分毫无损。毕竟是世有圣人，道斯有主；道附圣人，道斯有用。

[译文]

道存在天地之间，不限制人取多少，勤奋的人得到的多，懒惰的人得到的少，昏弱者一无所得。假使天下都是圣人，道也足以供这些人求取；如果都是盗跖，道的本体也自会存在，并不会有一分一毫的损伤。毕竟世代都有圣人出现，道才有了主人；道为圣人所识，就有了它的作用。

1.210　汉唐而下，议论驳而至理杂，吾师宋儒；宋儒求以明道而多穿凿附会之谈，失平正通达之旨，吾师先圣之言；先圣之言煨于秦火，杂于百家，莠苗朱紫，使后学尊信之而不敢异同，吾师道。苟协诸道而协，则千圣万世无不吻合。何则？道无二也。

[译文]

汉唐以后，各种说法很多，提出了不同的理论，我主张学习宋儒；宋儒以明道为目标，又有不少穿凿附会之谈，失去了平正通达的主旨，我主张学习尧、舜、周、孔等先圣的理论；先圣的言论被秦始皇烧掉了，后来夹杂于诸子百家之中，苗莠不分、朱紫难辨，而又使后学尊信而不敢稍有异同，我主张学习道。把这些统汇起来，就会与历代圣贤的道相吻合，这是为什么呢？这是因为道只有一个。

1.211　或问："中之道，尧、舜传心，必有至玄至妙之理？"余叹曰："只就我两人眼前说这饮酒，不为限量，不至过醉，这就是饮酒之中。这说话，不缄默，不狂诞，这就是说话之中。这作揖跪拜，不烦不疏，不疾不徐，这就是作揖跪拜之中。

一事得中，就是一事的尧、舜，推之万事皆然。又到那安行处，便是十全的尧、舜。”

［译文］

有人问：“中之道，尧、舜等圣人代代相传，必然有至玄至妙之理吧？”我感叹地说：“就说我们二人眼前饮酒这件事，不限制酒量，也不至于喝醉，这就是饮酒之中。我们现在说话，不缄默，不狂诞，这就是说话之中。作揖跪拜，不烦不疏，不疾不徐，这就是作揖跪拜之中。一件事得以持中，这件事做得像尧、舜所为一样，以此类推，万事同理。如果到那无所要求而又安然行事的程度，那就完全像尧、舜了。”

1.212　形神一息不相离，道器一息不相无，故道无精粗，言精粗者妄也。因与一客共酌，指案上罗列者谓之曰：“这安排必有停妥处，是天然自有底道理。那僮仆见一豆上案，将满案樽俎东移西动，莫知措手。那熟底入眼便有定位，未来便有安排。新者近前，旧者退后，饮食居左，匙箸居右，重积不相掩，参错不相乱，布置得宜，楚楚齐齐。这个是粗底，若说神化性命不在此，却在何处？若说这里有神化性命，这个工夫还欠缺否？推之耕耘簸扬之夫，炊爨烹调之妇，莫不有神化性命之理，都能到神化性命之极。学者把神化性命看得太玄，把日用事物看得太粗，原不曾理会。理会得来，这案上罗列得天下古今万事万物都在这里，横竖推行、扑头盖面、脚踏身坐底都是神化性命。乃知神化性命极粗浅底。”

［译文］

形与神一刻也不能分离，道和器一刻不可分开，所以说道无精粗，说有精粗的人是无知的。因为和一位客人饮酒，我就指着桌上的菜肴对客人说：“这种安排必然有它的妥当之处，自有它天然的道理。那僮仆见一盘菜端上来，就将满桌的盘碗东挪西摆，不知如何安排才好。而熟悉此道的人，一看到菜端上来便会放置在一定的位置上，菜还未端上来就有安排。新端上来的放在客人面前，旧的挪后，饭食放在左边，勺筷放在右边，错落有序，杂而不乱，布置合适，井井有条。这是个简单的例子，如果说造化神妙不在这里，又在什么地方呢？如果说这里有造化神妙，这个功夫还欠缺吗？以此类推到耕耘簸扬的农夫，做饭烹调的妇女，没有一件事没有造化神妙之理，每件事都能达到神化性命之极。学者把造化神妙看得太玄，把日常事物看得太粗，没有很好地理会。理会的好，这桌上摆放的，天下古今万事万物都在这里，横竖推行、扑头盖面、脚踏身坐的，都是造化神妙。以此可知造化神妙是极浅显极容易理解的。”

1.213　有大一贯，有小一贯。小一贯贯万殊，大一贯贯小一贯。大一贯一，小一贯千百。无大一贯，则小一贯终是零星；无小一贯，则大一贯终是浑沌。

［译文］

有贯通万事大的规律，也有小的规律。小的规律千差万别，大的规律贯通着小的规律。大的规律有一个，小的规律有千百个。没有大的规律，小的规律终究是零零星星；没有小的规律，大的规律终究是浑浑噩噩。

1.214　静中看天地万物都无些子。

［译文］

沉静中看天地万物，都没有什么特别之处。

1.215　一门人向予数四穷问无极、太极及理气同异，性命精粗，性善是否。予曰："此等语，予亦能剿先儒之成说及一己之谬见以相发明，然非汝今日急务。假若了悟性命，洞达天人，也只于性理书上添了'某氏曰'一段言语，讲学衙门中多了一宗卷案。后世穷理之人信彼驳此，服此辟彼，百世后汗牛充栋，都是这桩话说，不知于国家之存亡、万姓之生死、身心之邪正，见在得济否？我只有个粗法子，汝只把存心制行、处事接物、齐家治国平天下，大本小节都事事心下信得过了，再讲这话不迟。"曰："理气性命终不可谈耶？"曰："这便是理气性命显设处，除了撒数没总数。"

[译文]

一位学生多次向我询问无极、太极、理气的异同，性命精粗，性善是否的问题。我说："这些问题，我都能拿先儒说过的话以及我自己的见解来讲讲，但这不是你今天要急于了解的。假如对'性命'之说讲清楚了，对'天人'关系也解释明白了，也只是在性理一类的书上添上'某氏曰'一段话，在学堂里多了一宗卷案而已。后世研讨事物义理的人相信这个驳斥那个，信服这个排斥那个，百世后汗牛充栋的都是这些东西，这对国家的存亡、百姓的生死、身心的邪正，又有什么益处？我只有一个简单的法子，你只把存心养性、约束言行、待人接物、齐家治国平天下这些事的大本和小节都件件学到心里去，再说以上的问题也不迟。"问："理气性命终究不能谈吗？"我说："以上讲的这些都是理气性命表现最明显的方面，除此之外别无其他。"

1.216　阳为客，阴为主；动为客，静为主；有为客，无为主；万为客，一为主。

[译文]

阳是客，是从属的；阴是主，是主要的。动是客，静是主。有是客，无就是主。万是客，一就是主。

1.217　理路直截，欲路多岐；理路光明，欲路微暧；理路爽畅，欲路懊烦；理路逸乐，欲路忧劳。

［译文］

理性之路是笔直的，多欲之路是崎岖的；理性之路光明，多欲之路黑暗；理性之路爽畅，多欲之路烦恼；理性之路安逸快乐，多欲之路忧愁劳累。

1.218　无万，则一何处着落？无一，则万谁为张主？此二字一时离不得。一只在万中走，故有正一无邪万，有治一无乱万，有中一无偏万，有活一无死万。

［译文］

没有万，一又从哪里来？没有一，万又靠谁来统领？这两个字是连在一起的。一只在万中彰显，因此有正一，则没有邪万；有治一，则没有乱万；有中一，则没有偏万；有活一，则没有死万。

1.219　天下之大防五，不可一毫溃也，一溃则决裂不可收拾。宇内之大防，上下名分是已；境外之大防，夷夏出入是已；一家之大防，男女嫌微是已；一身之大防，理欲消长是已；万世之大防，道脉纯杂是已。

［译文］

天下最重要的防范有五个（仁、义、礼、智、信），不能有一点泄溃的地方，一旦泄溃则决裂不可收拾。平生最要防范的，是确定上下的名分；境外最要防范的是分清夷人和华夏；家庭之中最要防范的，是男女关系的避嫌；本身最要预防的，是培植理念熄灭欲念；永远要防范的，是保持道脉的纯洁，防止杂乱。

1.220　儒者之末流与异端之末流何异？似不可以相消也。故明于医可以攻病人之标本，精于儒可以中邪说之膏肓。辟邪不得其情，则邪愈肆；攻疾不对其症，则病愈剧。何者？授之以话柄而借之以反攻，自救之策也。

[译文]

儒家的谬误和异端的谬误有什么不同呢？看来不可相互讽刺。医术高明可以医治病人的病根，儒家精通可以击中邪说的要害。如果攻击邪说而对其毫无了解，邪说就会愈加猖獗；治病不对症，疾病就会更加严重。为什么呢？这等于授人以话柄，使其有可乘之机进行反攻，借此以自救。

1.221　人皆知异端之害道，而不知儒者之言亦害道也。见理不明，似是而非，或骋浮词以乱真，或执偏见以夺正，或狃目前而昧万世之常经，或徇小道而溃天下之大防，而其闻望又足以行其学术，为天下后世人心害良亦不细。是故有异端之异端，有吾儒之异端。异端之异端，真非也，其害小；吾儒之异端，似是也，其害大。有卫道之心者，如之何而不辨哉？

[译文]

所有的人都知道异端的害处，而不知腐儒的话也有害处。对真理的认识不明确，似是而非，或运用华丽的辞藻以乱真，或固执偏见来对待正理，或拘于目前而使万世的常经混乱，或屈从于小的道理而使天下的大堤防溃毁，而其声望又足以使其学说流传下来，对后世人心造成的祸害是极大的，所以说既有异端的异端，也有正统的异端。异端的异端是真正错误的，它的害处小；正统的异端，伪装得极为正确，它的害处也极大。有卫道之心的人，怎么能不辨别清楚呢？

1.222　天下事皆实理所为，未有无实理而有事物者也。幻家者流无实用而以形惑人。呜呼！不窥其实而眩于形以求理，愚矣。

［译文］

天下的事物都是根据一定规律而成的，没有无规律而有事物的。幻术师之流的把戏只是以虚幻的外表来迷惑人而没有实用。唉！不了解其实质，而盲目地迷信其虚幻的外表，真是愚蠢之极。

1.223　公卿争议于朝，曰天子有命，则屏然不敢屈直矣。师儒相辩于学，曰孔子有言，则寂然不敢异同矣。故天地间，惟理与势为最尊。虽然，理又尊之尊也。庙堂之上言理，则天子不得以势相夺；即相夺焉，而理则常伸于天下万世。故势者，帝王之权也；理者，圣人之权也。帝王无圣人之理，则其权有时而屈。然则理也者，又势之所恃以为存亡者也。以莫大之权无僭窃之禁，此儒者之所不辞而敢于任斯道之南面也。

［译文］

公卿大臣在朝廷上争论不休，天子一下命令，就都不敢出声，不再争辩谁对谁错了。学习儒道的人在学堂上相互争论，一说孔子对所争论的问题是如何论述的，就默然不敢再表示不同意见了。所以说天地之间，只有真理和权威最有力。虽然如此，真理还是尊上之尊。在朝廷上讲理，天子也不能用权威来压制；即使压倒了，真理还会伸张于万世之后。因此说，权威是帝王的权力，真理是圣人的权力。帝王如果没有掌握圣人所掌握的真理，那么权威有时也会向真理低头。然而真理又是权威所依靠的，是使权威存亡的东西。有无上的权力，而又不会超越本分或窃夺权威，这就是儒家敢于担当以宣扬真理为己任的一派独尊的原因。

1.224　阳道生，阴道养，故向阳者先发，向阴者后枯。

[译文]

以阳道而生，以阴道为养，所以向阳的一面所生长的东西先发芽，向阴的一面生长的东西后枯萎。

1.225　正学不明，聪明才辩之士各枝叶其一隅之见，以成一家之说，而道始千岐百径矣。岂无各得？终是偏术。到孔门，只如枉木着绳，一毫邪气不得。

[译文]

正确的学说不明确，聪明有才学的人各执己见，独立门户，对道的解释，就会产生成千上万条不同的说法。难道都讲得不对吗？可终究是旁门左道。只有到了孔子，就好比用绳墨来衡量曲木一样，一点也不会歪斜了。

1.226　禅家有理障之说，愚谓理无障，毕竟是识障，无意识，心何障之有？

[译文]

禅家有理障之说，我说理不会有障，如果没有任何先入之见，认识事物的心怎么会有障碍呢？

1.227　道莫要于损己，学莫急于矫偏。

[译文]

求道，重要的在于克己；学习，急需注重纠偏。

1.228　七情总是个欲，只得其正了，都是天理；五性总是个仁，只不仁了，都是人欲。

［译文］

七情（喜、怒、哀、乐、爱、恶、欲），总的说都是欲望，只要欲望是正当的，就符合客观规律；五性（仁、义、礼、智、信），总的说都是仁心，倘若没有仁心，就全成了欲望。

1.229　万籁[①]之声，皆自然也。自然，皆真也。物各自鸣其真。何天何人？何今何古？《六经》，籁道者也，统一圣真。而汉宋以来胥执一响以吹之，而曰是外无声矣。观俳谑[②]者，万人粲然皆笑，声不同也而乐同。人各笑其所乐，何清浊高下妍蚩之足云？故见各鸣其自得。语不诡于《六经》，皆吾道之众响也，不必言言同、事事同矣。

［注释］

①万籁：自然界的一切声音。②俳谑：滑稽戏语。俳，杂戏。

［译文］

万籁之声，都是自然而发。自然，都是真实的。万物各自发出声音，表示真实的存在。无论天，无论人，无论古今，都是同理。《六经》，是讲述自然之道的，统合了圣洁纯真。而汉宋以来只许发出一种声音，并说除此之外就没有其他的声音。看滑稽戏表演的人，成千上万的人都发出愉快的笑声，声音虽然不一样，但欢乐的心情是一样的。人们各得其乐，谁计较清浊、高低、美丑呢？所以因此各自都在为自己而欢乐。语言只要不背离《六经》的义理，都是合乎道的声音，不必句句相同、事事相同。

1.230　气者，形之精华；形者，气之渣滓。故形中有气，无气则形不生；气中无形，有形则气不载。故有无形之气，无无气之形。星陨为石者，先感于形也。

[译文]

所谓气，是形体的精华；形体，是气的渣滓。因此形中有气，无气则形不生；气中无形，有形则气不存在。因此有无形之气，却无无气之形。星星陨落能成为石头，是因为先有了形的缘故。

1.231　天地万物只到和平处，无一些不好，何等畅快！

[译文]

天地万物，只有到了纷争平息、秩序稳定的境地，才没有一点不好。这样是多么舒畅快意呀！

1.232　庄、列见得道理原着不得人为，故一向不尽人事。不知一任自然，成甚世界？圣人明知自然，却把自然阁起，只说个当然，听那个自然。

[译文]

庄子、列子主张的道理原本不是主张人为的，所以一向与人事无关。不知道一味听凭自然，会成一个什么样子？圣人是明明知道自然，却把自然搁起不说，只讲当然，而听其自然。

1.233　私恩煦感，仁之贼也；直往轻担，义之贼也；足恭伪态，礼之贼也；苛察岐疑，智之贼也；苟约固守，信之贼也。此五贼者，破道乱正，圣门斥之。后世儒者往往称之以训世，无识也与！

[译文]

小恩小惠，是对仁的歪曲；不辨是非就径直前往、勇于承担，是对义的歪曲；阿谀奉承，是对礼的歪曲；过分的苛求考察，走入了歧途，发生了疑惑，是对智的歪曲；食言爽约，是对信的歪曲。这五种歪曲，颠倒是非，混淆黑白，原被圣人斥之门外，而后代的腐儒往往称赞它并用来教导后人，也未免太没见识了吧？

1.234　道有二“然”，举世皆颠倒之。有个“当然”是属人底，不问吉凶祸福，要向前做去；有个“自然”是属天底，任你踯躅咆哮，自勉强不来。举世昏迷，专在自然上错用工夫，是谓替天忙，徒劳无益。却将当然底全不着意，是谓弃人道，成个甚人？圣贤看着自然可得底，果于当然有碍，定不肯受，况未必得乎？只把二“然”字看得真、守得定，有多少受用处。

［译文］

道有二“然”，世人都把它弄颠倒了。一个是“当然”，属于人，无论问吉凶祸福，只管努力去做；一个是“自然”，属于天，任凭你如何努力，如何不满，也勉强不来。举世人昏庸痴迷，专门在“自然”上错下功夫，这叫作替天忙，结果徒劳无功。却把那“当然”全不放在心上，这叫作弃人道，这成了什么人？圣人认为“自然”能够得到的，但对“当然”有妨碍，也一定不会接受，况且未必能够得到呢？只把这两个“然”字真正认识、坚持行其正道，一定会受用无穷。

1.235　气用形，形尽而气不尽；火用薪，薪尽而火不尽，故天地惟无能用有。五行惟火为气，其四者皆形也。

［译文］

气以形为表现形式，形没有了而气仍然存在；火以薪为表现形式，薪没有了而火依然存在。所以天地之间只有“无”能够表现为“有”。金、木、水、火、土这五行，只有火是气，其他四者都是形。

1.236　气盛便不见涵养。浩然之气虽充塞天地间，其实本体闲定，冉冉口鼻中，不足以呼吸。

［译文］

气过于充盛便看不出来有涵养。浩然之气虽然充塞于天地之间，但是在人身体中，一定是冉冉飘荡在口鼻之中，好像不能呼吸一样。

1.237　有天欲，有人欲。吟风弄月，傍花随柳，此天欲也。声色货利，此人欲也。天欲不可无，无则禅；人欲不可有，有则秽。天欲即好底人欲，人欲即不好底天欲。

［译文］

有天欲，有人欲。吟风赏月，傍花随柳，这就是天欲。好色淫荡、苟谋获利，这就是人欲。天欲不可无，无，则万事皆空；人欲不可有，有，则污秽庸俗。天欲就是好的人欲，人欲就是不好的天欲。

1.238　朱子云："不求人知，而求天知。"为初学者言也。君子为善，只为性中当如此，或此心过不去。天知、地知、人知、我知，浑是不求底。有一求心，便是伪，求而不得，此念定是衰歇。

［译文］

朱子说："不求人知，但求天知。"这是对初学者说的。君子做善事，只是因为本性如此，或心里过意不去。天知、地知、人知、我知，这些都不要求。只要有一点求心便是虚伪，求而不得，做善事的念头必然没有了。

1.239　以吾身为内，则吾身之外皆外物也，故富贵利达可生可荣，苟非道焉，而君子不居。以吾心为内，则吾身亦外物也，故贫贱忧戚，可辱可杀。苟道焉，而君子不辞。

［译文］

以自己的身体为内，那么自身之外的东西都是身外之物。所以无论富贵荣华，随它来去，如果不合于道，君子是不求的。以自己的心为内，那么自己的身体也是外物，就是处于贫贱忧戚、可辱可杀的悲惨境地，如果合于道，君子也毫不在乎。

1.240　或问敬之道。曰："外面整齐严肃，内面齐庄中正，是静时涵养的敬。读书则心在于所读，治事则心在于所治，是主一无适的敬。出门如见大宾，使民如承大祭，是随事小心的敬。"或曰："若笑谈歌咏、宴息造次之时，恐如是则矜持不泰然矣！"曰："敬以端严为体，以虚活为用，以不离于正为主。斋日衣冠而寝，梦寐乎所祭者也；不斋之寝，则解衣脱冕矣。未有释衣冕而持敬也。然而心不流于邪僻，事不诡于道义，则不害其为敬矣。君若专去端严上求敬，则荷锄负畚、执辔御车、鄙事贱役，古圣贤皆为之矣，岂能日日手容恭、足容重耶？又若孔子曲肱指掌，及居不容，点之浴沂[1]，何害其为敬耶？大端心与正依，事与道合，虽不拘拘于端严，不害其为敬。苟心游千里，意逐百欲，而此身却兀然端严在此，这是敬否？譬如谨避深藏，秉烛鸣珮，缓步轻声，女教《内则》原是如此。所以养贞信也。若馌妇[2]汲妻及当颠沛奔走之际，自是回避不得。然而贞信之守与深藏谨避者同，是何害其为女教哉？是故敬不择人，敬不择事，敬不择时，敬不择地，只要个心与正依，事与道合。"

［注释］

①点之浴沂：点，曾点，字皙，孔子弟子。事见《论语·先进》。②馌妇：给耕田之人送饭的农妇。

［译文］

有人问敬的道理。我回答说：“外表整齐严肃，内心庄重中正，这是平静时有涵养的敬。读书时心在所读，做事时心在所做的事上，这就是一心一意、心无旁骛的敬。出门如同去接见贵宾，用人的时候如同举办大的祭典，这就是认真对待的敬。”又问：“如果在谈笑歌咏、休息或忙碌时也像你讲的那样做，恐怕就显得矜持、不自然了。”回答说：“敬是以端正严肃为体，以虚实灵活为用，以不离正理为主。在斋戒的日子，和衣而睡，就会梦到所祭祀的人；在非斋戒的日子，则脱去衣帽休息。没有脱掉衣服还能保持庄重的。然而只要心不往邪处想，做事不违反道义，就不能说不是敬。如果你专在外表端庄严肃上去求敬，这样的话，扛着锄头、担着筐子、拉着缰绳、驾着车子、从事低贱的事情等，古代的圣贤都做过，哪能够让人天天把手放得恭恭敬敬、走起路来庄庄重重呢？又如孔子曲肱而睡、指掌而谈，住处不修饰，曾点还在沂水中洗澡，这对敬又有什么妨碍呢？大体说来，只要心地端正，行事合理，就是没有拘其小节，也称得上是敬。如果心猿意马、欲火焚心，即使正襟端坐，这也不能叫敬。譬如妇女的谨避深藏，夜出则秉烛鸣珮，平时则缓步轻声，教育女孩子的《内则》都是这样讲的，这是为了培养贞洁诚信的品德。至于给农夫送饭的农妇，每天要打水的妇女，或遇到颠沛流离四处奔走的境况，自然无法回避男人，保持贞操和深藏谨避都是对的。这对《内则》中讲的那些修养原则又有什么妨害呢？因此说敬不分什么人，什么事，什么时间，什么地点，只要心地纯正，事与道合就行了。”

1.241　先难后获，此是立德立功第一个张主。若认得先难是了，只一向持循去，任千毁万谤也莫动心，年如是，月如是，竟无效验也只如是，久则自无不获之理。故工夫循序以进之，效验从容以俟之。若欲速便是揠苗者，自是欲速不来。

[译文]

先艰苦而后收获，这是修养品德的关键。如果认为先前的艰难是对的，就一心一意坚持做下去，无论多少毁谤也不要动摇此心，年年如此，月月如此，哪怕它没有一点效果也要如此，时间长了，没有不收获的道理。所以说功夫在于循序渐进，而效果在于安心等待。若想急于求成，便是拔苗助长，当然欲速则不达了。

1.242　造化之精，性天之妙，惟静观者知之，惟静养者契之，难与纷扰者道。故止水见星月，才动便光芒错杂矣。悲夫！纷扰者昏昏以终身，而一无所见也。

[译文]

造化的精微，天性的奇妙，只有冷静观察才能看到，只有静心养气才能感受，这个道理难以和烦躁不安的人讲。所以静止的水中可以看到星月，只要水波一动，就光芒错杂不见星月了。可悲啊！烦躁不安的人糊里糊涂过一辈子，什么也看不到。

1.243　满腔子是恻隐之心，满六合是运恻隐之心处。君子于六合飞潜动植、纤细毫末之物，见其得所，则油然而喜，与自家得所一般；见其失所，则闵然而戚，和自家失所一般。位育[①]念头，如何一刻放得下！

[注释]

①位育：语出《中庸》。位，安其所也；育，遂其生也。

[译文]

充满仁慈恻隐之心，满天下都是布施恻隐之心的场所。君子对地上的飞禽走兽、动物植物、纤细毫末之物，看见它们各自生活惬意，就会油然而喜，好像自己和它们一样；看见它们流离失所，就悯然而悲哀，好像自己也失去了住所一样。希望万物都能安其所、遂其生的想法，怎么能释怀一刻呢！

1.244　万物生于性，死于情。故上智去情，君子正情，众人任情，小人肆情。夫知情之能死人也，则当游心于澹泊无味之乡，而于世之所欣戚趋避，漠然不以婴其虑，则身苦而心乐，感殊而应一。其所不能逃者，与天下同；其所了然独得者，与天下异。

[译文]

天下万物源生于本性，而死于情念。所以智慧高的人摒弃情念，品德高的人校正情念，一般的人任由情念，卑鄙小人放纵情念。既然知道情念能置人于死地，就应当淡薄寡欲，不为世上喜而趋、忧而避的事情烦恼。这样就会身苦而心乐，各种情感殊源同归。不能逃避的，与天下人相同；而自得其乐，则与天下人不同。

1.245　此身要与世融液，不见有万物形迹、六合界限，此之谓化。然中间却不模糊，自有各正的道理，此之谓精。

[译文]

自己要与现实融合，没有万物的形迹、天地的分界，这就叫作化。但是融化之中却不是模糊一团，应按照各自的正理，这叫作精。

1.246　人一生不闻道，真是可怜。

[译文]

一个人倘若在一生中对道一点也不了解，那真是太遗憾了。

1.247　“己欲立而立人，己欲达而达人”，便是肫肫[①]其仁、天下一家滋味。然须推及鸟兽，又推及草木，方充得尽。若父子兄弟间便有各自立达、争先求胜的念头，更那顾得别个！

［注释］

①肫肫：诚挚貌。语出《礼记·中庸》。

［译文］

“己欲立而立人，己欲达而达人”，意思是说自己要站得住，同时也使别人站得住；自己要事事行得通，同时也使别人事事行得通。这样才是诚恳仁爱、天下一家的味道。然而还得将仁爱推及禽兽、草木，才会彻底。如果父子兄弟之间各自逐欲求达、争先求胜，哪能顾及别人呢！

1.248　天德只是个无我，王道只是个爱人。

［译文］

天德就是忘却自我，王道就是仁义爱人。

1.249　道是第一等，德是第二等，功是第三等，名是第四等。自然之谓道，与自然游谓之道士；体道之谓德，百行俱修谓之德士。济世成物谓之功。一味为天下洁身著世谓之名。一味为自家立言者，亦不出此四家之言。下此不入等矣。

［译文］

道是第一等，德是第二等，功是第三等，名是第四等。自然叫作道，与自然游的叫得道之士；能体现道的叫作德，各种品德都修养很高的人叫有德之士。济世成物叫功。一心为了天下而又保持自己的清白，因而闻名天下的叫名士。一心要建立自己学问的人，也不会超出上面这四家。除此以外的就不入这四等了。

1.250　凡动天感物，皆纯气也，至刚至柔，与中和之气皆有所感动，纯故也。十分纯里才有一毫杂，便不能感动。无论佳气、戾气，只纯了，其应便捷于影响。

［译文］

凡是能感动上天，感动万物的，都是纯正之气。这种气至刚至柔，与中和之气都能相互感应，是因为纯正的缘故。只要里面混有一点杂念，就什么也不能感动。不论善气、恶气，只要纯正了，其感应就比影响还迅速。

1.251　万事万物有分别，圣人之心无分别，因而付之耳。譬之日因万物以为影，水因万川以顺流。而日水原无两，未尝不分别，而非以我分别之也。以我分别，自是分别不得。

［译文］

万事万物有区别，圣人之心无区别，因此将天下的兴亡托付于圣人。譬如阳光照耀万物形成投影，水流入河川形成河流。照耀万物的阳光、流入河川的流水，都没有两样。但未尝没有分别，而这分别不在日光和水本身。如果以本身来分别，肯定是分别不出的。

1.252　下学学个甚么？上达达个甚么？下学者学其所达也，上达者达其所学也。

［译文］

“下学”究竟学习什么？“上达”究竟达到什么？下学，就是学习各种事物中的道理；上达，就是把所学到的东西融会贯通。

1.253　弘毅，坤道也。《易》曰“含弘光大”，言弘也。“利永贞”，言毅也。不毅不弘，何以载物？

［译文］

弘毅，讲的是坤道。《易》说“含弘光大”，讲的就是弘。“利永贞”，说的是毅。没有毅和弘，那还有什么作用呢？

1.254　《六经》言道而不辨，辨自孟子始。汉儒解经而不论，论自宋儒始。宋儒尊理而不僭，僭自世儒始。

［译文］

《六经》只讲道而不区别之，从孟子开始加以区别。汉代儒家讲解《六经》而没有发表评论，发表评论是从宋儒开始的。宋儒崇尚理学而不超越《六经》之旨，超越《六经》之旨是从本朝的儒生开始的。

1.255　圣贤学问是一套，行王道必本天德。后世学问是两截，不修己只管治人。

［译文］

圣贤的学问是一个整体，认为在天下实行王道必须要从自身具有的最高道德开始。后世学问一分为二，不注重培养自己的品德，只想怎样去管理别人。

1.256　自非生知之圣，未有言而不思者。貌深沉而言安定，若蹇若疑，欲发欲留，虽有失焉者，寡矣。神奋扬而语急速，若涌若悬，半跆[①]半晦，虽有得焉者，寡矣。夫一言之发，四面皆渊阱也。喜言之则以为骄，戚言之则以为懦。谦言之则以为谄，直言之则以为陵。微言之则以为险，明言之则以为浮，无心犯讳则谓有心之讥，无为发端则疑有为之说。简而当事，曲而当情，精而当理，确而当时，一言而济事，一言而服人，一言而明道，是谓修辞之善者。其要有二：曰澄心，曰定气。余多言而无当，真知病本云云。当与同志者共改之。

[注释]

①跲：窒碍。

[译文]

没有天生就通晓万事的圣人，没有说话不加思考的人。外貌深沉而言谈安定，好像止住不说，又像踌躇不定，要说出来，却欲言又止，这样做即使话有失误的，但毕竟是少数。神气昂扬而语言急促，口若悬河，半通不通，虽然有成功的，但也不多。事实上话一出口，四面都是陷阱。说高兴的话，别人以为你骄傲；说悲伤的话，别人以为你懦弱。说谦虚的话，别人以为你谄媚；说正直的话，别人以为你盛气凌人。说意味深长的话，别人以为你阴险；说明白易懂的话，别人以为你浮浅。无心去触犯别人的忌讳，别人以为你有意在讥讽；无目的的话，别人怀疑你在有目的地说。简单明了，曲不失当，精而有理，确切实际，一句话就能办成事，一句话就使人信服，一句话就讲明道理，这就是善于说话的人。要达到这个标准，要做到两点：一是静下心，二是沉住气。我这个人平时话多而无当，现在真正了解到，病根就是上面说的。和我有一样毛病的人都应当改正它。

1.257　知彼知我，不独是兵法，处人处事一些少不得底。

[译文]

知彼知己，不只在用兵时要如此，处人处事时也少不了这一条。

1.258　静中真味，至淡至冷，及应事接物时，自有一段不冷不淡天趣。只是众人习染世味十分浓艳，便看得他冷淡。然冷而难亲，淡而可厌，原不是真味。是谓拨寒灰、嚼净蜡。

[译文]

静中的真正趣味，极淡极冷；等到应事接物时，自然会有一段不冷不淡的天趣。只是一般人沾染太多的世俗气味，认为静中的真趣冷淡。但是冷得让人难以亲近，淡得让人觉得厌恶，这就不是真趣了。这就如同拨已烧过的灰烬一样，没有多少热气；如同嚼蜡一样，没有什么味道。

1.259　明体全为适用。明也者，明其所适也。不能适用，何贵明体？然未有明体而不适用者。树有根，自然千枝万叶；水有泉，自然千流万派。

[译文]

弄清事物的本体，全是为了运用。明，就是弄清事物适合做什么。不能运用，弄清了事物的本体有什么用呢？没有弄清了事物的本体而找不到适合用途的。树有根，自然生长出千枝万叶；水有源，自然会形成千流万脉。

1.260　天地人物原来只是一个身体、一个心肠，同了，便是一家；异了，便是万类。而今看着风云雷雨都是我胸中发出，虎豹蛇蝎都是我身上分来，那个是天地？那个是万物？

[译文]

天地万物原来只是一个身体、一个心肠，相同，便是一家；不同，便是万类。现今要看着风雨雷电都是我胸中发出来的，虎豹蛇蝎都是从我身上分出来的，分得清哪个是天地？哪个是万物？

1.261　万事万物都有个一，千头万绪皆发于一，千言万语皆明此一，千体认万推行皆做此一。得此一，则万皆举；求诸万，则一反迷。但二氏只是守一，吾儒却会用一。

[译文]

万事万物都有一个一，千头万绪都发于一，千言万语都要说明这个一，千体认万推行都要推行这个一。得了这个一，万事都能兴办；从万中寻求，反而会丢掉这个一。但释家、道家只会守一，我们儒家才会用一。

1.262　三氏传心要法，总之不离一“静”字，下手处皆是制欲，归宿处都是无欲。是则同。

[译文]

儒、释、道三家的传心要法，总起来看都离不开“静”字，入手处都是节制人欲，归宿处都是达到无欲。这两点道理是一样的。

1.263　天地间道理，如白日青天。圣贤心事，如光风霁月。若说出一段话，说千解万，解说者再不痛快，听者再不惺憁。岂举世人皆愚哉？此立言者之大病。

[译文]

天地间的道理，如白日青天。圣贤的心事，如风声月色。如果说出一段话，用各种办法解说，解说的还不会觉得讲透了，听的人还不能醒悟。难道举世都是愚蠢的人吗？这只是著书立说的人最应该注意的大毛病。

1.264　罕譬而喻者，至言也；譬而喻者，微言也；譬而不喻者，玄言也。玄言者，道之无以为者也。不理会玄言，不害其为圣人。

[译文]

很少举例就能讲明白的，是至理之言；举例才能讲明白的，是精微之言；举例也讲不明白的，是玄妙之言。玄妙之言，是道家讲的无为的道理。不理会玄言，并不影响成为圣人。

1.265　正大光明，透彻简易，如天地之为形，如日月之垂象，足以开物成务，足以济世安民，达之天下万世而无弊，此谓天言。平易明白，切近精实，出于吾口而当于天下之心，载之典籍而裨于古人之道，是谓人言。艰深幽僻，吊诡探奇，不自句读不能通其文，通则无分毫会心之理趣；不考音韵不能识其字，识则皆常行日用之形声，是谓鬼言。鬼言者，道之贼也，木之孽也，经生学士之殃也。然而世人崇尚之者何？逃之怪异足以文凡陋之笔，见其怪异易以骇肤浅之目。此光明平易明白大雅君子为之汗颜泚颡，而彼方以为得意者也，哀哉！

［译文］

正大光明，透彻简易，如同天地之成形、日月之垂象，足以通晓万物之理，按理行事，达到成功；足以达到安民济世的目的，流传到天下万世也无任何缺点，这就叫作天言。平易明白，切近精实，从我口中说出而符合天下人的心意，载入典籍而对古人讲的道理又有所补益，这叫作人言。艰深幽僻，吊诡探奇，不仔细研究句读不能读通他的文章，读通了也没有合于人心的理趣；不考察音韵不能认识他的文字，等认清了才发现都是日常通用的字，这就叫作鬼言。鬼言是害道的东西，如同树木长出的多余的枝杈，这对学习经典的学生来说，真是祸害。然而世人却崇尚这些鬼言，为什么呢？因为这些怪异的文字可以遮掩那些平凡浅陋的文章，看到怪异的文辞会使那些见识浮浅的人惊讶。这一点真让那些运用正大光明的天言和平易明白的人言的正人君子为之汗颜，而那运用鬼言的人还自以为得意，真是可悲啊！

1.266　衰世尚同，盛世未尝不尚同。衰世尚同流合污，盛世尚同心合德。虞廷同寅协恭[1]，修政无异识，圮族者殛之[2]；孔门同道协志修身无异术，非吾徒者攻之。故曰：道德一，风俗同。二之非帝王之治，二之非圣贤之教，是谓败常乱俗，是谓邪说破道。衰世尚同，则异是也。逐波随风，共撼中流之砥柱；一颓百靡，谁容尽醉之醒人？读《桃园》，诵《板》《荡》，自古然矣。乃知盛世贵同，衰世贵独。独非立异也，众人皆我之独，即盛世之同矣。

［注释］

①同寅协恭：同具敬畏之心。语出《尚书·皋陶谟》。②圮族者殛之：圮，毁、绝之意。殛，诛戮。

［译文］

腐败的世道崇尚同，盛隆的世道也未尝不崇尚同。腐败的世道崇尚同流合污，盛隆的世道崇尚同心同德。在舜当政时，大家同具敬畏之心，对修明治道没有异议，同族的人却要害他。孔子的门人志同道合，修身养性而没有异悖之处，异端还要攻击他。所以说道德统一，风俗才相同。道德、风俗有两样，就不是成就帝王之业的政治，就不是圣贤的教导，只能说是败常乱俗、邪说破道。腐败的世道崇尚同就和这个不一样了。多数人随波逐流，形成一股撼动中流砥柱的力量；一个人学坏全都跟着学坏，举世皆醉岂能容忍那清醒的人？读一读《诗经》中的《桃园》和《板》《荡》，可知自古以来就是如此。以此可知，盛隆的世道应当以同为贵，腐败的世道应当以独为贵。独并不是标新立异，众人都有和我相同的特立独行的品德，这就是盛隆的世道的同。

1.267　世间物一无可恋，只是既生在此中，不得不相与耳。不宜着情，着情便生无限爱欲，便招无限烦恼。

[译文]

世间的万物没有什么值得留恋的，只是因为生活在这当中，不得不这样而已。但是不宜太用感情，太用感情就会产生无尽的爱恋，就会招来无限的烦恼。

1.268　安而后能虑，止水能照也。

[译文]

心里安静了才能思考，就像静止的水才能照出影子一样。

1.269　君子之于事也，行乎其所不得不行，止乎其所不得不止；于言也，语乎其所不得不语，默乎其所不得不默。尤悔庶几寡矣。

[译文]

君子对于做事，一定要到非做不可时才做，非停不可时才停下来。对于说话，要说那些非说不可的话，不得不沉默时才沉默。这样做，就会很少有失误和懊悔了。

1.270　发不中节，过不在已发之后。

[译文]

喜怒哀乐等情感发出来时不合节度，其过失不在行动之后。

1.271　才有一分自满之心，面上便带自满之色，口中便出自满之声，此有道之所耻也。见得大时，世间再无可满之事，吾分再无能满之时，何可满之有？故盛德容貌若愚。

[译文]

只有一分自满的心思，脸上就流露出自满的表情，嘴里就说出自满的话，这是有德性的人认为可耻的事。见过大世面的人，会认为世间再没有什么可以自满的事，我本心的善性也没有能够满足的时候，哪里有什么可以满足的地方呢？所以品德高尚的人，容貌表情跟愚蠢的人一样。

1.272　“相在尔室，尚不愧于屋漏。”此是千古严师。“十目所视，十手所指。”此是千古严刑。

[译文]

《诗经·大雅·抑》一诗说：“相在尔室，尚不愧于屋漏。”意思是说：看看你的房子，即使在人们看不见的地方你也要光明磊落。这是自古以来最严厉的老师。《大学》引曾子的话说：“很多双眼睛都注视着你，很多双手都在指点着你。”这是自古以来最严厉的刑罚。

1.273　诚与才合，毕竟是两个，原无此理。盖才自诚出，才不出于诚，算不得个才。诚了自然有才。今人不患无才，只是讨一诚字不得。

[译文]

诚信和才华相统一，但毕竟是两种不同的事，可是如果分开又和道理不符。才华大都源自诚信，才华不是出自诚信的，就不能算作才华。而人若诚信自然有才华。如今的人并不是缺少才华，而是很难找到诚信之人。

1.274　断则心无累。或曰：“断用在何处？”曰：“谋后当断，行后当断。”

[译文]

办事果断，心中就不会有牵挂。有人问：“果断用在何处？”回答说：“谋划之后应当机立断，行动以后也应当机立断。”

1.275　道尽于一，二则赘；体道者不出一，二则支。天无二气，物无二本，心无二理，世无二权。一则万，二则不万，道也，二乎哉？故执一者得万，求万者失一。水壅万川未必能塞，木滋万叶未必能荣。失一故也。

［译文］

道归结为一元，二则累赘不经；辨认道也超不出一，有二就会产生偏流枝节。天没有两种气存在，万物不可能有两个本源，心中不能有两种道德观念，世上不能有两个王权。得一元就会贯通万事，而持二元就无法贯通万事，这就是道，道怎么能有两个呢？因此执一元的人就可以认识万事之理，而求万理的人就会失去最根本的认识。譬如水，堵塞万条支流未必能堵住水流；又如树木，滋养万叶未必能使树木茂盛。这是因为没有抓住源头和根本，也就是没有抓住一的缘故。

1.276　道有一真，而意见常千百也，故言多而道愈漓。事有一是，而意见常千百也，故议多而事愈偾。

［译文］

道的真谛唯一，而人们的见解却有千百种，所以评论越多离道越远。事理只有一种正确的，而人们的看法却有千百种，所以评论越多事情越容易失败。

1.277　吾党望人甚厚，自治甚疏，只在口吻上做工夫，如何要得长进？

［译文］

我们对别人的期望甚高，而对自己的修养却很放松，只是在口头上说来说去，这样怎么能够有进步呢？

1.278　宇宙内原来是一个，才说同便不是。

［译文］

宇宙内万物的根源是一个，但要说一个时，却又分出千枝万杈。

1.279　周子《太极图》第二圈子是分阴分阳，不是根阴根阳。世间没这般截然气化，都是互为其根耳。

［译文］

周敦颐《太极图》的第二圈，是由太极分出的阴和阳，而不是只有根阴或根阳。实际上没有这样截然分开的，阴阳都是互为依托的。

1.280　说自然是第一等话，无所为而为。说当然是第二等话，性分之所当尽，职分之所当为。说不可不然是第三等话，是非毁誉是已。说不敢不然是第四等话，利害祸福是已。

［译文］

说自然要去做，这是第一等话，不是为了什么目的才去做的。说当然应该做，这是第二等话，这是指本性应该达到的，职责应该做到的。说不得不这样做，这是第三等话，这关系到是非毁誉的问题。说不敢不这样做，这是第四等话，这关系到利害祸福的问题。

1.281　人欲扰害天理，众人都晓得；天理扰害天理，虽君子亦迷，况在众人？而今只说慈悲是仁，谦恭是礼，不取是廉，慷慨是义，果敢是勇，然诺是信。这个念头真实发出，难说不是天理，却是大中至正天理被他扰害，正是执一贼道。举世所谓君子者，都在这里看不破，故曰道之不明也。

［译文］

如果是人欲扰害天理，一般人都知道；如果打着天理的旗号而实际上扰害天理，那么即便是君子也会难以分辨，更何况是普通人呢？现在都认为慈悲是仁善，谦恭是礼仪，不取是廉洁，慷慨是正义，果敢是勇敢，然诺是信誉。如果这些念头都是发出内心的，不好说它不是天理，但实际上那大中至正的天理常常被它们扰害，正是因为人们偏执了一面而害了道。世上所谓君子都似乎认识不到这一点，所以说道理尚不明达。

1.282　“二女同居，其志不同行”，见孤阳也。若无阳，则二女何不同行之有？二阳同居，其志同行，不见阴也。若见孤阴，则二男亦不可以同居矣。故曰：“一阴一阳之谓道。”六爻虽具阴阳之偏，然各成一体，故无嫌。

［译文］

《周易·睽卦·彖辞》说：“二女同居，其志不同行。”意思是说：二女在一起，想法不会一致。这是因为见了一男的缘故。如果没有一男，二女怎会不同行呢？也有二阳同居的卦象，其志向相同，因为不见女子的缘故。假如见到一女，则二男也不可同居。所以《系辞》说：“一阴一阳之谓道。”《易》八卦中的震、巽、坎、离、艮、兑虽各有阴阳之偏，但阴阳相配，各成一体，故无猜忌。

1.283　利刃斫木绵，迅炮击风帜，必无害矣。

［译文］

用锐利的刀砍木棉，以迅猛的炮火轰击迎风飘扬的旗帜，必然不会造成什么伤害。

1.284　士之于道也，始也求得，既也得得，既也养得，既也忘得。不养得则得也不固，不忘得则得也未融。学而至于忘得，是谓无得。得者，自外之名，既失之名，还我故物。如未尝失，何得之有？心放失，故言得心，从古未言得耳、目、口、鼻、四肢者，无失故也。

[译文]

读书人对于道理，开始时希望得到它，马上得到了它，马上可以认识它，也马上可以忘掉它。没有认识，即便得到了也不能巩固；无法忘记，得到的也就不能够融会贯通。学到忘记的程度，就和没有得到一样。得，是从外面来说的，既然没有得，就是把我固有的东西又归还了我。如果没有丢失，怎么又能说得到了呢？心放纵就会丢掉，所以有得心之说，但自古以来没有说得耳、目、口、鼻、四肢的，是因为耳、目、口、鼻、四肢不会失去。

1.285　圣人作用，皆以阴为主，以阳为客。阴所养者也，阳所用者也。天地亦主阴而客阳，二氏家全是阴。道家以阴养纯阳而啬之，释家以阴养纯阴而宝之。凡人阴多者，多寿多福；阳多者，多夭多祸。

[译文]

圣人的作为，皆以阴为主，以阳为客。阴是养护的，阳是发作的。天地也以阴为主，以阳为客，道、释二家全讲求阴。道家以阴养纯阳而不让其散失，释家以阴养纯阴而珍藏它。一般来说人要是阴多，就多寿多福；阳多，就多半会夭折或遇到灾祸。

1.286　只隔一丝便算不得透彻之悟。须是入筋肉，沁骨髓。

[译文]

只要还相差一丝一毫，就不能算上真正明白得透彻。必须像进入筋肉，沁入骨髓那样才行。

1.287　异端者，本无不同而端绪异也。千古以来，惟尧、舜、禹、汤、文、武、孔、孟一脉是正端，千古不异。无论佛、老、庄、列、申、韩、管、商，即伯夷、伊尹、柳下惠都是异端，子贡、子夏之徒都流而异端。盖端之初分也，如路之有岐，未分之初都是一处发脚，既出门后，一股向西南走，一股向东南走，走到极处，末路梢头，相去不知几千万里。其始何尝不一本哉！故学问要析同异于毫厘，非是好辨，惧末流之可哀也。

［译文］

所谓异端，其原本并没有什么不同，然而其头绪各异。自古以来，只有尧、舜、禹、汤、文、武、孔、孟一脉是正宗一端，永远不变。不用说佛、老、庄、列、申、韩、管、商，即使伯夷、伊尹、柳下惠都是异端，子贡、子夏之类最后都滑入异端。大体说来，端头的初次分开，就如同道路分岔，未分之前都从一处起步，出门以后，就一股向西南走，一股向东南走，走到尽头，也就是到了各自末路梢头，两股相距就有千万里了。但开始时，何尝不是从一个地方出发的呢！因此学问的同异要从毫厘上去分析，这并不是好辨析，只是怕有人误入歧途而已。

1.288　天下之事，真知再没个不行，真行再没个不诚，真诚之行再没个不自然底；自然之行不至其极不止，不死不止。故曰“明则诚”矣。

［译文］

天下的事，真正认识清楚了，没有不实行的；真正实行了，没有不真诚的；真诚的行为，没有不自然的；自然的行为，不做到底不会停止，不做到死不会停止。所以说“明则诚”矣。

1.289　千万病痛只有一个根本，治千病万痛只治一个根本。

［译文］

千万种病痛，只有一个病根，治疗这千万种病痛，只要治这个病根就行了。

1.290　宇宙内主张万物底只是一块气，气即是理。理者，气之自然者也。

［译文］

在宇宙内决定万物的，只是气而已，气就是理。所谓理，就是气自然化作的形态。

1.291　到至诚地位，诚固诚，伪亦诚。未到至诚地位，伪固伪，诚亦伪。

［译文］

到了至诚的地步，诚挚固然是诚挚，虚伪也是诚挚。没到至诚的地步，虚伪的固然是虚伪，诚挚的也会变得虚伪起来。

1.292　义袭取不得。

［译文］

义理是没有办法通过剽袭窃取得来的。

1.293　信知困穷抑郁、贫贱劳苦是我应得底，安富尊荣、欢忻如意是我倘来底，胸中便无许多冰炭。

［译文］

只要确实认识到：困穷抑郁、贫贱劳苦是我应该得到的，而安富尊荣、欢欣如意是我偶然得来的，心中就不会有那么多不愉快的了。

1.294　事有豫而立，亦有豫而废者。吾曾豫以有待，临事凿枘不成，竟成弃掷者。所谓权不可豫设，变不可先图。又难执一论也。

［译文］

事情有做了准备而成功的，也有做了准备而失败的。我曾经做好准备等待事物的来临，但事到临头，与原来设想的不吻合，竟然失败了。还有人说：权变之策不可能预先设想，事物的变化也不可能预先预料。到底哪种正确，也难以拘泥于一种说法。

1.295　任是千变万化，千奇万异，毕竟落在平常处歇。

［译文］

无论是千变万化，千奇万异，到头来还是要在寻常处落脚。

1.296　善是性，性未必是善；秤锤是铁，铁不是秤锤。或曰："孟子道性善，非与？"曰："余所言，孟子之言也。孟子以耳、目、口、鼻、四肢之欲为性[①]，此性善否？"或曰："欲当乎理，即是善。"曰："如子所言'动心忍性'亦忍善性与？"或曰："孔子系《易》，言'继善成性[②]'，非与？"曰："世儒解经，皆不善读《易》者也。孔子云'一阴一阳之谓道'，谓一阴一阳均调而不偏，乃天地中和之气，故谓之道。人继之则为善，继者禀受之初。人成之则为性，成者不作之谓。假若一阴则偏于柔，一阳则偏于刚，皆落气质，不可谓之道。盖纯阴纯阳之谓偏，一阴二阳、二阴一阳之谓驳，一阴三四五阳、五阴一三四阳之谓杂。故仁知之见，皆落了气质一边，何况百姓？'仁智'两字，拈此以见例。礼者见之谓之礼，义者见之谓之义，皆是边见。朱注以继为天，误矣；又以仁智分阴阳，又误矣。抑尝考之，天自有两种天：有理道之天，有气数之天。故赋之于人，有义理之性，有气质之性。二天皆出于太极，理道之天是先天，未着阴阳五行以前，纯善无恶。《书》所谓‘惟皇降衷，厥有恒性’，《诗》所谓‘天生烝民[3]，有物有则’是也。气数之天是后天，落阴阳五行之后，有善有恶，《书》所谓‘天生烝民有欲’，孔子所谓‘惟上知与下愚不移’，是也。孟子道性善，只言个德性。”

［注释］

①孟子以耳、目、口、鼻、四肢之欲为性：在《孟子·尽心下》有记述。②继善成性：语出《周易·系辞上》。③天生烝民：语出《诗经·大雅·烝民》。

［译文］

仁善是人性，但人性未必都是仁善；秤砣是铁的，而铁不都是秤砣。有人问：“孟子说性善，不对吗？”我说：“我所说的话，就是孟子的话。孟子认为耳、目、口、鼻、四肢的欲望就是性，这个人性是仁善吗？”又问：“欲合乎理，就是仁善吗？”我说：“如果这么说，孟子说‘动心忍性’也要忍善性吗？”又问：“孔子在《易·系辞》中说‘继善成性’，意思是说，一阴一阳的对立转化称作道，继承它的善，成就它的性。这个说法不对吗？”回答说：“世上解释《易》的人们，都是不善于读《易》的。孔子说的‘一阴一阳之谓道’，是说一阴一阳均调而不偏，也就是天地中和之气，所以叫作道。人类继承了它就是善性，继承，指最初的禀受。而成年后就形成了性格，所谓形成，不是修养成的，是天生成的。假如只有一阴，则偏于柔，只有一阳，则偏于刚，都会归于气质，而不能叫作道。只有阴或只有阳叫作偏，一阴二阳、二阴一阳叫作驳，一阴三四五阳、五阴一三四阳叫作杂。所以仁智之士的见解，都归于气质，何况普通百姓呢？可以用‘仁智’这两个字为例，崇尚礼的人认为仁智是礼，崇尚义的人认为仁智是义，这都是一隅之见。朱熹认为继是继天，这是错的；他又把仁智分为阴阳，也是错的。我曾经考证过，天有两种天：有理道之天，有气数之天。因此赋之于人，有义理之性，有气质之性。两种天都出于太极，理道之天是先天，是还没有阴阳五行的天，是纯善无恶的。《书经》中说的‘惟皇降衷，厥有恒性’，意思是说皇天上帝把善性降给人们，人们就有了常性。《诗经》说‘天生烝民，有物有则’，意思是说上天生下万民，万物都有法则，这就是说的纯善无恶。《书经》中所说的‘天生烝民有欲’，意思是说上天降生的民众都是有欲望的。孔子所说的‘惟上知与下愚不移’，意思是说只有上知与下愚的人不改变自己的本性，这就是说的有善有恶。孟子说性善，只说了个先天的义理之性而已。”

1.297　物欲从气质来，只变化了气质，更说甚物欲。

[译文]

物欲是从气质上来的，只要气质发生变化了，还说什么物欲呢！

1.298　耳、目、口、鼻、四肢有何罪过？尧、舜、周、孔之身都是有底。声色货利、可爱可欲有何罪过？尧、舜、周、孔之世都是有底。千万罪恶都是这点心。孟子“耳目之官不思而蔽于物”，太株连了。只是先立乎其大，有了张主，小者都是好奴婢，何小之敢夺？没了窝主，那怕盗贼？问：谁立大？曰：大立大。

[译文]

耳、目、口、鼻、四肢有什么罪过？尧、舜、周公、孔子都是血肉之身。声色货利、可爱可想有什么罪过？尧、舜、周公、孔子的时候都是有的。千万种罪恶都是心灵堕落的缘故。孟子说：“耳目这些器官不思考，容易被物所蒙蔽。”这话未免过于牵强了。应该注意的是首先确立主要的大纲，这样就有了行动指南，其他次要的都会像奴婢一样，有哪个敢于反抗呢？没有内应，还怕什么盗贼？问：哪个可以确立为大纲？说：应该确立最主要的。

1.299　威仪养得定了，才有脱略便害羞赧；放肆惯得久了，才入礼群便害拘束。习不可不慎也。

[译文]

养成了容貌举止端严庄重的习惯，只要有一点放任，便会觉得羞愧；长期放肆成了习惯，一与讲礼仪的人在一起，便会感到拘束。因此说对习惯的养成不可不慎重对待。

1.300　絜矩[①]是强恕事，圣人不絜矩。他这一副心肠原与天下打成一片，那个是矩？那个是絜？

[注释]

①絜矩：絜，量度；矩，方形的工具。象征道德上的示范作用。

[译文]

以同一个标准与法度推及人，使彼此各得其所，这是推行恕道的事。圣人不是这样，圣人的心肠原本就是与天下人打成一片的，何必分哪个是标准？哪个是法度呢？

1.301　仁以为己任[①]，死而后已，此是大担当；老者衣帛食肉，黎民不饥不寒，此是大快乐。

[注释]

①仁以为己任：语出《论语·泰伯》。

［译文］

把友善当成自己应该做的事情，为此死而后已，这是一副重担子；愿老有所养，衣帛食肉，天下苍生不饥不寒，这是人生最大乐事。

1.302　内外本末交相培养[①]，此语余所未喻。只有内与本，那外与末张主得甚？

［注释］

①内外本末交相培养：语出《论语·述而》，朱熹有注。

［译文］

不分内外本末，都交杂在一起，对此话我不太理解。只有抓住了内因和根本，那么外因和末节又能起什么作用呢？

1.303　不是与诸君不论奥妙，古今奥妙不似《易》与《中庸》，至今解说二书，不似青天白日，如何又于晦夜添浓云也？望诸君哀此后学，另说一副当言语，须是十指露缝、八面开窗，你见我知，更无躲闪，方是正大光明男子。

［译文］

我不是不愿跟大家谈论那些深奥的道理，古今的深奥道理不像《易》和《中庸》，至今解释这两部书的论著都不能做到像青天白日那样清楚，我又怎么能在漆黑的夜晚里再添浓云呢？希望诸君能够理解后代的学子，另做一番解释，然而必须是坦诚相见，光明正大，没有躲躲闪闪，这才是光明正大的君子。

1.304　形而上与形而下，不是两般道理；下学上达，不是两截工夫。

[译文]

形而上与形而下，讲的不是两种道理；下学与上达，说的也不是两种完全不同的事情。

1.305　世之欲恶无穷，人之精力有限，以有限与无穷斗，则物之胜人不啻千万，奈之何不病且死也？

[译文]

世上人的欲望和憎恶是无穷的，而人的精力是有限的，以有限的精力与无穷的欲望较量，那么物欲胜过人就不止千万倍了，所以人怎么能避免生病进而老死呢？

1.306　冷淡中有无限受用处。都恋恋炎热，抵死不悟，既悟不知回头，既回头却又羡慕，此是一种依膻附腥底人，切莫与谈真滋味。

[译文]

在冷淡中也有说不尽的受益之处。大家交往密切，如胶似漆，至死而不能够醒悟，有的醒悟了却不知回头，有的回头来却又羡慕从前，这是一种依膻附腥的势利小人，切不可和他们谈论真切的感受。

1.307　处明烛幽，未能见物而物先见之矣；处幽烛明，是谓神照。是故不言者非喑，不视者非盲，不听者非聋。

[译文]

站在明处去看暗处，暗处的东西你没有看见，但它却看见了你；站在暗处去看明处，叫作神照。所以说不说话的人不一定就是哑巴，不看东西的人不一定就是瞎子，不道听途说的人不一定就是聋子。

1.308　儒戒声色货利，释戒色声香味，道戒酒色财气。总归之无欲，此三氏所同也。儒衣儒冠而多欲，怎笑得释道！

［译文］

儒家戒声色货利，释家戒色声香味，道家戒酒色财气。总的说来都是无欲，这是三家相同的地方。披儒家的外衣而多欲多贪，怎么有权利去嘲笑释家和道家呢！

1.309　敬事鬼神，圣人维持世教之大端也，其义深，其功大。但自不可凿求，不可道破耳。

［译文］

敬事鬼神，是圣人维持世教的重要手段，其意义深远，其功效颇大。但不可深求，不可说破。

1.310　天下之治乱只在“相责各尽”四字。

［译文］

天下的治理或混乱只在“相责各尽”四字，就是相互要求，各尽其责。

1.311　世之治乱，国之存亡，民之死生，只是个我心作用，只无我了，便是天清地宁、民安物阜世界。

［译文］

世间的治理或混乱，国家的存在或灭亡，民众的生存或死亡，都是个自我的问题，只要没有了自我之心，那么只有天清地宁、民安物阜的世界了。

1.312　惟得道之深者，然后能浅言；凡深言者，得道之浅者也。

［译文］

只有道德修养很深的人，才能用最浅显易懂的语言把道说清楚；凡是用高深的话论道的，恰恰是道德修养浮浅的人。

1.313　以虚养心，以德养身，以善养人，以仁养天下万物，以道养万世。养之义大矣哉！

［译文］

用虚来养心灵，用德来养身体，用善来养人类，用仁爱养天下万物，用道养千古万世。养的意义是多么大啊！

1.314　万物皆能昏人，是人皆有所昏。有所不见，为不见者所昏；有所见，为见者所昏。惟一无所见者不昏，不昏然后见天下。

［译文］

万物皆能使人迷惑，是因为人都有被迷惑的弱点。有看不见的东西，就被看不见的东西所迷惑；有看见的东西，就被看见的东西所迷惑。只有一无所见的人不会被迷惑，不迷惑才能看清天下的事物。

1.315　道非淡不入，非静不进，非冷不凝。

［译文］

对于学道者来说，不以平淡的态度对待，就不能深入；不以沉静的态度对待，就不能理解；不以冷漠的态度对待，就不能巩固。

1.316　三千三百①，便是无声无臭②。

[注释]

①三千三百：语出《中庸》第二十七章，形容道至大至小。②无声无臭：语出《中庸》第三十三章，形容道无形象。

[译文]

威仪三千礼仪三百，这其中就含有无声无臭的道。

1.317　天德王道不是两事，内圣外王[1]不是两人。

[注释]

①内圣外王：语出《庄子·天下篇》，形容修身治国不能分开。

[译文]

天德、王道是统一的，不是两码事；内圣、外王是指一个人达到的境界，也不是两个人。

1.318　损之而不见其少者，必赘物也；益之而不见其多者，必缺处也。惟分定者，加一毫不得，减一毫不得。

[译文]

减去了也不见少的东西，一定是多余的东西；增加了而不见多的东西，一定是短缺的东西。唯独沉静安定的人，加一毫不行，减一毫也不行。

1.319　知是一双眼，行是一双脚。不知而行，前有渊谷而不见，旁有狼虎而不闻，如中州之人适燕而南、之粤而北也。虽乘千里之马，愈疾愈远。知而不行，如痿痹之人数路程、画山水。行更无多说，只用得一“笃”字。知的工夫千头万绪，所谓“匪知之艰，惟行之艰”[1]，“匪苟知之，亦允蹈之”，“知至至之，知终终之”[2]，“穷神知化”[3]，“穷理尽性”，“几深研极”，“探赜索隐”[4]，“多闻多见”。知也者，知所行也；行也者，行所知也。知也者，知此也；行也者，行此也。原不是两个。世俗知行不分，直与千古圣人驳难，以为行即是知。余以为能行方算得知，徒知难算得行。

［注释］

①“匪知之艰”二句：出自《尚书·说命》。②“知至至之”二句：出自《周易·乾卦·文言》。③“穷神知化”：语出《周易·系辞下》。④“几深研极”“探赜索隐”：语出《周易·系辞上》。

［译文］

认识，好像一双眼；行动，好像一双脚。没有认识而去做事情，即使面前有深渊峡谷也看不见，身旁有虎狼豺豹也听不见，就好像中原人要到北方的燕地去反而向南走，到南方的粤地反而向北走一样。这样，即使骑着千里马，跑得越快离目的地就越远。认识而不行动，就如同瘫痪的病人计算路程和在画中画山水。行不用多说，只要用一个“笃”字，即实实在在地行动就可以了。认识的方法千头万绪，就是所说的“不是知难，而是行难”，“不光是知道，还要去实行”，“知道到什么地步，就要做到什么地步；知道了终点，就要达到终点”，“要全神贯注求知”，“深究事物的精微道理”，“要深入地研究”，“窥探幽深，求索隐微”，“多闻多见”等。所谓认识，就是知道所要做的事情正确与否；行，就是做认为正确的事情。认识也就是认识这些，行动也是要做这些。从这一点看，认识和行动原不是两个。但一般人知行不分，非要与千古以来的圣人辩论，以为行即是知。我认为能有行动才算是认识，只是认识，很难说得上是行动。

1.320　有杀之为仁，生之为不仁者；有取之为义，与之为不义者；有卑之为礼，尊之为非礼者；有不知为智，知之为不智者；有违言为信，践言为非信者。

[译文]

有杀掉某个人是仁义的行为，而让他活着却是不仁的行为；有掠取是义的行为，而给予却是不义的行为；有采取谦卑的态度是合乎礼的行为，而采取尊敬的态度却是非礼的行为；有对某些事不了解是明智的，而知道了却是不明智的；有违背了诺言是讲信用的行为，而实践诺言却不是讲信用的行为。

1.321　觅物者苦求而不得，或视之而不见。他日无事于觅也，乃得之。非物有趋避，目眩于急求也。天下之事每得于从容而失之急遽。

[译文]

寻找东西时，苦苦寻找而不得，或许已经看见了也没有注意。以后无心去寻找，反而得到了。这不是要找的东西没有进入你的视界，而是因为急于寻找而眼睛昏眩。天下之事亦是如此，经常因为从容而成功，也经常因为匆忙而失败。

1.322　山峙川流、鸟啼花落、风清月白，自是各适其天，各得其分。我亦然，彼此无干涉也。才生系恋心，便是歆羡，便有沾着。至人淡无世好，与世相忘而已。惟并育而不有情，故并育而不相害。

[译文]

山峙川流、鸟啼花落、月白风清，自然都适合它们的天性，各自都体现了它们的本分。人也是这样，与物不应相互牵涉，只要产生一点留恋之心，就会歆羡，就会被牵连不断。道德修养达到极高境界的人处事平淡，一无所好，也忘却了世间。只有一同生活而不产生感情，才能一同生活而不相互干涉。

1.323　公生明，诚生明，从容生明。公生明者，不蔽于私也；诚生明者，清虚所通也；从容生明者，不淆于感也。舍是无明道矣。

［译文］

大公无私能产生明智，诚实能产生明智，从容能产生明智。大公无私能产生明智，是因为不受私欲蒙蔽；诚实能产生明智是因为清净虚无，能够通达事理；从容能产生明智是因为不被感觉所困扰。除此之外，就没有产生明智的情况了。

1.324　“喜怒哀乐之未发谓之中”，自有《中庸》来，无人看破此一语。此吾道与佛、老异处，最不可忽。

［译文］

“喜怒哀乐的感情没有发出来的时候叫作中”，自从有了《中庸》一书以来，没有人看透这句话的含义。这也是儒家与佛、老的不同处，万万不能忽视。

1.325　知识，心之孽也；才能，身之妖也；贵宠，家之祸也；富足，子孙之殃也。

［译文］

知识，有时就成了心灵的祸害；才能，有时成了身体的祸害；贵宠，有时就是家庭的灾害；富足，有时会给子孙带来祸患。

1.326　只泰了，天地万物皆志畅意得、忻喜欢爱。心身家国天下无一毫郁阏不平之气，所谓八达四通、千昌万遂，太和之至也。然泰极则肆，肆则不可收拾而入于否。故《泰》之后，继以《大壮》，而圣人戒之曰：“君子以非礼弗履。”[①]用是见古人忧勤惕励之意多、豪雄旷达之心少。六十四卦，惟有《泰》

是快乐时又恁极中极正，且惧且危，此所以致泰保泰而无意外之患也。

[注释]

①君子以非礼弗履：出自《周易·大壮·象》。

[译文]

只有安泰了，天地万物就会志畅意得、欣喜欢爱。心、身、家、国、天下，没有一点抑郁不平之气，就是所谓的四通八达、千昌万盛，达到了太平和乐的极处。然而安泰达到了极点，就会纵恣放肆以致不可收拾，这就转入《否卦》的逆境状态。所以在《泰卦》的后面又有《大壮》这一卦，圣人在《大壮》卦的《象辞》中警告说："君子不做那些非礼的事。"由此可以看出古人忧勤惕厉之意多、豪雄旷达之心少。六十四卦中，只有《泰卦》是处于快乐之时，可又是如此地极中极正，谨慎小心，这正是为了能够达到安泰并保持安泰而不出意外的忧患啊！

1.327　今古纷纷辨口，聚讼盈庭，积书充栋，皆起于世教之不明，而聪明才辨者各执意见以求胜。故争轻重者至衡而息，争短长者至度而息，争多寡者至量而息，争是非者至圣人而息。中道者，圣人之权衡度量也。圣人往矣，而中道自在，安用是哓哓强口而逞辨以自是哉？嗟夫！难言之矣。

[译文]

自古至今，各种观点纷纷纭纭，互相攻击，各陈己见，论著成千上万，这都是因为世教不明，聪明有才辩的人各执己见的缘故。所以争论轻重的人应在平衡时就不要再争了；争论长短的人，达到一定量度时就不要再争了；争论多少的人，达到一定分量时就不要再争了；争论是非的人，在自己的修养达到圣人的境界时就不要再争了。所谓中庸之道，就是圣人权衡事物的标准。圣人已经成为过去，但中庸之道还在，哪里还用哓哓不休的争辩来证明自己是正确的呢？唉，真是一言难尽啊！

1.328　人只认得“义命”两字真，随事随时在这边体认，果得趣味，一生受用不了。

［译文］

人只要能认清“义”和“命”两个字，随事随时在这两个字上体认，真正得到了真谛，一生受用不尽。

1.329　“夫焉有所倚”，此至诚之胸次也。空空洞洞，一无所着，一无所有，只是不倚着。才倚一分，便是一分偏；才着一厘，便是一厘碍。

［译文］

《中庸》说：“至诚的品德是自然的，哪里需要倚着物呢？”这是指至诚的胸怀。这胸怀是空空如也，没有依赖，没有占有，也就没有偏倚的了。有了一分依靠，便有一分偏颇；有了一厘的依赖，便有一厘障碍。

1.330　形用事，则神者亦形；神用事，则形者亦神。

［译文］

形起主导作用时，神也是形；神起主导作用时，形也是神。形和神是密切不可分的。

1.331　威仪三千，礼仪三百[①]，五刑之属三千[②]，皆法也。法是死的，令人可守；道是活底，令人变通。贤者持循于法之中，圣人变易于法之外，自非圣人而言变易，皆乱法也。

[注释]

①威仪三千，礼仪三百：语出《中庸》第二十七章，言其多也。②五刑之属三千：语出《尚书·吕刑》。

[译文]

礼仪的细节有三千，种类有三百。墨刑、劓刑、刵刑、宫刑、大辟这五种刑罚的条例有三千，这些都是法律。法律是一成不变的，是让人遵守的；但道是活的，人可以变通。贤人遵循在法律之中，圣人变通在法律之外，自己不是圣人而谈论变通，都会使法律变得混乱。

1.332　道不可言，才落言诠，便有倚着。

[译文]

道不能用语言来表达，只要一用语言来解释就会发生偏颇。

1.333　礼教大明，中有犯礼者一人焉，则众以为肆而无所容；礼教不明，中有守礼者一人焉，则众以为怪而无所容。礼之于世大矣哉！

[译文]

如果礼教修明，其中有一个破坏礼的人，大家都会认为他放肆而不能容忍；如果礼教不明，其中有一个守礼的人，大家都会认为他行为怪诞而不予接受。礼对于国家来说，太重要了。

1.334　良知之说亦是致曲扩端学问[①]，只是作用大端费力。作圣工夫当从天上做，培树工夫当从土上做。射之道，中者矢也，矢由弦，弦由手，手由心。用工当在心，不在矢。御之道，用者衔也，衔由辔，辔由手，手由心。用工当在心，不在衔。

[注释]

①良知之说亦是致曲扩端学问：良知，出自《孟子·尽心上》。致曲，语出《中庸》第二十三章，朱熹注："曲，一偏也。"扩端，扩充仁、义、礼、智四端，语出《孟子·公孙丑上》。

[译文]

认为人先天具有分辨是非善恶的能力的良知之说，也是从一个善端出发而加以扩充的学问，只是做起来要花费很大力气。修养成圣人的功夫要从每一天做起，就像栽培树木的功夫应当从土壤上做文章一样。射箭的道理，中靶子的是箭头，箭头从弦上射出，弦由手把持，手由心掌握。因此功夫要用在心上，而不在箭头上。驾驭的道理，主要是控制马嚼子，马嚼子由缰绳连着，缰绳掌握在驾驭者手中，手由心指挥。因此，功夫也要用在心上，而不在马嚼子上。

1.335　圣门工夫有两途："克己复礼"①，是领恶以全好也，四夷靖则中国安；"先立乎其大者"②，是正己而物正也，内顺治则外威严。

[注释]

①克己复礼：语出《论语·颜渊》。②先立乎其大者：语出《孟子·告子上》。

[译文]

进入圣贤之门的方法有两个途径。一是"克己复礼"，就是克服不好的东西，使其都变成好的，从而使四面边境平静，国家安宁。二是"先立乎其大者"，就是先正己才能正物，内部治理好了对外才有威严。

1.336　"中"是千古道脉宗，"敬"是圣学一字诀。

[译文]

“中”是千古一脉相承的道所遵循的原则，“敬”是圣门学问最基本的诀窍。

1.337　性[①]只有一个，才说五[②]便着情种矣。

[注释]

①性：指善。②五：仁、义、礼、智、信。

[译文]

人性应该只有一个，如果说应分为五种就会坠入情的烦扰之中了。

1.338　敬肆是死生关。

[译文]

敬畏还是放肆，就像生死那样重要。

1.339　瓜李将熟，浮白生焉。礼由情生。后世乃以礼为情，哀哉！

[译文]

瓜和李子将要熟的时候，外面就长出一层白粉。礼仪也是这样，有了人情才会产生礼仪。可是后世之人却认为礼仪就是人情，太可悲啊！

1.340　道理甚明甚浅甚易，只被后儒到今说底玄冥，只似真禅，如何使俗学不一切诋毁而尽叛之！

[译文]

道理本来是非常明了、非常浅显、非常易懂的，只是被后世的儒者解释到今天，弄得玄妙莫测了，好像谈禅一样，这怎能不使世俗的学问不诋毁它而背离它呢！

1.341 生成者，天之道心；灾害者，天之人心。道心者，人之生成；人心者，人之灾害。此语众人惊骇死，必有能理会者。

［译文］

能生产万物的，是上天的善心；能给万物带来灾祸的，是上天的人心。天之善心，是由人造成的；天之人心，也是由人造成的。这话一般人听了都会被吓死，但一定有能够领会其中意味的人。

1.342 道器非两物，理气非两件。成象成形者器，所以然者道。生物成物者气，所以然者理。道与理，视之无迹，扪之无物，必分道器、理气为两项，殊为未精。《易》曰："形而上者谓之道，形而下者谓之器。"盖形而上无体者也，万有之父母，故曰道；形而下有体者也，一道之凝结，故曰器。理气亦然。生天、生地、生人、生物，皆气也。所以然者，理也。安得对待而言之？若对待为二，则费隐亦二矣。

［译文］

道和器并不是两种事物，理和气也不能分为两件。有形象的就是器，所以成为形象的原因就是道。能够生成万物的就是气，生成万物的原因就是理。道和理，看不见，摸不着，非要分成道器、理器两种，实在不精确。《易经》说："形而上者谓之道，形而下者谓之器。"形而上的东西是没有形体的，是万物生成的依据，所以叫作道。形而下的东西是有形体的，是一道的凝结，所以叫作器。理气也是如此。生天、生地、生人、生物，都是气的缘故。气所以能生物，依据就是理，怎么能看作对立的呢？若把它们分为对立的两项，那么，《中庸》中讲的道的显明和隐微也可以看作两项了。

1.343　先天，理而已矣；后天，气而已矣。天下，势而已矣；人情，利而已矣。理一而气、势、利三，胜负可知矣。

［译文］

先天，指的是理而已；后天，指的是气而已。天下，只不过是势而已；人情，只不过是利而已。理只有一个，而气、势、利是三个，以一对三，胜负就可想而知了。

1.344　人事就是天命。

［译文］

人事就是天命。

1.345　我盛则万物皆为我用，我衰则万物皆为我病。盛衰胜负，宇宙内只有一个消息。

［译文］

自己昌盛则万物皆为自己利用，自己衰败则万物皆成为自己的病患。昌盛和衰败、胜和负，世上只有一种表现形式。

1.346　天地间惟无无累，有即为累。有身则身为我累，有物则物为我累。惟至人则有我而无我，有物而忘物。此身如在太虚中，何累之有？故能物我两化。化则何有何无？何非有何非无？故二氏逃有，圣人善处有。

［译文］

天地之间只有一无所有才是没有任何牵累，有私利就会有所牵累。比如有身体，身体就成了自己的累赘；有物品，物品就成了自己的累赘。唯独道德修养达到最高境界的至人才能做到有我而无我，有物而忘物。身体如在太虚之中，又有什么牵累呢？因此能做到他物和自我两相融化。融化了又什么是有，什么是无呢？又什么非有，什么非无呢？所以佛家和道家都逃避这个概念，只有圣人善于处理这个概念。

1.347　义，合外内之道[1]也。外无感则义只是浑然在中之理，见物而裁制之则为义。义不生于物，亦缘物而后见。告子只说义外，故孟子只说义内。各说一边以相驳，故穷年相辨而不服。孟子若说义虽缘外而形，实根吾心而生，物不是义，而处物乃为义也，告子再怎开口？性，合理气之道也。理不杂气则纯粹以精，有善无恶，所谓义理之性也。理一杂气，则五行纷揉[2]，有善有恶，所谓气质之性也。诸家所言皆落气质之后之性，孟子所言皆未着气质之先之性，各指一边以相驳，故穷年相辨而不服。孟子若说，有善有恶者杂于气质之性，有善无恶者上帝降衷之性[3]，学问之道正要变化那气质之性，完复吾降衷之性，诸家再怎开口？

［注释］

①义，合外内之道：语出《孟子·告子上》。②揉：通“糅”。③上帝降衷之性：指善性。见《尚书·汤诰》。

［译文］

义是内外之道的统合。没有受到外界事物的感应，那么义只是包含在内心之中的理；看到了外界的事物而断然采取恰当的行为，这就是义。义虽不是直接产生于物，但亦因物而生。告子只是谈论义之外的事情，而孟子只是谈论义之内的行为。各执一词，相互论辩，所以长期辩驳互相不服。孟子如果说，义虽然是因外物而表现出来，实际上是从内心产生的，事物本身不是义，而义是处理事物的行为。那么告子还怎么开口呢？性，是理和气相合的结果。理不掺杂气，就是纯粹的，只有善没有恶，这叫作义理之性。理和气一相混，就与五行相杂糅，有善有恶，这叫作气质之性。各家所说的性都指的是气质之性，而孟子所说的则是没沾气质以前的天性，各执一词，相互论辩，所以长期辩驳、互相不服。孟子如果说，有善有恶是杂糅了气质之性，有善无恶是上天带来的善性，学问的道理正是要变化那气质之性，归复到那天生的善性，那么诸子百家还怎么说呢？

1.348　乾与姤，坤与复，对头相接不间一发。乾坤尽头处即姤复起头处，如呼吸之相连，无有断续，一断便是生死之界。

［译文］

《易经》的《乾卦》与《姤卦》，《坤卦》与《复卦》，首尾相接，中间没有任何缝隙。《乾卦》与《坤卦》的尽头就是《姤卦》《复卦》的起头处，好像一呼一吸相互连接，没有断续，一断就是生与死的界限。

1.349　知费之为省，善省者也，而以省为省者愚，其费必倍。知劳之为逸者，善逸者也，而以逸为逸者昏，其劳必多。知苦之为乐者，善乐者也，而以乐为乐者痴，一苦不返。知通之为塞者，善塞者也，而以塞为塞者拙，一通必竭。

［译文］

懂得如何消费就是为了节省，是善于节省的人，而以为只有节省才能节省的人是愚蠢的，结果花费必然加倍。知道劳累是为了安逸，是善于寻求安逸的人，而以为只有寻求安逸才能永远得到安逸的人是糊涂的，这样就更加劳累。知道吃苦是为了快乐，这才是寻找快乐的人，而以为只有一味地快乐才能永远快乐的人是不明智的，只能永远处于苦恼之中。知道打通是为了堵塞，这才是善于堵塞的人，而以为只有不断地堵塞才能堵塞的人是笨拙的，通了必然永远堵塞不住。

1.350　秦火之后，三代制作湮灭几尽。汉时购书之赏重，故汉儒附会之书多。其幸存者，则焚书以前之宿儒尚存而不死，如伏生[①]口授之类。好古之君子壁藏而石函，如《周礼》出于屋壁之类[②]。后儒不考古今之文[③]，概云先王制作而不敢易。即使尽属先王制作，然而议礼制度，考文，沿世道民俗而调剂之，易姓受命之天子皆可变通，故曰刑法世轻重，三王不沿礼袭乐。若一切泥古而求通，则茹毛饮血、土鼓污尊皆可行之今日矣。尧、舜而当此时，其制度文为必因时顺势，岂能反后世而跻之唐虞？或曰："自秦火后，先王制作何以别之？"曰："打起一道大中至正线来，真伪分毫不错。"

［注释］

①伏生：济南人，曾为秦博士。事见《史记·儒林传》。②《周礼》出于屋壁之类：贾公彦《周礼正义·序周礼废兴》引《马融传》："秦自孝公以下，用商君之法，其政酷烈，与《周官》相反。故始皇禁挟书，特疾恶，欲绝灭之，搜求焚烧之独悉，是以隐藏百年。孝武帝始除挟书之律，开献书之路。既出于山岩屋壁，复入于秘府，五家之儒莫得见焉。"③古今之文：古文，指古文经，秦以前用古文书写的经典。今文，指今文经，系汉代学者所传述的经典，用当时通行的文字书写。

［译文］

秦朝焚书以后，夏、商、周三代的书籍几乎湮灭殆尽。汉朝用重金来求购书籍，所以汉代的儒者多附会古人之说著为书籍，当作古书卖给朝廷。有些古籍能够幸存下来，是因为焚书以前的大儒还活在世上，比如像伏生这样的儒生，他口授《尚书》，由别人记载下来，《尚书》就流传下来了。还有些好古的君子把书籍藏在墙壁或石函中，如《周礼》就是从屋壁中被发现的。后代的儒者不考察书籍是古文还是今文，一概认为是先王的著述而不敢改变。即使这真是先王的著述，然而议论礼制，考察书籍，也要根据世道民俗的变化而调剂之，改朝换代的天子都可以对这些加以变通，所以刑法有的时代轻，有的时代重，夏、商、周三代的礼乐制度也不互相沿袭。假如一切都沿袭着古代的制度实行，那么穿兽皮、饮兽血、用瓦做鼓、在地上凿个坑以代酒杯，这些习俗都应该流行到现在了。即使尧、舜生在今天，他们制定制度、写作书籍也会因时顺势，岂能反而使后世的制度去迎合上古的唐虞之世呢？有人问：“自从秦朝焚书之后，怎么分辨哪些是先王的著述呢？”回答说：“用一条大中至正的线来衡量，真伪分毫不错。”

1.351　理会得“简”之一字，自家身心、天地万物、天下万事尽之矣。一粒金丹不载多药，一分银魂不携钱币。

[译文]

如果能够理解了“简”这个字，那么自己的身心、天地万物、天下万事都容易对付了。带上一粒金丹就不必带其他的药，带着一张银票就不必携带很多的钱币。

1.352　耳闻底、眼见底、身触头戴足踏底，灿然确然，无非都是这个。拈起一端来，色色都是这个。却向古人千言万语、陈烂葛藤钻研穷究，意乱神昏了不可得，则多言之误后人也。噫！

[译文]

耳闻的、目睹的、身触头戴以及脚上穿的，明明白白、的的确确，无非都是道。就其中一项看来，每个也都是这个道。但是有人却到古人的千言万语、陈葛烂藤里面去钻研寻找这个道，致使意乱神迷，毫无所得。可见古人的著述太多只能贻误后人啊！唉！

1.353　鬼神无声无臭，而有声有臭者乃无声无臭之散殊也。故先王以声臭为感格鬼神之妙机。周人尚臭，商人尚声。自非达幽明之故者难以语此。

[译文]

鬼神没有声音没有气味，而有声音有气味的东西乃是没有声音没有气味的东西扩散出来的事物。所以先王以声音和气味为感通鬼神的巧妙方法。周人用各种美味的食品作为祭品，商人则用音乐进行祭祀。不是通达幽明道理的人，难以领会其中的奥妙。

1.354　三千三百，茧丝牛毛，圣人之精细入渊微矣。然皆自性真流出，非由强作，此之谓天理。

[译文]

威仪三千，礼仪三百，规定乃如此细密，好像蚕丝和牛毛一样多，圣人的精细真到入深入微的程度了。然而这些都从真性情中发出，不是勉强做出来的，这才能叫作天理。

1.355　事事只在道理上商量，便是真体认。

[译文]

每件事都考虑是否合乎道理，便是真正的理解认识。

1.356　使人收敛庄重莫如礼，使人温厚和平莫如乐。德性之有资于礼乐，犹身体之有资于衣食，极重大，极急切。人君治天下，士君子治身，惟礼乐之用为急耳。自礼废而惰慢放肆之态惯习于身体矣，自乐亡而乖戾忿恨之气充满于一腔矣。三代以降，无论典秩之本，声气之元，即仪文器数，梦寐不及。悠悠六合，贸贸百年，岂非灵于万物而万物且能笑之？细思先儒“不可斯须去身”六字，可为流涕长太息矣。

［译文］

使人收敛庄重，没有比礼再重要的了；使人温厚和平，没有比乐再重要的了。德性的修养需要礼乐，就像身体需要衣食一样，非常重要，非常急迫。君主治理天下，士君子修养道德，唯独礼乐是当务之急。自从礼制废怠，人们对于惰慢放肆的情态就习惯了；自从乐亡以后，乖戾愤恨的情绪就充满了胸腔。三代以后，无论典章制度的根本，声音气息之本源，即使具体礼节、器物规格，人们也不再考虑。从古到今，人生百年，作为万物之灵的人，岂不要被万物所笑吗？仔细想想先儒所说的“礼乐不可一刻离身”这几个字，真可为之流涕、为之叹息啊！

1.357　惟平脉无病，七表、八里、九道[①]，皆病名也。惟中道无名，五常、百行、万善，皆偏名也。

［注释］

①七表、八里、九道：《脉诀》把二十四脉分为七表、八里、九道三类。

［译文］

只有平脉时没有疾病，七表、八里、九道都是疾病的名称。只有中道没有名称，五常、百行和万善，都是偏名而已。

1.358　千载而下，最可恨者《乐》之无传，士大夫视为迂阔无用之物，而不知其有切于身心性命也。

［译文］

几千年以来，最让人感到遗憾的是《乐经》没有流传下来，士大夫都把音乐看作迂腐无用的东西，而不知音乐对身心、德性的修养是多么重要。

1.359　一、中、平、常、白、淡、无，谓之七，无对。一不对万，万者一之分也。太过不及对，中者太过不及之君也。高下对，平者高下之准也。吉凶、祸福、贫富、贵贱对，常者不增不减之物也。青黄、碧紫、赤黑对，白者，青、黄、碧、紫、赤之质也。酸、咸、甘、苦、辛对，淡者受和五味之主也。有不与无对，无者万有之母也。

［译文］

一、中、平、常、白、淡、无，叫作七，没有和它们相对的东西。一不对万，万是从一分出来的。太过和不及相对，所谓中，就是裁定太过和不及的标准。高和下相对，平是衡量高、下的准绳。吉凶、祸福、贫富、贵贱相对，常是不能增加不能减少的东西。青黄、碧紫、赤黑相对，白就是青、黄、碧、紫、赤的质地。酸、咸、甜、苦、辛相对，淡就是调和五味的东西。有不和无相对，无是各种有的本源。

1.360　或问："格物[①]之物是何物？"曰："至善是已。""如何格？"曰："知止是已。""《中庸》不言格物，何也？"曰："舜之执两端于问察[②]，回之择一善而服膺[③]，皆格物也。""择善与格物同否？"曰："博学、审问、慎思、明辨[④]，皆格物也，致知诚正、修齐治平，皆择善也。除了善更无物，除了择善更无格物之功。""至善即中乎？"曰："不中不得谓之至善，不明乎善不得谓之格物，故不明善不能诚身，不格物不能诚意。明了善，欲不诚身不得；格了物，欲不诚意不得。""不格物亦能致知否？"曰："有。佛、老、庄、列，皆致知也，非不格物，而非吾之所谓物。""不致知亦能诚意否？"曰："有。尾生、孝己[⑤]皆诚意也，乃气质之知而非格物之知。'格物'二字在宇宙间乃鬼神诃护真灵至宝，要在个中人神解妙悟，不可与口耳家道也。”

[注释]

①格物：《礼记·大学》有“致知在格物”语。②舜之执两端于问察：语出《中庸》第六章。③回之择一善而服膺：回，颜回，孔子弟子。《中庸》第八章：“回之为人也，择乎中庸，得一善，则拳拳服膺而弗失之矣。”④博学、审问、慎思、明辨：《中庸》第二十章：“博学之、审问之、慎思之、明辨之、笃行之。”⑤尾生、孝己：尾生，鲁人，坚守信约。孝己，见《史记·陈丞相世家》。

[译文]

有人问：“研究事物之理的事物是什么？”回答说：“就是至善。”问：“如何研究？”回答说：“懂得什么该停止不做。”问：“《中庸》不谈事物之理，这是为什么呢？”回答说：“《中庸》中讲的，舜能从两方面来观察处理问题；颜渊见别人有一善也能牢记在心，衷心信服，这都讲的是事物之理。”问：“择善与事物之理相同吗？”回答说：“《中庸》中讲的博学、审问、慎思、明辨，都是事物之理；《大学》中讲的致知诚正、修齐治平，都是择善。除了善没有物，除了择善更没有事物之理的功效。”问：“至善就是中吗？”回答说：“不中就不能叫作至善，不明白什么是善就不能叫作事物之理，因此，不明善不能诚身，不研究事物之理不能诚意。明白了什么是善，想不诚身也不可能；研究了事物之理，想不诚意也不可能。”问：“不研究事物之理也能致知吗？”回答说：“有这种情况。佛、老、庄、列，都致知，并不是不研究事物之理，而这个并不是我们所说的物。”问：“不致知也能诚意吗？”回答说：“有这种情况。尾生、孝己都是出于诚意，但他们是本身的气质具有这种诚意，而不是通过研究事物之理才有诚意的。‘格物’这两个字在宇宙间是受到鬼神保护的真灵至宝，人们能领悟其中的奥妙，只是没有办法用语言叙说而已。”

1.361　学术要辨邪正。既正矣，又要辨真伪。既真矣，又要辨念头切不切，向往力不力，无以空言辄便许人也。

[译文]

学术要分辨邪与正。即便正了，还应该分辨真伪。即便真了，还要看想法恳切不恳切，努力与否，不要凭几句空话就让人相信。

1.362　百姓冻馁谓之国穷，妻子困乏谓之家穷，气血虚弱谓之身穷，学问空疏谓之心穷。

[译文]

百姓饥寒交迫叫作国穷，老婆孩子困顿贫乏叫作家穷，身体气血虚弱叫作身穷，学问空疏叫作心穷。

1.363　人问：“君是道学否？”曰：“我不是道学。”“是仙学否？”曰：“我不是仙学。”“是释学否？”曰：“我不是释学。”“是老、庄、申、韩学否？”曰：“我不是老、庄、申、韩学。”“毕竟是谁家门户？”曰：“我只是我。”

[译文]

有人问我：“您的学问是道学吗？”我说：“我不是道学。”问：“是仙学吗？”我说：“我不是仙学。”问：“是释学吗？”我说：“我不是释学。”问：“是老、庄、申、韩之学吗？”我说：“我不是。”问：“到底是哪家学派门户呢？”我说：“我就是我。”

1.364　与友人论天下无一物无礼乐，因指几上香曰：“此香便是礼，香烟便是乐；坐在此便是礼，一笑便是乐。”

[译文]

和友人谈论天下没有一件事是没有礼乐时，就指着桌子上正烧的香说："这香就是礼，香的烟就是乐；我们坐在这里就是礼，一块笑就是乐。"

1.365　心之好恶不可迷也，耳、目、口、鼻、四肢之好恶不可徇也。瞽者不辨苍素，聋者不辨宫商，鼽者不辨香臭，狂者不辨辛酸，逃难而追亡者不辨险夷远近。然于我无损也，于道无损也，于事无损也。而有益于世，有益于我者无穷。乃知五者之知觉，道之贼而心之殃也，天下之祸也。

[译文]

心中的好恶不能迷糊，对耳、目、口、鼻、四肢的好恶不能迁就。瞎子不能辨别颜色，聋子不能分辨声音，鼻塞不通不能辨别香臭，神志不清不能辨别辛酸，死里逃生的人不会辨别路途的险夷远近。尽管对自己没有什么损害，对道也没有损害，对事物本身也没有损害，但是对社会的益处，对自己的益处却是无穷的。以此可知，这五种知觉，是危害道的，又是危害心的祸殃，能给天下带来灾难。

1.366　气有三散：苦散、乐散、自然散。苦散、乐散可以复聚，自然散不复聚矣。

[译文]

人之气有三种散法：苦散、乐散、自然散。苦散、乐散散了还可以复聚，自然散就没有办法复聚了。

1.367　悟有顿，修无顿。立志在尧，即一念之尧；一语近舜，即一言之舜；一行师孔，即一事之孔。而况悟乎？若成一个尧、舜、孔子，非真积力久、毙而后已不能。

[译文]

领悟有突然觉悟的，而修养没有突然就修养成功的。立志学习尧，尧就是一念之师；一句话学习舜，舜就是一句之师；一个行为要学习孔子，孔子就是一事之师。那更何况顿悟呢？如果想成为像尧、舜、孔子那样的人，非长期积累、努力修养，死而后已不能达到。

卷二　内篇　乐集

修身

2.001　六合是我底六合，那个是人？我是六合底我，那个是我？

［译文］

天地四方是我的天地四方，哪个是身外他人？我是天地四方的我，哪个是身内的自我？

2.002　世上没个分外好底，便到天地位、万物育底功用，也是性分中应尽底事业。今人才有一善，便向人有矜色，便见得世上人都有不是，余甚耻之。若说分外好，这又是贤智之过，便不是好。

［译文］

世上没有十全十美的事物，即便做出正天地之位、育万物之生的功绩，也是天性中应尽的义务。现在的人只要做了一点好事，就对人有夸耀之色，觉得世上人人都有不是，我很瞧不起这种人。如果说十全十美的好事，这又是贤智之人脱离实际的过分言辞，这就不好了。

2.003　率真者无心过，殊多躁言轻举之失；慎密者无口过，不免厚貌深情[1]之累。心事如青天白日，言动如履薄临深[2]，其惟君子乎？

［注释］

①厚貌深情：外表忠厚，城府很深。②履薄临深：小心谨慎。《诗经·小雅·小旻》："战战兢兢，如临深渊，如履薄冰。"

［译文］

直率真诚的人内心没有过错，只有因说话急躁、举止轻率所造成的过失；谨慎周密的人没有言谈上的过失，但是难免过于深沉多虑的牵累。内心如青天白日一般光明透彻，言行像走薄冰、临悬崖一样谨慎小心，这不就是君子吗？

2.004　沉静最是美质，盖心存而不放[1]者。今人独居无事，已自岑寂难堪，才应事接人，便任口恣情，即是清狂。亦非蓄德之器[2]。

［注释］

①心存而不放：《孟子·告子上》："孟子曰：仁，人心也。义，人路也。舍其路而弗由，放其心而不知求，哀哉！人有鸡犬放，则知求之；有放心而不知求。学问之道无他，求其放心而已矣。"②蓄德之器：这里指拥有美德的人。

［译文］

沉静是最美好的品质，潜心思虑而不放任。现在人独居无事，感到寂寞难耐，刚一接物待人，便信口胡说，这就是轻狂的表现，也不是真正有道德修养的人。

2.005　攻[①]己恶者，顾不得攻人之恶。若哓哓[②]尔雌黄人，定是自治疏底。

[注释]

①攻：治。《诗经·小雅·鹤鸣》："他山之石，可以为错……他山之石，可以攻玉。"②哓哓：唠叨，议论。柳宗元《吊屈原文》："馋巧之哓哓兮，惑以为《咸池》。"

[译文]

注意克服自己缺点的人，顾不上去挑别人的毛病。若是喋喋不休地议论别人的是非，一定是没有修养、自制能力差的人。

2.006　大事、难事看担当，逆境、顺境看襟度，临喜临怒看涵养，群行群止看识见。

[译文]

遇到大事、难事时，可以看出一个人承担责任的能力；在逆境、顺境中可以看出一个人的胸怀度量；在遇到令人高兴或恼怒的事时，可以看出一个人的涵养；在与众人一起共事时，可以看出一个人识见的高低。

2.007　身是心当，家是主人翁当，郡邑是守令当，九边是将帅当，千官是冢宰[①]当，天下是天子当，道是圣人当。故宇宙内几桩大事，学者要挺身独任，让不得人，亦与人计行止不得。

[注释]

①冢宰：官名，六卿之一。

[译文]

身体行为受心的指使，家庭事务由家长担当，郡邑的管理由守令担当，边关守卫由将帅担当，官员的管理由冢宰担当，国家的事务由天子担当，道德风化由圣人担当。因此宇宙内的几桩大事，学者要挺身而出，勇挑重担，不能畏难辞让，也不要计较别人的行为。

2.008　作人怕似渴睡汉，才唤醒时睁眼若有知，旋复沉困，竟是寐中人。须如朝兴栉盥之后，神爽气清，冷冷劲劲，方是真醒。

[译文]

做人最怕像沉睡的人，刚刚被叫醒时睁开眼睛似乎清醒过来，但很快又睡着了，毕竟是睡梦中的人。应当像早晨起床洗漱以后那样，神清气爽，精力充沛，这才是真正清醒过来。

2.009　人生得有余气，便有受用处。言尽口说，事尽意做，此是薄命子。

[译文]

无论做什么事都要留有余地，就会有受益的地方。把话毫无保留地说尽，把事毫无保留地干完，这是薄命人。

2.010　清人不借外景为襟怀，高士不以尘识染情性。

[译文]

心境清旷的人不用借助外景抒发胸怀，品德高尚的人不会被世俗偏见污染。

2.011　官吏不要钱，男儿不做贼，女子不失身，才有了一分人。连这个也犯了，再休说别个。

[译文]

官吏不贪财，男人不做贼，女子不失贞操，这样才达到了做人的基本条件。如果连这些也做不到，别的事就无从谈起了。

2.012　才有一段公直[①]之气，而出言做事便露圭角[②]，是大病痛。

［注释］

①公直：公平正直。②圭角：圭的棱角，比喻锋芒。

［译文］

刚刚具备了一点公平正直的气度，言行举止就骄纵自大，这是大毛病。

2.013　讲学论道于师友之时，知其心术之所藏何如也；饬躬励行[①]于见闻之地，知其暗室之所为何如也。然则盗跖非元憝[②]也，彼盗利而不盗名也。世之大盗，名利两得者居其最。

［注释］

①饬躬励行：饬躬，正己，正身。励行，勉励自己的行为。②元憝：憝，奸恶。元憝即元凶。

［译文］

与师友在一起讲学论道的时候，并不知道他内心隐藏着什么念头；大庭广众之下表现得勤勤恳恳，并不知道他在背地里还干有什么事。强盗柳下跖并不是最大的强盗，他只盗利而不盗名。世上的大盗，最大的是既盗名又盗利的。

2.014　圆融者无诡随之态，精细者无苛察之心，方正者无乖拂[①]之失，沉默者无阴险之术，诚笃者无椎鲁[②]之累，光明者无浅露之病，劲直者无径情之偏，执持者无拘泥之迹，敏练者无轻浮之状，此是全才。有所长而矫[③]其长之失，此是善学。

［注释］

①乖拂：违逆。②椎鲁：愚钝。③矫：纠正。

[译文]

圆通的人，没有诡诈奸随的样子；精细的人，没有苛刻疑察的心思；正派的人，没有乖戾机巧的过失；沉默的人，没有阴险狡猾的计谋；诚实的人，没有愚昧鲁钝的牵累；光明的人，没有浅薄逞能的毛病；直爽的人，没有任情恣意的偏见；执着持正的人，没有冥顽拘泥的痕迹；敏捷的人，没有轻薄虚浮的态度。这就是才能全面。有所专长而又随时纠正其专长所具有的短处，这就是善于学习。

2.015　不足与有为者自附于行所无事之名，和光同尘[①]者自附于无可无不可之名，圣人恶莠[②]也以此。

[注释]

①和光同尘：视光荣和尘浊是一样的。《老子》五十六章："和其光，同其尘。"②恶莠：《孟子·尽心下》："孔子曰：'恶似而非者，恶莠，恐其乱苗也。'"朱熹注："莠，似苗之草也。"俗名狗尾草。

[译文]

无所作为的人自认为与世无争，得过且过的人自认为无可无不可，圣人厌恶混在禾苗中的狗尾巴草，道理就在于此。

2.016　古之士民，各安其业，策励精神，点检心事。昼之所为，夜而思之，又思明日之所为。君子汲汲[①]其德，小人汲汲其业，日累月进，旦兴晏息，不敢有一息惰慢之气。夫是以士无慆[②]德，民无怠行；夫是以家给人足，道明德积，身用康强，不即于祸。今也不然，百亩之家不亲力作，一命之士不治常业，浪谈邪议，聚笑觅欢，耽心耳目之玩，骋情游戏之乐，身衣绮縠[③]，口厌刍豢[④]，志溺骄佚，懵然不知日用之所为，而其室家土田百物往来之费又足以荒志而养其淫，消耗年华，妄费日用。

噫！是亦名为人也，无惑乎后艰之踵至也。

［注释］

①汲汲：心情急切的样子。②慆（tāo）：怠慢。③绮縠（qǐ hú）：绮，有花纹的丝织品。縠，绉纱。④刍豢：泛指家畜，这里指各种肉食。

［译文］

古代的民众，安居乐业，勤勉努力，省察内心。白天做过的事情，到了晚上便进行反思，然后再考虑明天要干的事情。君子时刻修养自己的品德，民众时刻经营自己的产业，日累月进，早起晚睡，不敢有一点懒惰的念头。那样，君子就没有违反道德的事情，民众也就没有懒惰的行为；因此家境殷实，衣食丰足，道德高尚，身体健康，也就没有什么灾祸发生。现在就不一样了，有数百亩田地的人家不自己耕种，被任命的官员不恪尽职守，整日信口雌黄、寻欢作乐，沉醉于声色玩笑，纵情于嬉闹享乐；身上穿着绫罗绸缎，嘴里吃着珍馐佳肴，意志消沉，骄奢淫逸，昏昏迷迷，不知每天都在干什么，而其家庭财产收入又足以使他心志荒怠，放荡成性，空掷年华，枉费日用。唉！这种人也叫作人！毫无疑问，这样下去艰难困苦就会接踵而来。

2.017　世之人形容人过，只象个盗跖；回护自家，只象个尧舜。不知这却是以尧舜望人，而以盗跖自待也。

［译文］

世上的人们在谈论别人的过失时，总把人说成像强盗柳下跖那样的坏人；而包庇自己的时候，总把自己说成像尧舜那样的圣贤。岂不知这样做反而显得别人像尧舜，自己却像强盗柳下跖了。

2.018　孟子看乡党自好看得甚卑，近来看乡党，人自好底不多。爱名惜节，自好之谓也。

[译文]

孟子对村里那些自爱的人很看不起，可现在看来，像村里人那样自爱的也不多了。爱惜名誉节操，就是自尊自爱。

2.019　少年之情，欲收敛不欲豪畅，可以谨德；老人之情，欲豪畅不欲郁阏，可以养生。

[译文]

年轻人的性情，应该收敛而不应该豪放纵畅，这样可以恪守道德；老年人的性情，应该豪放纵畅而不应该郁闷内向，这样有利于长寿。

2.020　广所依不如择所依，择所依不如无所依。无所依者，依天也。依天者有独知之契，虽独立宇宙之内而不谓孤，众倾之、众毁之而不为动，此之谓男子。

[译文]

普遍地依赖外物，不如有选择地依赖；有选择的依赖，不如什么都不依赖。无所依赖，就是遵从天意。遵从天意的人有独到的见识，这样的人虽然独自在天地之间也不会感到孤独，众人的赞誉或诋毁都不能动摇自己的信念，这才是真正的男子汉。

2.021　坐间皆谈笑，而我色庄；坐间皆悲感，而我色怡。此之谓乖戾，处己处人两失之。

[译文]

在座的人都在谈笑风生而唯独自己态度严肃，在座的人都在悲痛而唯独自己喜形于色。这就叫作乖戾，对人对己都没好处。

2.022　精明也要十分，只须藏在浑厚里作用。古今得祸，精明人十居其九，未有浑厚而得祸者。今之人惟恐精明不至，乃所以为愚也。

[译文]

精明是十分必要的，但必须隐藏在浑厚之中。自古以来遇到灾祸的，十有八九都是精明人，而很少有浑厚人。现在的人唯恐自己不能精明到极点，这才是真正的愚蠢呢。

2.023　分明认得自家是，只管担当，直前做去。却因毁言辄便消沮，这是极无定力底，不可以任天下之重。

[译文]

只要确认自己是正确的，就把事情担当起来勇往直前地去做。因为有人诋毁就沮丧泄气，是没有主见的，不能担当天下的重任。

2.024　小屈以求大伸，圣贤不为。吾道必大行之日然后见，便是抱关击柝[①]，自有不可枉之道。松柏生来便直，士君子穷居便正。若曰在下位遇难事姑韬光忍耻，以图他日贵达之时，然后直躬行道，此不但出处为两截人，即既仕之后，又为两截人矣。又安知大任到手不放过耶？

[注释]

①抱关击柝：抱关，守关。击柝，巡夜。比喻地位低。

[译文]

忍受小的屈辱以取得大的成功发展，圣人和贤人是不会那样做的。个人的品德往往在其功成名就后才能被人们认识，其实就算在当守门打更的小吏时，就已经具有了坚强的品德。松柏生来就有直挺的树干，正人君子在穷困的时候就有正直的品质。如果说自己在地位低下的时候遇到难事，试图以韬光忍耻换得日后的飞黄腾达，然后再恢复正道，这样不但在没当官时成了两面人，即便是当官以后，也会再次改变人格。又怎么能知道在担当大任后就能恢复正道呢？

2.025　才能技艺，让他占个高名，莫与角胜。至于纲常大节，则定要自家努力，不可退居人后。

［译文］

才能技艺，让别人占有好名声，不要去争强斗胜；但在纲常大节上，则一定要发奋努力，不能落在别人的后面。

2.026　处众人中，孤另另的别作一色人，亦吾道之所不取也。子曰："群而不党[①]。"群占了八九分，不党只到那不可处方用。其用之也，不害其群，才见把持，才见涵养。

［注释］

①群而不党：《论语·卫灵公》："子曰：君子矜而不争，群而不党。"朱熹注："和以处众曰群，然无阿比之意，故不党。"

［译文］

在众人中做一个孤僻乖戾的人是不可取的。孔子说"群而不党"。在这里合群的成分应该占八九分，不党只有到绝对需要用的时候才能用。用的时候，不影响其合群，这才能看出一个人的自制力强不强，涵养深不深。

2.027　今之人只是将"好名"二字坐君子罪，不知名是自好不将去。分人以财者实费财，教人以善者实劳心，臣死忠、子死孝、妇死节者实杀身，一介不取者实无所得。试着渠将这好名儿好一好，肯不肯？即使真正好名，所为却是道理。彼不好名者，舜乎？跖乎？果舜耶，真加于好名一等矣；果跖耶，是不好美名而好恶名也。愚悲世之人以好名沮君子，而君子亦畏好名之讥而自沮，吾道之大害也，故不得不辨。凡我君子，其尚独，复自持，毋为哓哓者所撼哉！

［译文］

现在的人批评君子喜好名誉，却不知名誉这个东西，即使自己喜好，也能不拿去。施给别人钱，实际上是破费钱财；教导别人从善，实际上是自己费心；臣子为尽忠而死，儿子为尽孝而死，妇女为贞节而死，实际上是杀身成仁；一无所取，也就一无所得。是不是应该尽力去珍惜好名声呢？即使真的喜好名誉，为的也要是真理。那些不喜好名誉的人，是舜呢，还是柳下跖呢？如果是舜的话，那就意味着他更加喜好自己的美名；如果是柳下跖，那么他不是喜好美名，而是喜好恶名。我很感叹世上之人以喜好名誉来讥讽君子，而君子也害怕落个喜好名誉的嘲讽，这种想法是非常有害的，因此不得不辨别清楚。凡是正人君子，都要有自己的主见，千万不要为世俗之人絮絮叨叨的非议所动摇。

2.028　大其心容天下之物，虚其心受天下之善，平其心论天下之事，潜其心观天下之理，定其心应天下之变。

［译文］

放宽自己的心胸，容纳天下的事物；谦虚谨慎，接受天下所有的仁善；平心静气，分析天下之事；潜心研究，纵观天下的事理；坚定自己的信念，适应天下的变化。

2.029　古之居民上者，治一邑则任一邑之重，治一郡则任一郡之重，治天下则任天下之重。朝夕思虑其事，日夜经纪其务。一物失所不遑安席，一事失理不遑安食。限于才者求尽吾心，限于势者求满吾分。不愧于君之付托，民之仰望，然后食君之禄，享民之奉，泰然无所歉，反焉无所愧。否则，是食浮于功也，君子耻之。

［译文］

古代做官的人，治理一邑则担负起一邑重任，治理一郡则担负起一郡的重任，治理天下则担负起天下的重任。朝夕思考政事，日夜忙于业务。一件东西丢了，就睡不稳；一个事情错了，就吃不好。局限于才华的人力求尽到自己的心，局限于时势的人满足自己本分，但一定要用好自己的权限。无愧于君王的托付和民众的期望，然后才能接受君王之禄，享受百姓之奉。仔细想想，要心安理得而没有感到惭愧的地方，否则就是无功受禄，君子认为这是可耻的事情。

2.030　盗嫂之诬隽不疑①，挝妇翁之诬第五伦②，皆二子之幸也。何者？诬其所无。无近似之迹也，虽不辨而久则自明矣。或曰："使二子有嫂、有妇翁，亦当辨否？"曰："嫌疑之迹，君子安得不辨？'予所否者，天厌之，天厌之。③'若付之无言，是与马偿金之类也，君子之所恶也。故君子不洁己以病人，亦不自污以徇世。"

［注释］

①隽不疑：当为直不疑，"直"误作"隽"。直不疑，西汉南阳人，文帝时为郎，迁至太中大夫。《汉书·直不疑传》（卷四十六）载："人或毁不疑曰：'不疑状貌甚美，然特毋奈其善盗嫂，何也？'不疑闻，曰：'我乃无兄。'然终不自明也。"因而人称其为长者。②挝妇翁之诬第五伦：挝，敲打，击。第五伦，东汉人。《后汉书·第五伦传》载："帝（光武）戏谓伦曰：'闻卿为吏篣妇公，不过从兄饭，宁有之邪？'伦对曰：'臣三娶妻皆无父。少遭饥乱，实不敢妄过人食。'帝大笑。"后来，以"挝妇翁"为无故受人诽谤中伤的典故。③"予所否者"三句：《论语·雍也》："子见南子，子路不说，夫子矢之曰：'予所否者，天厌之，天厌之。'"矢，誓也。引此语说明孔子遇到误解时

也要为自己辩护。

［译文］

直不疑被诬蔑和嫂子有不正当的关系，第五伦被诬蔑曾打过他的岳父，即便受到这样的诬蔑，也只能说是这二人的幸运。为什么呢？因为诬蔑的事对他们来说是不可能发生的事，连边都沾不上，即便不辩解，时间长了也会清楚明白。有人问："假使他们二人有嫂子、有岳父，就应该辩解吗？"回答说："有嫌疑之处，君子哪能不辩呢？'予所否者，天厌之，天厌之。'如果不分辩，就如同接受了别人赠送的马而不能辩白自己没有私心，被人污蔑偷了金子而不加辩驳，还要给对方金子一样，这是君子厌恶的做法。君子不会为使自己清白而污蔑别人，也不接受污蔑来顺应世人。"

2.031　听言不爽，非圣人不能。根以有成之心，蜚以近似之语，加之以不避嫌之事，当仓卒无及之际，怀隔阂难辨之恨，父子可以相贼，死亡可以不顾，怒室阋墙[①]，稽唇反目，何足道哉！古今国家之败亡，此居强半。圣人忘于无言，智者照以先觉，贤者熄于未著，刚者绝其口语，忍者断于不行。非此五者，无良术矣。

［注释］

①阋墙：《诗经·小雅·常棣》："兄弟阋于墙，外御其务。"意谓兄弟不和。

［译文］

正确地理解各种言论，只有圣人才能做到。如果以有成见的心理，相传似是而非的话，再加上一些可疑的事，在仓促匆忙的时候，心中又怀有隔阂和怨恨，即使父子之间也会相互仇视，甚至不顾死活，同处一室的兄弟也会争斗，怒目而视，反唇相讥，这些都不值一提。自古以来，国家的败亡大多都是这个原因。而圣人则会忘记这些是非之语，智者则预先就有觉察，贤人会让事情未现端倪就已止息，刚强的人绝口不说是非之语，安忍的人让是非之语到此为止。除了这五种方法，没有别的好办法。

2.032　荣辱系乎所立。所立者固，则荣随之，虽有可辱，人不忍加也；所立者废，则辱随之，虽有可荣，人不屑及也。是故君子爱其所自立，惧其所自废。

［译文］

荣辱都是自己造成的。行事做人立得正并且根基牢固，荣誉就会随之而至，虽然有可耻的事情，人们不忍心加以侮辱；行事做人立得不正、根基不稳，耻辱就会随之而来，虽然有荣耀的事情，人们却不屑于提及。因此君子都很珍惜自己所建立起来的声誉，害怕这些被自己所废弃。

2.033　掩护勿攻，屈服勿怒，此用威者之所当知也；无功勿赏，盛宠勿加，此用爱者之所当知也。反是皆败道也。

［译文］

当对方有所抵触的时候，不要再加以攻击，当对方已经屈服的时候，不要再对其发怒，这是以威严为统治原则的人应当知道的。没有功劳就不要赏赐，本来就已经很受恩宠了就不要再变本加厉，这是以恩爱为统治原则的人应当知道的。反其道而行之就会遭到失败。

2.034　称人之善，我有一善，又何妒焉？称人之恶，我有一恶，又何毁焉？

［译文］

称赞别人的优点，说明自己也有一个优点，有什么可嫉妒的呢？宣传别人的缺点，说明自己也有一个缺点，又何必诋毁别人呢？

2.035　善居功者让大美而不居，善居名者避大名而不受。

［译文］

善于居功的人把最大的功劳让给别人，自己不居；善于居名的人会躲避出大名的机会，自己不接受。

2.036　善者不必福，恶者不必祸，君子稔知之也，宁祸而不肯为恶。忠直者穷，谀佞者通，君子稔知之也，宁穷而不肯为佞。非但知理有当然，亦其心有所不容已耳。

［译文］

行善的人不一定有福，作恶的人不一定有祸，对此君子是熟知的，但君子宁可遭祸也不肯作恶。忠诚正直的人往往穷困，阿谀奉承的人往往通达，对此君子也是熟知的，但君子宁可穷困也不肯做阿谀奉承之人。这样做不只是理所当然，而且内心也不容许自己不这么做。

2.037　居尊大之位，而使贤者忘其贵重，卑者乐于亲炙[①]，则其人可知矣。

［注释］

①亲炙：亲近而受到教益。

［译文］

居于让人尊敬的高位，而能让贤能的人忘掉其尊贵，使卑下的人乐于亲近，这个人的品德就可想而知了。

2.038　人不难于违众，而难于违己。能违己矣，违众何难？

[译文]

做想违背众人的意愿的事并不难，而难于违背自己的意愿。能违背自己的意愿，违背众人有何难？

2.039　攻我之过者，未必皆无过之人也。苟求无过之人攻我，则终身不得闻过矣。我当感其攻我之益而已，彼有过无过何暇计哉？

[译文]

指责我有过错的人，未必都是自身没有过错的人。假如只有没过错的人才能批评我，那恐怕终生也不会听到一点批评。我应当感念别人指责我给我带来的好处，至于对方有没有过错，何必去计较呢？

2.040　恬淡老成人又不能俯仰[①]，一世便觉干燥；圆和甘润人又不能把持，一身便觉脂韦[②]。

[注释]

①俯仰：周旋，应付。②脂韦：脂，油脂；韦，软皮。比喻阿谀圆滑。

[译文]

本来就是恬淡老成的人，但又不能随机应变，一辈子都让人觉得枯燥；本来就是圆和甘润的人，却又把持不住自己，一接触就会让人觉得圆滑。

2.041　做人要做个万全，至于名利地步休要十分占尽，常要分与大家，就带些缺绽不妨。何者？天下无人己俱遂之事，我得人必失，我利人必害，我荣人必辱，我有美名人必有愧色。是以君子贪德而让名，辞完而处缺。使人我一般，不哓哓[①]露头角、立标臬[②]，而胸中自有无限之乐。孔子谦己，尝自附于寻常人，此中极有意趋。

［注释］

①哓哓：争辩，吵嚷。②标臬：射箭的目标，靶子。

［译文］

做人要力求做个完美的人，至于名誉、地位，不要都想占尽，要常和大家一起分享，就是有些缺陷也不要紧。为什么呢？天下没有自己和别人都满意的事，我有所得，别人必然有所失；我得到利益，别人必然会受到损害；我取得荣誉，必然有人受到耻辱；我有了美名，必然会有人感到惭愧。所以君子追求高尚的道德而谦让名誉，不接受完美而身处残缺，使自己和大家一样，不喋喋不休到处出风头、标榜自己，这样胸中就会有无限的乐趣。孔子就很谦虚，常常附和于寻常人，此中极有意趣。

2.042　“明理省事”甚难，此四字终身理会不尽。得了时无往而不裕如[①]。

［注释］

①裕如：优裕自在。

［译文］

做到“明理省事”非常难，这四个字终身也领会不尽。如果明白了这点，做到这一点，就会无往而不利。

2.043　胸中有一个见识，则不惑于纷杂之说；有一段道理，则不挠于鄙俗之见。《诗》云：“匪先民是程，匪大犹是经，惟迩言是争。”[①]平生读圣贤书，某事与之合，某事与之背，即知所适从，知所去取，否则口《诗》《书》而心众人也，身儒衣冠而行鄙夫也，此士之稂莠也。

［注释］

①“诗云”后三句：《诗经·小雅·小旻》：“哀哉为犹，匪先民是程，匪大犹是经，维迩言是听，维迩言是争。如彼筑室于道谋，是用不溃于成。”朱熹注：“先民，古之圣贤也。程，法。犹，道。经，常。溃，遂也。言哀哉今之为谋，不以先民为法，不以大道为常，其所听而争者，皆浅末之言。以是相持，如将筑室而与行道之人谋之，人人得为异论，其能有成也哉！”

［译文］

胸中有主见，就不会被纷杂的说法所迷惑；心中有自己的原则，就不会被鄙陋庸俗的见解所阻挠。《诗经》说：“匪先民是程，匪大犹是经，惟迩言是争。”平生阅读圣贤书，某件事是否与之相符合，某件事是否与之相违背，就知道何所适从，何所取舍。否则，嘴上讲《诗经》《尚书》，内心却庸俗不堪；身穿儒家的衣服，行为却鄙陋浅薄，这是君子中的败类。

2.044　世人喜言无好人，此孟浪语也。今且不须择人，只于市井稠人中聚百人而各取其所长。人必有一善，集百人之善可以为贤人。人必有一见，集百人之见可以决大计。恐我于百人中未必人人高出之也，而安可忽匹夫匹妇哉！

［译文］

人们都喜欢说世上没好人。这是一句轻率的话。现在暂且不专门挑选人，只在街头人群稠密处聚集一百人，各取所长。每个人都会有一个优点，集中一百人的优点，就可以成为一个贤人。每个人都有一个正确的见解，集中百人的见解就可以决策大计。恐怕自己在这一百人当中，未必比每个人都强，怎么能忽视普通百姓呢？

2.045　学欲博，技欲工，难说不是一长。总较作人，只是够了便止。学如班、马①，字如钟、王②，文如曹、刘③，诗如李、杜[④]，铮铮千古知名，只是个小艺习，所贵在作人好。

［注释］

①班、马：指班固、司马迁。②钟、王：指钟繇、王羲之。钟繇，三国魏人，字元常，善书法。王羲之，晋人，字逸少，官至右军将军，人又称“王右军”。书法博采众长，自成一家，世称“书圣”。③曹、刘：指曹植、刘桢。曹植，三国魏人，字子建，曹操第三子。刘桢，汉末时期文章家，“建安七子”之一。④李、杜：指李白、杜甫。

［译文］

学问要广博，技能要高明，不能说不是一个长处，但和做人相比，学问和技能只要够用就行了。即便学问如班固、司马迁，书法如钟繇、王羲之，文章如曹植、刘桢，诗如李白、杜甫，铮铮千古知名，那也只是小技艺，重要的还是要有高尚的人品。

2.046　到当说处，一句便有千钧之力，却又不激不疏，此是言之上乘，除外虽十缄也不妨。

［译文］

到应当说话的时候，说一句话便有千钧之力，但又不过分激昂疏忽，这是最好的说话方法，除此之外，还是缄口不言为好。

2.047　循弊规若时王之制，守时套若先圣之经，侈己自得，恶闻正论，是人也，亦大可怜矣，世教奚赖焉！

［译文］

遵循弊陋的规则就像遵守当今君王的法制，坚守世间的俗套就像遵守先贤圣人的经典，夸大自己的见解，怕听见正确的言论，这种人太可怜了，世人的教化能靠他们吗？

2.048　心要常操，身要常劳。心愈操愈精明，身愈劳愈强健，但自不可过耳。

[译文]

心要经常思考问题，身体要经常劳动。越思考问题越精明，越劳动越强健，但是不能太过度。

2.049　未适可，必止可；既适可，不过可，务求适可而止。此吾人日用持循，须臾粗心不得。

[译文]

不适当，就必须停止；适当了，又不可过分，力求适可而止。这是我们日常生活中必须遵循的原则，一刻也不能放松。

2.050　士君子之偶聚也，不言身心性命，则言天下国家；不言物理人情，则言风俗世道；不规目前过失，则问平生德业。傍花随柳之间，吟风弄月之际，都无鄙俗媟嫚[①]之谈，谓此心不可一时流于邪僻，此身不可一日令之偷惰也。若一相逢，不是亵狎，便是乱讲，此与仆隶下人何异？只多了这衣冠耳。

[注释]

①媟嫚（xiè màn）：不恭敬，不庄重。媟，通“亵”。

[译文]

正人君子相聚在一起的时候，不是谈论身心性命，就是谈论天下国家；不是谈论物理人情，就是谈论风俗世道；不是规劝目前过失，就是询问平生德业。即使是傍花随柳，吟风弄月，都没有鄙陋庸俗的言语，认为心中一刻也不能产生邪念，身体一日也不能偷懒。倘若一见面，不是猥亵狎侮，就是信口雌黄，这和仆人奴隶有什么区别？只不过穿着一身学者的衣服而已。

2.051　作人要如神龙，屈伸变化，自得自如，不可为势利术数所拘缚。若羁绊随人，不能自决，只是个牛羊。然亦不可哓哓悻悻[1]。故大智上哲看得几事分明，外面要无迹无言，胸中要独往独来，怎被机械人驾驭得？

［注释］

①哓哓悻悻：哓哓，争辩声；悻悻，愤恨不平貌。

［译文］

做人要如同神龙，能够屈伸变化自得自如，不可为势利术数所束缚。如果被人羁绊束缚，遇事没有主见，那就像牛羊一样了。当然，遇事也不可喋喋不休，不可愤然不平。因此，大智大哲之人把一切都看得非常透彻，外表上没有任何表现，心中却有自己独到的见解，这样就不会被玩弄心机的人所驾驭。

2.052　“财色名位”，此四字考人品之大节目也。这里打不过，小善不足录矣。自古砥砺名节者，兢兢在这里做工夫，最不可容易放过。

［译文］

“财、色、名、位”这四个字，是考查人品的关键。在这四方面仅有小善还过不了关，不值得一提。自古以来修养品德、建立功业的人，都努力在这上面兢兢业业地努力，千万不能有一点忽视。

2.053　古之人非曰位居贵要，分为尊长，而遂无可言之人、无可指之过也；非曰卑幼贫贱之人一无所知识，即有知识而亦不当言也。盖体统名分，确然不可易者，在道义之外；以道相成，以心相与，在体统名分之外。哀哉！后世之贵要尊长而遂无过也。

［译文］

古代的人，不是说其地位显贵，名分为尊长的，就没有可以谈话的人、没有可以指责的过错；不是说卑幼贫贱的人就一无所知，就是有知识也不能与之谈论。地位、名分确定不变的，是指道义以外的事情；如果是以道和心来相处，这就在地位、名分之外了。真是可悲啊！后世的达官贵人和尊亲长辈竟成了没有过错的人了。

2.054　只尽日点检自家，发出念头来，果是人心？果是道心？出言行事果是公正？果是私曲？自家人品自家定了几分？何暇非笑人，又何敢喜人之誉己耶？

［译文］

时刻注意自我反省，心里想：是仁人之心？还是道德之心？言谈举止公正吗？是不是有私心杂念？自己对自己的人品怎么评价？这样的话，还哪有工夫去嘲笑别人？又怎能喜欢别人来恭维自己呢？

2.055　往见“泰山乔岳以立身”四语，甚爱之，疑有未尽，因推广为男儿八景，云：“泰山乔岳之身，海阔天空之腹，和风甘雨之色，日照月临之目，旋乾转坤之手，磐石砥柱之足，临深履薄之心，玉洁冰清之骨。”此八景，予甚愧之，当与同志者竭力从事焉。

［译文］

见到“泰山乔岳以立身”四语，自己很是喜爱，怀疑有未言尽的意思，就将其引申为男儿八景：泰山乔岳般的身体，海阔天空一样的胸襟，和风细雨般的态度，日照月临一样的目光，旋乾转坤的手掌，磐石砥柱般的腿脚，临深履薄一样的心，玉洁冰清一样骨骼。以我比此八景则甚感惭愧，应当与同志者奋发努力。

2.056　求人已不可，又求人之转求；徇[①]人之求已不可，又转求人之徇人；患难求人已不可，又以富贵利达求人。此丈夫之耻。

［注释］

①徇：顺从，遵从。

［译文］

请求别人已经不应该了，又请求人去转求别人；曲从别人的请求已经不应该了，又转求别人也去曲从；患难的时候求人已经不应该了，又为了富贵利达去求人。这是大丈夫的耻辱。

2.057　文名、才名、艺名、勇名，人尽让得过，惟是道德之名则妒者众矣。无文、无才、无艺、无勇，人尽谦得起，惟是无道德之名则愧者众矣。君子以道德之实潜修，以道德之名自掩。

［译文］

知识、才华、技艺、勇敢的名声，人们都可以互相谦让，唯有道德的名声人人都想得到。在知识、才华、技艺、勇敢方面，人人都可以很谦虚，唯独对没有道德的名声，大家都感到很惭愧。君子时刻以道德的实质来修养，以道德的声名来自饰。

2.058　“有诸己而后求诸人，无诸己而后非诸人”[①]，固是藏身之恕。有诸己而不求诸人，无诸己而不非诸人，自是无言之感。《大学》为居上者言，若士君子守身之常法，则余言亦蓄德之道也。

［注释］

①“有诸己而后求诸人，无诸己而后非诸人”：自己有善，然后才可以劝别人行善；自己无恶，然后才可以纠正别人的恶。语出《大学》第九章：“是故君子有诸己而后求诸人，无诸己而后非诸人。所藏乎身不恕，而能喻诸人

者，未之有也。”朱熹注：“有善于己，然后可以责人之善；无恶于己，然后可以正人之恶。皆推己以及人，所谓恕也。不如是，则所令反其所好，而民不从矣。喻，晓也。”

［译文］

“有诸己而后求诸人，无诸己而后非诸人”，固然是安身立命的原则；自己有善也不责求别人，自己无恶也不非议别人，自然是无言的感想。《大学》只是向达官贵人说的，如果要讲正人君子的修养的原则，那么我认为也是修养道德的方法。

2.059　乾坤尽大，何处容我不得？而到处不为人所容，则我之难容也。眇然一身而为世上难容之人，乃号于人曰：“人之不能容我也。”吁！亦愚矣哉！

［译文］

天地这么大，哪里容不下我呢？如果到处都不为人所容，就是因为我是难容之人。独自一人成为世上难容之人，于是大声对人说：“大家都不能容我呀。”唉，也真是太愚昧了。

2.060　名分者，天下之所共守者也。名分不立，则朝廷之纪纲不尊而法令不行。圣人以名分行道，曲士恃道以压名分，不知孔子之道视鲁侯奚啻①天壤，而《乡党》②一篇何等尽君臣之礼。乃知尊名分与谄时势不同。名分所在，一毫不敢傲惰；时势所在，一毫不敢阿谀。固哉！世之腐儒以尊名分为谄时势也。卑哉！世之鄙夫以谄时势为尊名分也。

［注释］

①啻：但，止，仅。②《乡党》：《论语》篇名。

［译文］

名分，是由天下所共同遵守的。名分不确立，朝廷的纲纪就得不到尊重，法令就不能实行。圣人用名分来推行道德，奸人用道德来压制名分，殊不知以孔子的道德原则来看鲁侯，两者有天壤之别，而据《论语·乡党》一篇记载，孔子的言行何等忠实地尽到君臣的礼节！以此可知尊重名分与谄媚时势是不同的。对于名分，不能有丝毫傲慢懒惰；对于时势，不能有一点阿谀谄媚。顽固啊，世上的腐儒以为尊重名分就是谄媚于时势。可卑啊，世上的鄙夫以为谄媚于时势就是尊重名分。

2.061　圣人之道，太和而已，故万物皆育。便是秋冬不害其为太和，况太和又未尝不在秋冬宇宙间哉！余性褊[1]，无弘度、平心、温容、巽语[2]，愿从事于太和之道以自广焉。

［注释］

①褊：衣服狭小，引申为狭隘。②巽语：巽，同“逊”。谦逊之语。

［译文］

圣人之道，只是阴阳会和的太和之气而已，所以万物都能生长发育。即使秋冬之季，也有太和之气，何况太和之气又未尝不存在于秋冬的宇宙间呢！我的性情偏激狭隘，缺乏宽广的胸襟，心情不够平静，态度不够温和，言谈不够谦逊和婉，所以愿意学习太和之道以增进自己的美德。

2.062　只竟夕点检今日说得几句话，关系身心，行得几件事，有益世道，自慊自愧，恍然独觉矣。若醉酒饱肉，恣谈浪笑，却不错过了一日？乱言妄动，昧理从欲，却不作孽了一日？

［译文］

每天晚上反省自己，今天说了几句与身心修养有关的话，做了几件对世道有益的事，这样就会因不满足而感到惭愧，恍然顿悟。如果酒足饭饱，恣意谈笑，岂不是白过了一天？如果胡言乱语，昧着事理做事，岂不是作孽了一天？

2.063　只一个俗念头，错做了一生人；只一双俗眼目，错认了一生人。

［译文］

一个庸俗的念头，就会导致一生走上错路；用庸俗的眼光来看人，一生都会看错人。

2.064　少年只要想我见在干些甚么事，到头成个甚么人，这便有多少恨心，多少愧汗，如何放得自家过？

［译文］

年轻人只要想想自己现在在干什么，将来会成为什么样的人，就会产生许多遗憾、许多惭愧，怎么能原谅自己呢？

2.065　明镜虽足以照秋毫之末，然持以照面不照手者何？面不自见，借镜以见。若手，则吾自见之矣。镜虽明，不明于目也，故君子贵自知自信。以人言为进止，是照手之识也。若耳目识见所不及，则匪①天下之见闻不济矣。

［注释］

①匪：同“非”。

［译文］

明亮的镜子虽然可以把细小的东西照得很清楚，人们却只用它照脸而不照手，这是为什么呢？脸是自己看不见的，所以借助镜子，而手是自己能看见的。镜子虽然明亮，但比不上自己的眼睛，所以君子贵自知自信。以别人的言论作为自己行动的标准，就像用镜子照手一样的见识。如果自己的所见所闻很狭隘，天下的许多事情都不会知道。

2.066　义、命、法，此三者，君子之所以定身而众人之所妄念者也。从妄念而巧邪，图以幸其私，君子耻之。夫义不当为，命不能为，法不敢为，虽欲强之，岂惟无获，所丧多矣。即获亦非福也。

［译文］

礼义、君命、法度，君子以这三者为安身立命的根本，而众人对其产生妄念。放任妄念而以机巧试图满足其私欲，君子耻于这样做。因此根据礼义不应该做，根据君命不能做，根据法度不敢做的事，即便勉强去做，非但不会有什么收获，反而会失去更多。即便有所收获，也并不是什么福分。

2.067　避嫌者，寻嫌者也；自辨者，自诬者也。心事重门洞达，略不回邪，行事八窗玲珑，毫无遮障，则见者服，闻者信。稍有不白之诬，将家家为吾称冤，人人为吾置喙矣。此之谓洁品，不自洁而人洁之。

［译文］

躲避嫌疑，反而容易招来嫌疑；为自己辩护，反而容易受到诬陷。如果心地敞开，没有任何回避的地方，做事的时候把窗户打开，不要有遮拦，那么见到的人就会诚服，听到的人就会相信。即便稍有不白之冤，每一家都会为其喊冤，每个人都会为其说话。这就叫作纯洁的品质，自己不刻意纯洁，别人也会认为其纯洁。

2.068　善之当为，如饮食衣服然，乃吾人日用常行事也。人未闻有以祸福废衣食者，而为善则以祸福为行止；未闻有以毁誉废衣食者，而为善则以毁誉为行止。惟为善心不真诚之故耳。果真果诚，尚有甘死饥寒而乐于趋善者。

[译文]

应该积德行善，就像每天要吃饭穿衣一样，是每一个人日常所做的事情。没有听说过因为祸福而不穿衣吃饭的，而积德行善却以祸福为行为举止的准则；没有听说因为别人的诋毁赞誉而不穿衣吃饭的，而积德行善却以诋毁或赞誉为行为举止的准则。这样做都是由于积德行善之心不真诚的缘故。如果真诚，还有甘心死于饥寒交迫也乐于向善的人呢。

2.069　有象而无体者，画人也，欲为而不能为。有体而无用者，塑人也，清净尊严，享牺牲香火而一无所为。有运动而无知觉者，偶人也，待提掇指使而后为。此三人者，身无血气，心无灵明，吾无责矣。

[译文]

有形象而没有实体，是画上的人，想有所作为也不能有作为。有实体而没有作用，是雕塑的人，清净尊严，只会享受供奉香火而一无所为。能运动而没有知觉的，是木偶人，在别人的操纵指挥下才有所行动。这三种人，身上没有血气，心中没有思想，我们也就不要指责他们了。

2.070　我身原无贫富、贵贱、得失、荣辱字，我只是个我。故富贵、贫贱、得失、荣辱如春风秋月，自去自来，与心全不牵挂，我到底只是个我。夫如是，故可贫可富，可贵可贱，可得可失，可荣可辱。今人惟富贵是贪，其得之也必喜，其失之也如何不悲？其得之也为荣，其失之也如何不辱？全是靠着假景作真身，外物为分内，此二氏[①]之所笑也，况吾儒乎？吾辈做工夫，这个是第一。吾愧不能，以告同志者。

［注释］

①二氏：指佛、道。

［译文］

我本身原来并没有贫富、贵贱、得失、荣辱几个字，我就是我。所以贫富、贵贱、得失、荣辱如春风秋月，自来自去，与我的心理没有任何联系，到头来我还是我。就这样，任凭贫富、贵贱、得失、荣辱都无所谓。现在的人却唯富贵是贪，得到了就满心欢喜，一旦失去了怎能不悲伤？得到了就引以为荣，失去了又怎么不感到耻辱？这都是把虚假的景象当作真实的存在，把身外之物当成了分内的东西，这是佛家、道家都感到很可笑的，何况我儒家呢？我们努力修养，要以这个为根本。我很惭愧自己还做不到，所以要告诉有相同志向的人。

2.071　“本分”二字，妙不容言。君子持身不可不知本分。知本分则千态万状一毫加损不得。圣王为治，当使民得其本分，得本分则荣辱死生一毫怨望不得。子弑父，臣弑君，皆由不知本分始。

［译文］

“本分”二字，妙不可言。君子立身处世不可不知本分。知本分则任何事情都不会损我一毫。圣明的君王治理国家，应当使百姓懂得守本分，守本分就不会对荣辱生死产生任何怨恨与期望。子杀父，臣杀君，都来自不知本分。

2.072　两柔无声，合也；一柔无声，受也。两刚必碎，激也；一刚必损，积也。故《易》取一刚一柔，是谓平中，以成天下之务，以和一身之德，君子尚之。

[译文]

两个阴柔没有声音，因为相合；一个阴柔也没有声音，因为接受。两个阳刚必然碎毁，因为相激；一个阳刚必然自损，因为自积。所以《易经》取一刚一柔，这叫作平中。这样才能成就天下的事务，和谐一个人的道德，因此君子崇尚平中。

2.073　毋以人誉而遂谓无过，世道尚浑厚，人人有心史[①]也。人之心史真，惟我有心史而后无畏人之心史矣。

[注释]

①心史：心对往事的真实回忆。

[译文]

不要因为别人赞誉自己就认为自己没有过错，世道崇尚浑厚，人人心中都有一本账。别人心中的记载是真切的，只有自己心中先有一本账，才不怕别人心中的那本账。

2.074　淫怒[①]是大恶，里面御不住气，外面顾不得人，成甚涵养！或曰："涵养独无怒乎？"曰："圣贤之怒自别。"

[注释]

①淫怒：暴怒，大怒。

[译文]

经常大怒是大毛病，内心抑制不住冲动，外面顾及不了他人，还有什么涵养呢？有人问："有涵养就不发怒吗？"回答说："圣贤发怒和这是有区别的。"

2.075　凡智愚无他，在读书与不读书；祸福无他，在为善与不为善；贫富无他，在勤俭与不勤俭；毁誉无他，在仁恕与不仁恕。

[译文]

智慧与愚昧不在于其他方面，只在于读书不读书；祸与福不在于其他什么，只在于做与不做好事；贫与富不在于其他什么，只在于勤俭不勤俭；毁谤与赞誉不在于其他什么，只在于是否宽恕待人。

2.076　古人之宽大，非直为道理当如此，然煞[①]有受用处。弘器度以养德也，省怨怒以养气也，绝仇雠[②]以远祸也。

[注释]

①煞：极，很。②仇雠：仇敌。

[译文]

古人的宽宏大量，并非只是理当如此，而且还有其他缘故。气度宽宏可以加深道德修养，没有怨恨愤怒可以蓄养元气，远离仇敌可以避免灾祸。

2.077　平日读书，惟有做官是展布时。将穷居所见闻及生平所欲为者一一试尝之。须是所理之政事各得其宜，所治之人物各得其所，才是满了本然底分量。

[译文]

平时读书学习的道理，只有做了官才有施展的时候。这时把以前所见所闻及平生想做的事情尝试一遍，但必须使所治理的政事各得其宜，治理的人物各得其所，这样才达到学以致用的目的。

2.078　只见得眼前都不可意，便是个碍世之人。人不可我意，我必不可人意。不可人意者我一人，不可我意者千万人。呜呼！未有不可千万人意而不危者也。是故智者能与世宜，至人不与世碍。

[译文]

如果觉得眼前的一切都不顺眼，那就是一个与世无益的人。我不满意人家，人家也一定不满意我。别人不满意的只有我一个人，我不满意的却有千万人。唉！这不是太危险了吗？因此明智的人都能与世道相宜，道德高尚的人不与世道相碍。

2.079　性分、职分、名分、势分，此四者宇内之大物。性分、职分在己，在己者不可不尽；名分、势分在上，在上者不可不守[①]。

[注释]

①守：遵守。

[译文]

性分、职分、名分、势分，是世上四种极其重要的事物。性分、职分取决于自己，自己不能不尽心努力；名分、势分在于居上位的人，居上位的人不能不恪守。

2.080　初看得我污了世界，便是个盗跖；后看得世界污了我，便是个伯夷；最后看得世界也不污我，我也不污世界，便是个老子。

[译文]

起初觉得是我污染了世界，就像强盗柳下跖那样；后来觉得是世界污染了我，就像清高的伯夷那样；最后觉得世界没有污染我，我也没有污染世界，就像虚无的老子那样。

2.081　心要有城池，口要有门户。有城池则不出，有门户则不纵。

[译文]

心里要有城池，嘴上要有门户。有城池就不会放任，有门户就不会胡说。

2.082　士君子作人不长进，只是不用心、不著力。其所以不用心、不著力者，只是不愧不奋。能愧能奋，圣人可至。

[译文]

士君子做人不长进，只因为不用心、不努力。其所以不用心、不努力，是因为没有羞愧之心和奋发之情。有了羞愧之心和奋发之情，就可以达到圣人的境界。

2.083　有道之言，得之心悟；有德之言，得之躬行。有道之言弘畅，有德之言亲切。有道之言如游万货之肆，有德之言如发万货之商。有道者不容不言，有德者无俟于言。虽然，未尝不言也，故曰“有德者必有言[①]”。

[注释]

①有德者必有言：语出《论语·宪问》。

[译文]

有道理的话，是用心悟出来的；有德行的话，是通过实践总结的。有道理的话含弘畅达，有德行的话温和亲切。有道理的话如逛货物繁多的商店，有德行的话好像批发货物的商贾。有道理的人不能不说，有德行的人不用多说。虽然这样，也并非什么也没说，所以说“有德者必有言”。

2.084　学者说话要简重从容，循物傍事，这便是说话中涵养。

［译文］

学者说话应当简繁得当，从容不迫，寓事于物，这就是说话的涵养。

2.085　或问："不怨不尤[①]了，恐于事天处人上更要留心不？"曰："这天人两项，千头万绪，如何照管得来？有个简便之法，只在自家身上做，一念一言一事都点检得，没我分毫不是，那祸福毁誉都不须理会。我无求祸之道而祸来，自有天耽错；我无致毁之道而毁来，自有人耽错，与我全不干涉。若福与誉是我应得底，我不加喜；是我幸得[②]底，我且惶惧愧赧[③]。况天也有力量不能底，人也有知识不到底，也要体悉他。却有一件紧要，生怕我不能格天动物。这个稍有欠缺，自怨自尤且不暇，又那顾得别个？孔子说个'上不怨，下不尤'[④]，是不愿乎其外道理；孟子说个'仰不愧，俯不怍'[⑤]，是素位[⑥]而行道理，此二意常相须。"

［注释］

①不怨不尤：不怨天，不尤人。②幸得：非分所得。③愧赧：因羞愧而面红耳赤。④上不怨，下不尤：《中庸》第十四章："上不怨天，下不尤人。"《论语·宪部》："子曰：'莫我知也夫！'子贡曰：'何为其莫知子也？'子曰：'不怨天，不尤人，下学而上达，知我者其天乎！'"⑤仰不愧，俯不怍：《孟子·尽心上》："君子有三乐，而王天下不与存焉。父母俱存，兄弟无故，一乐也。仰不愧于天，俯不怍于人，二乐也。得天下英才而教育之，三乐也。"怍(zuò)，惭愧。⑥素位：指未居官位者。

［译文］

有人问："不怨天不尤人，恐怕在遵循天意和对待人事上都要小心留意吧？"回答说："天和人之间，千头万绪，怎么能够照管过来呢？有一个简便的方法，那就是从自己身上做起，对每一个念头、每一句话、每一件事都要仔细反省检查，如果没有什么过错，那祸福毁誉就不需要理会。我没有惹祸而祸来，自有天担错；我没有招谤而谤来，自有他人担错，跟我没什么关系。如果福分和荣誉是我应得的，我也不更加欢喜；如果是侥幸得来的，我将会惶惧羞愧。何况自然也有无能为力的时候，人也有知识不够全面的地方，也要体恤这些。但是最重要的就是担心自己不能感通天地万物，这方面有欠缺，自怨自尤还来不及，哪还能顾及别的？孔子说‘上不怨，下不尤’，是说不愿把事物的成败归于自己；孟子说‘仰不愧，俯不怍’，说的是平民百姓遵行的原则，这两个意思是互相配合、互相依赖的。”

2.086　天理本自廉退，而吾又处之以疏；人欲本善夤缘[1]，而吾又狎之以亲。小人满方寸而君子在千里之外矣，欲身之修，得乎？故学者与天理处，始则敬之如师保，既而亲之如骨肉，久则浑化为一体。人欲虽欲乘间而入也，无从矣。

[注释]

①夤缘：凭借关系而投机钻营。

[译文]

天理讲究廉洁谦退，我对它敬而远之；人欲讲究投机钻营，我却与之亲近。心中全是小人的念头而没有丝毫君子的想法，像这样还要修身，能做到吗？因此学者对待天理，开始敬如师长，接着亲如骨肉，久而久之就与天理浑然一体了。这样，人欲虽想乘机而入，也无从下手了。

2.087　气忌盛，心忌满，才忌露。

[译文]

气忌讳盈盛，心忌讳自满，才忌讳逞露。

2.088　外劲[1]敌五：声色、货利、名位、患难、晏安。内劲敌五：恶怒、喜好、牵缠、褊急、积惯。士君子终日被这个昏惑凌驾，此小勇者之所纳款[2]，而大勇者之所务克也。

[注释]

①劲：强劲有力。②纳款：归顺，投降。

[译文]

身外有五个强敌：声色、钱财、名誉地位、忧患艰难、安逸。身内有五个强敌：憎恶愠怒、喜乐爱好、牵缠踌躇、狭隘急躁、积习惯癖。士君子整天被这些事弄得神魂颠倒，勇气不足的人只好随波逐流，大勇之人便会努力克制。

2.089　玄奇之疾，医以平易；英发之疾，医以深沉；阔大之疾，医以充实。不远之复，不若未行之审也。

[译文]

如果有玄虚离奇的毛病，就用平易的方法医治；如果有轻浮逞露的毛病，用深沉的方法医治；如果有图慕虚名的毛病，就用充实的方法医治。与其错了再改，不如三思而后行。

2.090　奋始怠终，修业之贼也；缓前急后，应事之贼也；躁心浮气，畜德之贼也；疾言厉色，处众之贼也。

[译文]

有始无终，是学业的大敌；前缓后急，是做事的大敌；心情浮躁，是修养的大敌；疾言厉色，是处理人际关系的大敌。

2.091　名心盛者必作伪。

［译文］

名利之心很强的人一定很虚伪。

2.092　做大官底，是一样家数[①]；做好人底，是一样家数。

［注释］

①家数：家法，路数。

［译文］

做大官是一回事，做好人又是一回事。

2.093　见义不为，又托之违众，此力行者之大戒也。若肯务实，又自逃名，不患于无术。吾窃以自恨焉。

［译文］

见义而不为，又借口害怕违背众人，是身体力行者的大戒。若肯务实，又逃避名声，就不怕没有办法。我常以此恨自己。

2.094　“恭敬谦谨”，此四字有心之善也；“狎侮傲凌”，此四字有心之恶也。人所易知也。至于“怠忽惰慢”，此四字乃无心之失耳。而丹书[①]之戒，怠胜敬者凶，论治忽[②]者，至分存亡。《大学》以傲惰同论[③]，曾子以暴慢连语者[④]，何哉？盖天下之祸患皆起于四字，一身之罪过皆生于四字。怠则一切苟且，忽则一切昏忘，惰则一切疏懒，慢则一切延迟。以之应事则万事皆废，以之接人则众心皆离。古人临民如驭朽索[⑤]，使人如承大祭[⑥]，况接平交以上者乎？古人处事不泄迩，不忘远，况目前之亲切重大者乎？故曰“无众寡，无小大，无敢慢”[⑦]，此九字即“毋不敬”[⑧]。“毋不敬”三字非但圣狂之分，存亡、治乱、死生、祸福之关也，必然不易之理也，沉心精应者始真知之。

[注释]

①丹书：托言天命所授之书。②治忽：治理与忽怠。③《大学》以傲惰同论：《大学》第八章："所谓齐其家在修其身者，人之其所亲爱而辟焉，之其所贱恶而辟焉，之其所畏敬而辟焉，之其所哀矜而辟焉，之其所傲惰而辟焉。故好而知其恶，恶而知其美者，天下鲜矣。"④曾子以暴慢连语者：《论语·泰伯》："曾子有疾，孟敬子问之。曾子言曰：'鸟之将死，其鸣也哀；人之将死，其言也善。君子所贵乎道者三：动容貌，斯远暴慢矣；正颜色，斯近信矣；出辞气，斯远鄙倍矣。笾豆之事，则有司存。'"暴，粗暴严厉。慢，放肆。⑤临民如驭朽索：《尚书·五子之歌》："予临兆民，懔乎若朽索之驭六马，为人上者，奈何不敬。"⑥使人如承大祭：《论语·颜渊》："仲弓问仁。子曰：'出门如见大宾，使民如承大祭。己所不欲，勿施于人。在邦无怨，在家无怨。'"⑦无众寡，无小大，无敢慢：语出《论语·尧曰》："君子无众寡，无小大，无敢慢，斯不亦泰而不骄乎？"众寡，指人多少。小大，指势的大小。慢，怠慢。⑧毋不敬：语出《礼记·曲礼上》："毋不敬，俨若思，安定辞，安民哉。"毋，不要。

[译文]

"恭敬谦谨"，这是有心行善；"狎侮傲凌"，这是有心作恶。人们都容易看到。至于"怠忽惰慢"，则是无心的过失。丹书之戒所谓"怠胜敬者凶"，被评论治理与忽怠的人看作国家存亡的关键。《大学》把"傲""惰"当作一回事，曾子把"暴""慢"相提并论，是为什么呢？大概天下的祸患、个人的罪过都起于这四个字。怠，就会一切得过且过；忽，就会一切昏忽忘记；惰，就会一切疏懒；慢，就会一切拖延。这样办事，什么事都会荒废；这样处世，就会众叛亲离。古人统治百姓如同用腐朽的缰绳驾驭马车，役使民众就像举行庄严的祭祀，更何况对待比自己地位高的人呢？古人处理事情不放松当前的事，不忘记长远的事，更何况眼下事关自身的大事呢？因此孔子讲"无众寡，无大小，无敢慢"，这九个字就是"毋不敬"的意思。"毋不敬"这三个字不但是区分圣、狂的标准，也是存亡、治乱、生死、祸福的关键，是永远不变的事理。专心研究的人，才能够认识到它的真谛所在。

2.095　人一生大罪过，只在“自是自私”四字。

［译文］

人一生最大的罪过，就在于自以为是和自私自利。

2.096　古人慎言，每云“有余不敢尽[①]”。今人只尽其余还不成大过，只是附会支吾，心知其非而取辩于口，不至屈人不止，则又尽有余者之罪人也。

［注释］

①有余不敢尽：《中庸》：“庸德之行，庸言之谨，有所不足，不敢不勉，有余不敢尽。”

［译文］

古人说话非常谨慎，每次说话都留有余地而不敢说尽。现在的人说话不留余地还不算什么大错，然而只是附会支吾，心里明知自己不对还要设法分辩，不说服别人就不停止，而且还把说话留有余地的人说成有错。

2.097　真正受用处，十分用不得一分，那九分都无些干系，而拼死忘生、忍辱动气以求之者，皆九分也。何术悟得他醒？可笑可叹。

［译文］

真正受益的地方只有十分之一，其余的九分都没有什么关系，而拼死拼活、忍气吞声地追求的人把力气都花费在那九分上。有什么办法使他们醒悟呢？真是可笑又可叹。

2.098　贫不足羞，可羞是贫而无志；贱不足恶，可恶是贱而无能；老不足叹，可叹是老而虚生；死不足悲，可悲是死而无闻。

[译文]

贫穷并不羞耻，真正羞耻的是既贫穷又没有志向；低贱并不可恶，可恶的是既低贱又没有技能；年老并没有什么可感叹的，可叹的是既年老又虚度了一生；死并不可怕，真正可怕的是死得无声无息。

2.099　圣人之闻善言也，欣欣然惟恐尼[①]之，故和之以同言，以开其乐告之诚。圣人之闻过言也，引引然惟恐拂[②]之，故内[③]之以温色，以诱其忠告之实。何也？进德改过为其有益于我也。此之谓至知。

[注释]

①尼：止，息。②拂：逆。③内：同“纳”。

[译文]

圣人听到有道理的话会很高兴，唯恐别人受约束，顺着让人说出来，以便使对方感到虚心听取的诚心而乐于相告。圣人听到批评的话，唯恐别人反感，因此很诚恳地听取，以使对方把话据实讲出来。为什么呢？因为这有利于自己修养品德、改正错误。这就叫作知理最彻底。

2.100　古者招隐逸，今也奖恬退[①]，吾党可以愧矣。古者隐逸养道，不得已而后出；今也恬退养望，邀虚名以干进[②]。吾党可以戒矣。

[注释]

①恬退：淡泊隐退。②干进：求进。

[译文]

古时候招纳隐逸之士，现在奖励“淡泊隐退”之人，令我们感到羞愧。古人隐逸是为了修养道德，在万不得已时才出来做事；现在的人“淡泊隐退”是为了有个好名望，邀虚名以求做官。这是我们应该戒除的。

2.101　喜来时一点检，怒来时一点检，怠惰时一点检，放肆时一点检，此是省察大条款。人到此多想不起，顾不得，一错了便悔不及。

[译文]

人在喜欢的时候，发怒的时候，怠惰的时候，放肆的时候都要检点一下自己，这是自我反省的重要方法。但人们到这时候往往就想不起来，顾及不到，一旦错了，就后悔莫及。

2.102　治乱系所用事。天下国家，君子用事则治，小人用事则乱。一身，德性用事则治，气习用事则乱。

[译文]

治还是乱，在于谁当权，在于如何行事。对于天下国家来说，君子当权则治，小人当权则乱。对于一个人来说，以道德来行事则治，以意气用事则乱。

2.103　难管底是任意，难防底是惯病。此处着力，但是穴上着针，痒处着手。

[译文]

难以管制的是任意，难以防止的是习惯的毛病。在这些地方努力，就好像在穴位上扎针、在痒处抓挠一样。

2.104　试点检终日说话，有几句恰好底，便见所养。

［译文］

试着检点一下，一天所说的话，有几句是恰到好处的，就可以看出一个人修养的深浅。

2.105　业，刻木如钜齿，古无文字，用以记日行之事数也。一事毕则去一刻，事俱毕则尽去之，谓之修业。更事则再刻如前。大事则大刻，谓之大业；多事则多刻，谓之广业。士农工商所业不同，谓之常业；农为士则改刻，谓之易业。古人未有一生无所业者，未有一日不修业者，故古人身修事理而无怠惰荒宁之时，常有忧勤惕励之志。一日无事则一日不安，惧业之不修而旷日之不可也。今也昏昏荡荡，四肢不可收拾，穷年终日无一猷[①]为，放逸而入于禽兽者，无业之故也。人生两间，无一事可见，无一善可称，资衣藉食于人而偷安惰行以死，可羞也已。

［注释］

①猷：谋划。

［译文］

上古没有文字，人们做事用刻木如钜齿的办法记载每天所做的事。做完一件事，便剥去一齿，做完所有的事就把齿记全部去掉，这就叫完成了任务。如果再做别的事，就如前所述重复再刻。大事就刻大一些，叫作大业；做的事多就多刻，叫作广业。士农工商所从事的工作不同，叫作常业；农夫变成士人则改刻，叫作易业。古人没有一辈子无事可做的，也没有一天不去完成任务的，所以古人德才兼备，从没有偷懒荒怠的时候，而且常以谨慎勤勉要求自己。一天无事，便心里不安，担心日子一久荒废了自己的事业。如今有的人浑浑噩噩，懒惰成性，经年累月一无所事，放纵散漫如同禽兽，这是由于没有从事一定的工作。人生一世，没干成一件事，没有一点可称道的好处，依靠别人穿衣吃饭，整天偷安懒怠一直到死，真是可耻。

2.106　古之谤[①]人也，忠厚诚笃。《株林》之语[②]，何等浑涵；舆人之谣，犹道实事。后世则不然，所怨在此，所谤在彼。彼固知其所怨者未必上之非，而其谤不足以行也，乃别生一项议论。其才辨附会足以泯吾怨之之实，启人信之之心，能使被谤者不能免谤之之祸，而我逃谤人之罪。呜呼！今之谤，虽古之君子且避忌之矣。圣贤处谤无别法，只是自修，其祸福则听之耳。

[注释]

①谤：责人。《国语·周语》："厉王虐，国人谤王。"②《株林》之语：《诗经·陈风·株林》："胡为乎株林？从夏南。匪适株林，从夏南。"朱熹注："株林，夏氏邑也。夏南，征舒字也。灵公淫于夏征舒之母，朝夕而往夏氏之邑，故其民相与语曰：君胡为乎株林乎？曰：从夏南耳。然则非适株林也，特以夏南故耳。盖淫乎夏姬，不可言也，故以其子言之，诗人忠厚如此。"

[译文]

古人责备人的时候，态度是忠厚诚挚的。《诗经·陈风·株林》责备灵公的语言，是何等的博大深沉；《左传》中记载的车夫的歌谣，也说的是事实。后人就不一样了，明明怨恨的是这件事，却在别的事上造谣诽谤。尽管知道所怨恨的人未必有什么大的过错，其诽谤也没有什么根据，但还是节外生枝，信口雌黄。那种诽谤别人的才华足以抵消事实，使人们相信，能够使被诽谤者难逃其谤，而自己又可以逃避诽谤别人的罪名。唉！现在人们诽谤他人的方法，就是古代的人也极力避忌。圣贤对于他人的诽谤没有办法，只有提高自己的修养，至于祸福也就听之任之了。

2.107　处利则要人做君子，我做小人；处名则要人做小人，我做君子，斯惑之甚也。圣贤处利让利，处名让名，故淡然恬然，不与世忤[①]。

［注释］

①忤：逆。

［译文］

在利益上，要别人做君子，自己做小人；在名誉上，则要别人做小人，自己做君子，这真是太迷惑了。圣贤在面临名和利的时候，总是尽量谦让，所以他们恬然淡泊，与世无争。

2.108　任教万分矜持，千分检点，里面无自然根本，仓卒之际、忽突之顷，本态自然露出。是以君子慎独。独中只有这个，发出来只是这个，何劳回护？何用支吾？

［译文］

无论你平时多么严肃拘谨，多么注意约束自己，如果自身内心没有自然根本的东西，在仓促的时候、突如其来的关头，就会露出本来的面目。所以在独处的时候君子也会谨慎不苟。独处时是如此，表现出来自然也是如此，还用得着辩护，用得着搪塞吗？

2.109　力有所不能，圣人不以无可奈何者责人；心有所当尽，圣人不以无可奈何者自诿[①]。

［注释］

①诿：推诿，推托。

［译文］

由于人有力所不能的时候，圣人从不责备无可奈何的人；内心应当做到尽力而行，圣人从不以无可奈何的原因而推诿。

2.110　或问：“孔子缁衣羔裘，素衣麑裘，黄衣狐裘[①]，无乃非俭素之义与?”曰:“公此问甚好。慎修君子,宁失之俭素不妨。若论大中至正之道,得之为有财却俭不中礼,与无财不得为而侈然自奉者相去虽远,而失中则均。圣贤不讳奢之名,不贪俭之美,只要道理上恰好耳。”

[注释]

①缁衣羔裘,素衣麑裘,黄衣狐裘:语见《论语·乡党》,朱熹注:“缁,黑色。羔裘,用黑羊皮做的皮衣。麑,鹿子,色白。狐,色黄。”

[译文]

有人问:“孔子穿缁衣羔裘、素衣麑裘、黄衣狐裘,恐怕不合节约俭朴的原则吧!”回答是:“这个问题问得好。坚持品德修养的君子,有失俭朴也无妨。如果讲大中至正之道,有财力能够做到却故意节俭并不合礼义,这与没有财力还要贪图奢侈的做法虽然不能相提并论,但不符合大中至正之道这一点却是相同的。圣贤不避讳奢侈的名声,也不贪图节俭的美德,只要道理上恰到好处就可以了。”

2.111　寡恩曰薄,伤恩曰刻,尽事曰切,过事曰激。此四者,宽厚之所深戒也。

[译文]

恩情少叫作薄,恩情伤叫作刻,做事太绝叫作切,做事过分叫作激。这四种过失,都是宽厚之人应当完全戒除的。

2.112　《易》称道济天下[①],而吾儒事业动称行道济时、济世安民。圣人未尝不贵济也,舟覆矣,而保得舟在,谓之济可乎?故为天下者患知有其身,有其身不可以为天下。

[注释]

①道济天下:《周易·系辞上》:“知周乎万物而道济天下,故不过。”

[译文]

《易》称“道济天下”，而儒家的所作所为可以说是行道济时、济世安民。圣人不是不重视济世，但船翻了，只是把船保住就能称作济世吗？所以说，为了天下的人，最忌讳忘不了自我，忘不了自我就没有办法为天下。

2.113　万物安于知足，死于无厌。

[译文]

万物相安于知足，灭亡于贪得无厌。

2.114　足恭过厚，多文密节，皆名教之罪人也。圣人之道自有中正。彼乡原[①]者，徼名惧讥，希进求荣，辱身降志，皆所不恤，遂成举世通套。虽直道清节之君子，稍无砥柱之力，不免逐波随流。其砥柱者旋以得罪。嗟夫！佞风谀俗，不有持衡当路者[②]一极力挽回之，世道何时复古耶？

[注释]

①乡原：即乡愿，指貌似谨厚忠实，实与恶俗同流合污的人。②持衡当路者：主持公正并握有重权的人。

[译文]

过于谦恭，礼仪烦琐，这都是礼教的罪人。圣人的行为准则是正直而适度的。有些乡愿，图虚名，厌忠言，求荣进，屈身份，降志气，一切都在所不惜，这已成为世上一种庸俗的风气。即便是坚持正道、保持节操的君子，只要一动摇，也难免随波逐流，而那些没有随波逐流的人，却又得罪了众人。唉！这种歪风邪气，如果没有具有正义感又有权势的人极力扭转，世道将会越来越坏！

2.115　时时体悉人情，念念持循天理。

[译文]

时刻体会察悉人情世故，念念不忘坚持遵循天理。

2.116　愈进修愈觉不长，愈点检愈觉有非。何者？不留意作人，自家尽看得过；只日日留意向上，看得自家都是病痛，那有些好处？初头只见得人欲中过失，到久久又见得天理中过失，到无天理过失则中行矣。又有不自然、不浑化、着色吃力过失，走出这个边境，才是圣人，能立无过之地。故学者以有一善自多，以寡一过自幸，皆无志者也。急行者只见道远而足不前，急耘者只见草多而锄不利。

[译文]

越加强修养，越觉得自己长进得不够；越反省自己，越觉得自己有过错。这是为什么呢？平时不留意，总觉得自己还过得去，如果每天都留意观察使自己上进，就会发现自己有很多缺点，哪里有优点呢？开始时只看到在人的本能欲望方面的过失，久而久之，又看到在道德法则方面的过失，最后到了没有天理方面的过失，就达到了中等的道行的地步。这时又有呆板、不能兼容、拘泥吃力等方面的过失。必须走出这个境界，才到达圣人没有过错的境地。有些学者自己有一种善操就认为自己够了，少了一个过错就自己庆幸，这都是没有远大志向的表现。正像急着赶路的人，看到路途遥远就停足不前；急于耕耘的人，看到田里草多就放慢了锄草的进度。

2.117　礼义之大防，坏于众人一念之苟。譬如由径之人，只为一时倦行几步，便平地踏破一条蹊径。后来人跟寻旧迹，踵成不可塞之大道。是以君子当众人所惊之事略不动容，才干碍礼义上些须，便愕然变色，若触大刑宪然，惧大防之不可溃，而微端之不可开也。嗟夫！此众人之所谓迂而不以为重轻者也，此开天下不可塞之衅者，自苟且之人始也。

［译文］

礼义的大堤，往往被众人的一念之差所毁。就像走路的人，只是为了懒得多走几步路，便在平地上又踩出一条小路。后来的人们跟着走，走的人多了，结果就成了不可堵塞的大道。因此君子在众人大惊小怪的时候，一点也不为之所动，但在人们稍微违背礼义时，就大惊失色，好像他们犯了大罪。时刻警惕防止礼义的大堤崩溃，小小的事端也不允许出现。唉！这些正是众人认为迂腐而不加以重视的事情。为天下不允许的事情做了开端的，就是从苟且妥协的人开始的。

2.118　大行之美以孝为第一，细行之美以廉为第一，此二者君子之所务敦也。然而不辨之申生不如不告之舜[①]，井上之李不如受馈之鹅[②]，此二者孝廉之所务辨也。

［注释］

①不辨之申生不如不告之舜：据《左传》僖公四年、《礼记·檀公上》载，骊姬谮申生，欲加害之，申生不辩冤，不出走，临终前告诉狐突，国君老矣，子少，国家多难，希望狐突帮助晋献公。史书称他为“恭世子”，并评论说：“晋侯杀其世子申生，父不义也。孝子不陷亲于不义，而申生不能自理，遂陷父有杀子之恶，虽心存孝于理终非，故不为孝，但谥为恭，以其顺于父事而已。”不告之舜，指舜娶尧之二女而未告其父瞽叟。《孟子·离娄上》：“孟子曰：‘不孝有三，无后为大。舜不告而娶，为无后也，君子以为犹告也。’”

②井上之李不如受馈之鹅：事见《孟子·滕文公下》。陈仲子不食兄禄，不居兄屋，不食他人馈兄之鹅，饿得爬到井边吃金龟子吃剩的李子。但孟子仍认为他够不上“廉”，因他做得过分了。

［译文］

做大事时最美好的品德，以孝顺为第一；日常的行为中最美好的品德，以廉洁为第一，这两者是君子必须具备的。然而顺从父亲、不为自己辩冤的申生，不如不征得父亲同意就娶妻的舜；陈仲子吃井边的李子，还不如吃他人赠送给兄长的鹅肉。对这两者，具有孝顺和廉洁品德的人必须加以分辨。

2.119　吉凶祸福是天主张，毁誉予夺是人主张，立身行己是我主张。此三者不相夺也。

［译文］

吉凶祸福是由命运决定的，诋毁、赞誉、给予和夺取，是由别人决定的，立身原则和言行举止是由自己主宰的。这三者不能相互抵消。

2.120　不得罪于法易，不得罪于理难，君子只是不得罪于理耳。

［译文］

不触犯法律容易做到，不违背天理却很难，君子的可贵就在于不违背天理而已。

2.121　凡在我者都是分内底，在天在人者都是分外底。学者要明于内外之分，则在内缺一分便是不成人处，在外得一分便是该知足处。

［译文］

凡取决于自己的事，都是由自身的修养决定的；取决于命运和他人的事，都是由外界来决定的。学者要明白内因和外因的区别，内因有一分欠缺，就会影响到为人；外因得到一分，就应该知足了。

2.122　听言观行，是取人之道；乐其言而不问其人，是取善之道。今人恶闻善言，便訑訑[①]曰："彼能言而行不逮[②]，言何足取？"是弗思也。吾之听言也，为其言之有益于我耳，苟益于我，人之贤否奚问焉？衣敝枲者市[③]文绣，食糟糠者市粱肉，将以人弃之乎？

[注释]

①訑訑：自满自足的样子。②逮：达到。③枲者市：枲，麻。市，卖。

[译文]

观察一个人的言行，才是判断一个人的方法；注重一个人的言论而不在乎那个人怎么样，是汲取仁善的方法。现在的人们不喜欢听好话，还不屑一顾地说："他只是能说会道，可是行动上做不到，有什么可取的地方？"这是不动脑子的表现。我听别人说话，是因为他的话有益于自己，如果对自己有益，又何必管那个人贤良与否呢？穿破衣服的人却卖绫罗绸缎，吃粗茶淡饭的人却卖大米好肉，难道能因为那些人而不买他们的东西吗？

2.123　取善而不用，依旧是寻常人，何贵于取？譬之八珍方丈[①]而不下箸[②]，依然饿死耳。

[注释]

①八珍方丈：珍馐佳肴。②箸：筷子。

[译文]

得到了美德而不去用，就依然是个普通的人，得到了又有什么用呢？譬如摆了满桌的珍馐佳肴而不下筷子，依然还是要饿死。

2.124　有德之容，深沉凝重，内充然有余，外阒然无迹[①]。若面目都是精神，即不出诸口而漏泄已多矣。毕竟是养得浮浅，譬之无量人，一杯酒便达于面目。

[注释]

①阒然无迹：寂静，没有痕迹。阒（qù），空寂。

[译文]

凡品德高尚者，面容都深沉凝重，内心非常充实，而外表却不露任何痕迹。如果脸上表现出精神异常，即使不开口，也已经暴露出来了。毕竟还是修养很浮浅，好像没有酒量的人，只喝一杯酒就会脸红。

2.125　人人各有一句终身用之不尽者，但在存心着力耳。或问之，曰：只是对症之药便是。如子张[①]只消得“存诚”二字，宰我[②]只消得“警惰”二字，子路[③]只消得“择善”二字，子夏[④]只消得“见大”二字。

[注释]

①子张：孔子弟子，名颛孙师，字子张，陈人。②宰我：孔子弟子，名予，字子我。③子路：孔子弟子，名仲由，字子路。有勇且信，重言诺，做事常过激。④子夏：孔子弟子，名卜商，字子夏。

[译文]

每个人都有一句各自不同却终身受用不尽的话，只在于能不能专心用力去做罢了。有人问这句话是什么，回答是：那就是能够克服自己的短处的言论。如子张只用“存诚”这两个字克服自己的缺点，宰我只用“警惰”这两个字，子路只用“择善”这两个字，子夏只用“见大”这两个字。

2.126　言一也，出由[①]之口，则信且从；出跖之口，则三令五申而人且疑之矣。故有言者，有所以重其言者。素行孚人[②]，是所以重其言者也。不然，且为言累矣。

[注释]

①由：许由。②孚人：孚，信服。孚人，信于人。

[译文]

同样一句话，出自许由之口，人们都会相信；出自盗跖之口，就是一再重复，人们还是怀疑。因此人们讲话受到了重视，自有它的道理。如果平时的行为使人信服，那么他的话就能得到他人的重视。否则，便会因其行为而使自己的言论也受到拖累。

2.127　世人皆知笑人，笑人不妨，笑到是处便难，到可以笑人时则更难。

[译文]

世人都惯于嘲笑别人，嘲笑别人倒没什么，只是嘲笑得正确就很难了，而达到有嘲笑别人的资格更难。

2.128　毁我之言可闻，毁我之人不必问也。使我有此事也，彼虽不言，必有言之者。我闻而改之，是又得一不受业之师也。使我无此事耶，我虽不辨，必有辨之者。若闻而怒之，是又多一不受言之过也。

[译文]

对指责自己的话应该听得进去，而对指责自己的人则不必再追究。假如我有这个错误，这个人不说，其他人也会说的。我听到批评后改正了错误，就像又得到了一个没有专门教我的老师。假如我没有这个错误，即使我不为自己辩解，也会有人为我辩解。如果听到批评就大发脾气，就是又多了一桩听不进批评的过错。

2.129　精明世所畏也而暴[①]之，才能世所妒也而市[②]之，不没也夫。

[注释]

①暴：显露。②市：卖弄。

[译文]

世人畏惧精明的人，却反而把精明显露出来；世人嫉妒有才学的人，却反而把才学四处兜售，能不倒霉吗？

2.130　只一个贪爱心，第一可贱可耻。羊马之于水草，蝇蚁之于腥膻，蜣螂之于积粪，都是这个念头。是以君子制欲。

[译文]

贪得无厌之心，是最可耻、最卑贱的。羊、马对于水草，苍蝇、蚂蚁对于腥膻的东西，蜣螂对于粪堆，都有这种贪得无厌的欲望。因此君子应该克制自己，不要纵欲无度。

2.131　清议[①]酷于律令，清议之人酷于治狱之吏。律令所冤，赖清议以明之，虽死犹生也。清议所冤，万古无反[②]案矣。是以君子不轻议人，惧冤之也。惟此事得罪于天甚重，报必及之。

[注释]

①清议：对时政的议论，泛指公正的议论。②反：同“翻”。

[译文]

清议比法律还要严酷，清议者比狱吏还要残忍。被法律冤屈的人，依靠清议得以辩明，即便被处死，也虽死犹生。被清议冤屈的人，就永远也无法翻案了。因此君子不轻易地议论他人，唯恐冤屈了别人。犯这样的过错最违背天理，必然要遭到报应。

2.132　权贵之门，虽系通家[①]知己，也须见面稀、行踪少就好。尝爱唐诗有“终日帝城里，不识五侯门”[②]之句，可为新进之法。

［注释］

①通家：世交。②“终日”二句：唐张继《感怀》：“调与时人背，心将静者论。终年帝城里，不识五侯门。”

［译文］

对于做官的人家，即便是至爱亲朋，也要少见面、少来往才好。我曾经很欣赏唐诗中“终年帝城里，不识五侯门”那样的句子，可以作为新入仕途之人的处世方法。

2.133　闻世上不平事，便满腹愤懑，出激切之语，此最浅夫薄子，士君子之大戒。

［译文］

一听到世上不平之事，便满腹愤懑，说出愤激的话，这是修养最浅薄的人，士君子应引以为戒。

2.134　仁厚刻薄是修短关，行止语默是祸福关，勤惰俭奢是成败关，饮食男女是死生关。

［译文］

仁厚与刻薄，是修养的关键；行与止、言谈与沉默，是祸福的关键；勤劳与懒惰、俭朴与奢侈，是成败的关键；日常饮食与男女之情，是生死的关键。

2.135　言出诸口，身何与焉？而身亡。五味宜于口，腹何知焉？而腹病。小害大，昭昭也，而人每纵之、徇之，恣其所出、供其所入。

［译文］

不好的言论是从口中说出来的，这和身体有什么关系呢？可是却因言而身死。五味只是嘴能感觉到，跟肚子有什么关系？可是却因贪嘴而腹泻。以小利而生大害，这是最明白不过的，可是人们每每还要放纵自己，随意说话，屈从欲望，满足口腹。

2.136　浑身都遮盖得，惟有面目不可掩。面目者，心之证也。即有厚貌者，卒然难做预备，不觉心中事都发在面目上，故君子无愧心则无怍容[①]。中心之达，达以此也。肺肝之视[②]，视以此也。此修己者之所畏也。

[注释]

①怍（zuò）容：愧色。②肺肝之视：《大学》："人之视己，如见其肺肝然。"

[译文]

全身都可以用衣服遮挡起来，唯独面部不能掩盖。因为面目是心灵的印证。面貌忠厚的人，不做准备的时候，心中所想的事情就会不自觉地流露在面部表情上。因此君子如果问心无愧就不会有羞愧的表情。心中的想法表现在面部上，发自肺腑的情感，也会表现在表情上。这是修养克己的人应该注意的。

2.137　韦弁布衣[①]，是我生初服，不愧此生，尽可以还。大造轩冕[②]，是甚物事，将个丈夫来做坏了，有甚面目对那青天白日？是宇宙中一腐臭物也。乃扬眉吐气，以此夸人，而世人共荣慕之，亦大异事。

[注释]

①韦弁布衣：韦弁，古冠名，熟皮制成。韦弁布衣，指未仕或隐居在野者穿的粗陋的衣服。②大造轩冕：大造，大功。轩冕，卿大夫的车驾和冕服。这里指官位和爵禄。

[译文]

即便穿着朴素的衣服，那也是自己的本来面目，如果问心无愧，一生中还可以有所改变。高官厚禄、轩车冕服是什么东西？自己为人不好，还有什么脸面对苍天众生呢？只不过是宇宙间一个腐败恶臭的东西罢了。还要得意扬扬，向人夸耀，而世上的人还都羡慕他，真是一件大怪事！

2.138　多少英雄豪杰，可与为善，而卒无成，只为拔此身于习俗中不出。若不恤群谤，断以必行，以古人为契友，以天地为知己，任他千诬万毁何妨？

［译文］

多少英雄豪杰，本来可以为善，但终究一事无成，原因就在于不能从世俗的陋习中脱离出来。假若不在乎别人诽谤，果断地干自己的事，以古人为挚友，以天地为知己，任别人千诬万毁又有什么关系呢？

2.139　为人无负扬善者之心，无实称恶者之口，亦可以语真修矣。

［译文］

为人不要辜负那些称赞你的人的心，不要给诋毁你的人造成口实，这样的人，就可以和他谈论真正的修养问题了。

2.140　身者，道之舆也。身载道以行，道非载身以行也。故君子道行则身从之以进，道不行则身从之以退。道不行而求进不已，譬之大贾百货山积不售，不载以归，而又以空舆雇钱也。贩夫笑之，贪鄙孰甚焉？故出处之分只有二语，道行则仕，道不行则卷而怀之，舍是皆非也。

［译文］

人的身心，就像是载道的车舆。身心容纳道才能进步，但道并非借助身心才能行于世。所以君子在道行于世的时候去做官，道不行于世的时候，就要隐退。道不行于世却孜孜求官，就像富商大贾，货物积压卖不出去，不但不及时把货物装车运回，却又空车租出去赚钱，成为商贩们的笑柄，还有比这更贪鄙的人吗？因此是出去做官还是回家为民，只根据两句话：道能推行则仕，道不能推行则隐。除此以外都是错误的。

2.141　世间至贵，莫如人品，与天地参，与古人友，帝王且为之屈，天下不易其守。而乃以声色财货、富贵利达，轻轻将个人品卖了，此之谓自贱。商贾得奇货亦须待价，况士君子之身乎？

［译文］

世界上最宝贵的就是人品。品德高尚之人，可以与天地相比，与古人为友，甚至帝王也会为之屈服，用全天下来交换也不会改变自己的操守。那种因声色财货、富贵名利，就轻易地把自己的人品卖了出去的做法，就是把自己看得轻贱了。商人有了紧俏的货物，也要待价而沽，更何况士君子呢？

2.142　修身以不护短为第一长进。人能不护短，则长进者至矣。

［译文］

修养身心，以不袒护自己的缺点最能使人进步。能够不袒护自己的缺点，这个人就是一个不断进步的人了。

2.143　世有十态，君子免焉：无武人之态（粗豪），无妇人之态（柔懦），无儿女之态（娇稚），无市井之态（贪鄙），无俗子之态（庸陋），无荡子之态（儇佻①），无伶优②之态（滑稽），无闾阎[3]之态（村野），无堂下人[4]之态（局迫），无婢子之态（卑谄），无侦谍[5]之态（诡暗[6]），无商贾之态（炫售[7]）。

［注释］

①儇（xuān）佻：轻佻。②伶优：伶，古代乐人；优，俳优。伶优，指演员。③闾阎：里巷的门，泛指民间。④堂下人：殿堂下的人，特指侍从。⑤侦谍：间谍。⑥诡暗：狡猾，欺诈。⑦炫售：夸耀，显示。

［译文］

世上有十几种情态，君子需要避免：无粗鲁豪放的武夫之态，无温柔软弱的妇人之态，无娇媚幼稚的儿女之态，无贪婪鄙陋的小市民之态，无庸俗卑鄙的市侩之态，无轻佻放任的荡子之态，无滑稽可笑的戏子之态，无野蛮粗鄙的村民之态，无拘谨紧张的下人之态，无谄媚屈卑的使女之态，无狡猾诡诈的奸贼之态，无夸耀卖弄的商人之态。

2.144　作本色人，说根心话，干近情事。

［译文］

做本分的人，说诚实的话，干合乎情理的事。

2.145　君子有过不辞谤，无过不反谤，共过不推谤。谤无所损于君子也。

［译文］

君子有了过失不怕别人的批评，没有过失也不反驳别人的指责，与别人一起犯了错误不推脱责任。批评对于君子是没有损害的。

2.146　惟圣贤终日说话无一字差失，其余都要拟之而后言，有余不敢尽，不然未有无过者。故惟寡言者寡过。

[译文]

唯独圣贤之人的言论时刻都没有错处。其余的人都要三思而后说，说话要留有余地，不敢把什么都说得绝对，不然就会犯错误。因此只有少言寡语的人才会少犯错误。

2.147　心无留言，言无择人，虽露肺肝，君子不取也。彼固自以为光明矣，君子何尝不光明？自不轻言，言则心口如一耳。

[译文]

想到什么就说什么，说话不选择对象，即便说的是表露肺腑的忠言实情，君子也不会采取这样的态度。那样说话的人自以为光明磊落，君子何尝不光明磊落？但君子不会轻易讲话，一开口讲话必定心口如一。

2.148　保身底是德义，害身底是才能。德义中之才能，呜呼！免矣。

[译文]

保护自身的是道德信义，损害自身的是才华智能。说什么道德信义中的才华智能，唉！还是算了吧。

2.149　恒言“疏懒勤谨”，此四字每相因。懒生疏，谨自勤。圣贤之身岂生而恶逸好劳哉？知天下皆惰慢则百务废弛，而乱亡随之矣。先正[①]云：古之圣贤未尝不以怠惰荒宁为惧，勤励不息自强。曰惧曰强，而圣贤之情见矣。所谓“忧勤惕励”者也，惟忧故勤，惟惕故励。

[注释]

①先正：古代贤臣或先圣、先贤。

[译文]

人们常说“疏懒勤谨”，这四个字是互为因果的。懒惰就会产生荒疏，谨慎自然就会勤勉。圣贤之人难道生来就恶逸好劳吗？只是因为他们知道天下人如果都懒惰散漫，就会使各种事物荒废，随之引起混乱，导致国家的灭亡。古圣先贤说：古代的圣贤没有不戒惧怠惰懒散的，而都是勤勉奋发，自强不已。用了“惧”和“强”这两个字，圣贤的心情就可想而知了。所谓“忧勤惕励”，说的是由于忧虑才会勤奋，由于警惕才会努力。

2.150　谑非有道之言也。孔子岂不戏？竟是道理上脱洒。今之戏者媟[1]矣，即有滑稽之巧，亦近俳优[2]之流，凝静者耻之。

[注释]

①媟：轻侮。②俳优：以乐舞谐戏为业的艺人。

[译文]

开玩笑讽刺人不是有修养的表现。孔子难道不开玩笑？孔子的玩笑是不违背道德规范的。现在人们开玩笑，不过是相互嘲笑对方而已，即便有一些滑稽的技巧，也是像戏子那样轻浮浅薄，有涵养的人认为那是可耻的。

2.151　无责人，自修之第一要道；能体人，养量之第一要法。

[译文]

不去责怪他人，这是自我修养最基本原则；能够体谅他人，这是提高涵养的最基本方法。

2.152　予不好走贵公之门，虽情义所关，每以无谓而止。或让[1]之，予曰：“奔走贵公得不谓其喜乎？”或曰：“惧彼以不奔走为罪也。”予叹曰：“不然。贵公之门奔走如市，彼固厌苦之，甚者见于颜面，但浑厚忍不发于声耳。徒输自己一勤劳，徒增贵公一厌恶。且入门一揖之后，宾主各无可言，此面愧赧已无发付处矣。”予恐初入仕者狃[②]于众套而不敢独异，故发明之。

[注释]

①让：责备。②狃：习惯。

[译文]

我不愿去权贵之家走动，即使是与情义有关的事，也总是觉得没有意思而未去。有人为此而责备我，我说：“到权贵之家走动，不就是为了使他高兴吗?”这人说：“是怕他因为你不去拜访而怪罪你。”我感叹说：“不是这样的。权贵之家门庭若市，他们早就感到讨厌了，甚至不给人好脸色，只是忍着不说出来罢了。我即便去了，不仅自己白跑一趟，也增加对方一份厌恶。而且进门寒暄之后，宾主都无话可说，这种场面会让人羞愧得无以自容。”我恐怕初入官场的人习惯于俗套而不敢与众人不同，因此特地说明。

2.153　亡我者我也。人不自亡，谁能亡之?

[译文]

灭亡自己的人，就是自己本身。如果人不是自己使自己灭亡，有谁能够使之灭亡呢?

2.154　沾沾煦煦，柔润可人，丈夫之大耻也。君子岂欲与人乖戾?但自有正情真味，故柔嘉不是软美，自爱者不可不辨。

[译文]

柔顺旖旎，娇媚可人，是男子汉的耻辱。难道君子就要处处跟人作对吗?当然不是。但君子应该具有正直的感情和真挚的态度，因此温厚柔和并不是软弱的美，有自爱之心的人对此不能不分辨清楚。

2.155　士大夫一身斯世之奉弘[①]矣，不蚕织而文绣，不耕畜而膏粱[②]，不雇贷而车马，不商贩而积蓄。此何以故也？乃于世分毫无补，惭负两间[③]人。又以大官诧市井儿，盖棺有余愧矣。

[注释]

①弘：广，广大。这里是优厚的意思。②膏粱：肥肉和上等的粟。引申为富贵。③两间：天地之间。

[译文]

士大夫们这一生，社会对他们的供奉可说太大了。他们不养蚕织布而穿绫罗绸缎，不耕种养殖而吃美味佳肴，不雇佣赁贷而乘坐车马，不经商贩卖而有丰厚的积蓄。这是什么原因呢？他们对社会没有做任何有益的事情，真是有愧于天下百姓。又常拿大官吓唬市井百姓，士大夫们就是盖棺入坟也留有羞愧。

2.156　且莫论身体力行，只听随在聚谈间，曾几个说天下、国家、身心、性命正经道理？终日哓哓刺刺，满口都是闲谈乱谈。吾辈试一猛省：士君子在天地间，可否如此度日？

[译文]

先不要说身体力行，只听听众人在随便聚在一起闲谈时，有几个人说到天下、国家、身心、性命的正经道理？整日絮絮叨叨，满嘴胡说八道闲扯皮。我们深自反省：贤士君子在世上能像这样混日子吗？

2.157　君子慎求人，讲道问德，虽屈己折节，自是好学者事。若富贵利达向人开口，最伤士气，宁困顿没齿也。

[译文]

君子求人要非常慎重，如果在研讨道、德的时候不耻下问，那就是个好学者。如果为了富贵利禄向人开口乞求，那是最伤气节的，宁可困顿一生也不能这样做。

2.158　言语之恶，莫大于造诬；行事之恶，莫大于苛刻；心术之恶，莫大于深险。

[译文]

言谈话语没有比造谣诬蔑更可恶的了；做事情没有比苛刻更可恶的了；在心术方面，没有比阴险狡诈更可恶的了。

2.159　自家才德，自家明白的。才短德微，即卑官薄禄已为难称。若已逾涘[①]分而觖望[②]无穷，却是难为了造物。孔孟终身不遇，又当如何？

[注释]

①涘（sì）：水边，引申为边限。②觖望：不满足而抱怨。觖，不满足。

[译文]

自己有多大的才能，多高的品德，自己最清楚。才短德微者，即使当了小官，享受着不多的俸禄，这已经与其贡献不相称了。倘若这种人欲望无穷，真是难为了造物主。孔子和孟子终身不曾显达，那又怎么样呢？

2.160　不善之名每成于一事，后有诸长不能掩也，而惟一不善传。君子之动，可不慎与？

[译文]

不好的名声常因一件事就落到自己头上，以后即使有种种善行，也掩盖不住，只有这一不好的名声却传得很远。君子一举一动难道可以不慎重吗?

2.161　一日与友人论身修道理，友人曰："吾老矣。"某曰："公无自弃，平日为恶，即属纩[①]时干一好事，不失为改过之鬼，况一息尚存乎?"

[注释]

①属纩：在临死的人鼻子上放上新绵，试验是否断气。后称临终。

[译文]

一天与朋友谈论起修身养性的道理，朋友说："我老了!"我说："你不要自暴自弃，即使平时干了很多坏事，临死前干一件好事，也是一个改过自新的鬼，何况一息尚存的活人呢?"

2.162　既做人在世间，便要劲爽爽、立铮铮的。若如春蚓秋蛇、风花雨絮，一生靠人作骨，恰似世上多了这个人。

[译文]

既然作为人活在世上，就要朝气蓬勃、奋发向上地活一生。若是像春天的蚯蚓、秋天的蛇，像风花雨絮那样，一生都要靠别人做自己的骨架，这个人在世上就是多余的。

2.163　有人于此：精密者病其疏，靡绮者病其陋，繁缛者病其简，谦恭者病其倨[①]，委屈者病其直，无能可于一世之人，奈何?曰：一身怎可得一世之人?只自点检吾身果如所病否。若以一身就众口，孔子不能。即能之，成个甚么人品?故君子以中道为从违，不以众言为忧喜。

[注释]

①倨：傲慢。

[译文]

有这样一个人：精细的人指责他疏忽，虚荣的人指责他朴陋，烦琐的人指责他简单，谦恭的人指责他傲慢，委婉的人指责他耿直，不能使世上的人都满意，怎么办呢？回答是：一个人怎么能使世上的人都满意呢？只要检讨自己是不是的确有那样的缺点就行了。如果想使自己让所有的人都交口称赞，孔子也做不到。即便能做到，那会成了什么样人品呢？所以君子做事应该以真理道德为取舍标准，而不能以众人对自己的评论为转移。

2.164　夫礼非徒亲人，乃君子之所以自爱也；非徒尊人，乃君子之所以敬身也。

[译文]

礼仪并不仅仅为了博得他人的好感，而是君子自爱的表现；也不是仅仅为了尊敬他人，而是君子自尊的表现。

2.165　君子之出言也，如啬夫之用财；其见义也，如贪夫之趋利。

[译文]

君子讲话，要像简朴节约的人花钱那样节省；见到正义，要像贪婪的人追逐利益一样毫不犹豫。

2.166　古之人勤励，今之人惰慢。勤励故精明，而德日修；惰慢故昏蔽，而欲日肆。是以圣人贵“忧勤惕励”。

[译文]

古代的人勤劳努力，现在的人懒惰散漫。勤劳努力就会使人精明，其道德修养日益提高；懒惰散漫就会使人浑噩蒙蔽，欲望就会日益强烈，难以满足。因此圣人认为“忧勤惕励”很可贵。

2.167　先王之礼文用以饰情[①]，后世之礼文用以饰伪。饰情，则三千三百虽至繁也，不害其为率真；饰伪，则虽一揖一拜已自多矣。后之恶饰伪者乃一切苟简决裂，以溃天下之防，而自谓之率真，将流于伯子[②]之简而不可行，又礼之贼也。

［注释］

①饰情：节制情感，或用适当形式表达情感。②伯子：指子桑伯子，见《论语·雍也》篇。朱熹注："《家语》记伯子不衣冠而处，孔子讥其欲同人道与牛马。"

［译文］

先代帝王的礼仪是为了表达真实的情感，后代的礼仪被用来掩饰虚伪的念头。表达真实情感的方法即便有三千三百条烦琐的规定，不影响其直率真诚；掩饰虚伪念头的方法，即便是作一下揖叩一下头，也是多余的。后代还有一种厌恶掩饰虚伪的人，把一切礼仪都当成多余的，将一切从简，破坏了礼仪，自称什么直率真诚，这就将流于桑伯子那样的简慢，根本不可行，这也是礼仪的大敌。

2.168　清者，浊所妒也，而又激之，浅之乎其为量矣。是故君子于己讳美，于人藏疾。若有激浊之任者，不害其为分晓。

［译文］

清者本来就被浊者所嫉妒，还要去激他，度量不是太浅了吗？所以君子对已忌讳谈美德，对别人的错误隐而不谈。假如有愿担当激浊扬清责任的人，不妨让他分清清浊。

2.169　处世以讥讪为第一病痛。不善在彼，我何与焉？

［译文］

为人处世，最大的缺点是讥刺讪笑别人。缺点在别人身上，和我有什么关系呢?

2.170 余待小人不能假辞色，小人或不能堪。年友[1]王道源危之，曰:“今世居官切宜戒此。法度是朝廷底，财货是百姓底，真借不得人情。至于辞色，却是我底，假借些儿何害?”余深感之，因识而改焉。

[注释]

①年友：科举时，同榜登科的好友。

[译文]

我对待小人没有办法给予好脸色，因此小人常常感到很难堪，无法忍受。我的同年好友王道源劝告说:“现在做官千万不要这样。法度是朝廷规定的，财货是百姓生产的，这些都不能妥协折中。至于言辞和表情，却是自己的，给那些小人一些好的言辞和表情又有什么害处呢?”我听了这话深有感触，因此就记录下来努力改正。

2.171 刚明，世之碍也。刚而婉，明而晦，免祸也夫。

[译文]

刚毅，明澈，是处世的障碍。刚毅而又婉转，明澈而又含蓄，才可以免除灾祸。

2.172 君子之所持循只有两条路：非先圣之成规，则时王之定制。此外悉邪也，俗也，君子不由。

[译文]

君子所遵行的，只有两条路：不是按照先代圣人制定的现成规定，就是按照当时帝王制定的法令方针。除此之外都是邪恶、庸俗的，君子不应该采纳。

2.173　非直之难，而善用其直之难；非用直之难，而善养其直之难。

［译文］

直率并不困难，善于运用直率才是困难的；善于运用直率不是最困难的，善于培养直率的品行才是最困难的。

2.174　处身不妨于薄，待人不妨于厚；责己不妨于厚，责人不妨于薄。

［译文］

对自己不妨苛刻一些，对待他人不妨宽厚一些；检讨自己不妨严格一些，批评别人不妨宽松一些。

2.175　坐于广众之中，四顾而后语，不先声，不扬声，不独声。

［译文］

坐于大庭广众之中，经过认真考虑之后再说话，不要抢先说话，不要高声说话，也不要只顾自己说话。

2.176　苦处是正容谨节，乐处是手舞足蹈，这个乐又从那苦处来。

［译文］

艰苦的时候端庄严谨，高兴的时候手舞足蹈，这个高兴正是从那个苦的地方来的。

2.177　滑稽诙谐，言毕而左右顾，惟恐人无笑容，此所谓“巧言令色[①]”者也。小人侧媚[②]皆此态耳，小子戒之。

［注释］

①巧言令色：《论语·学而》："巧言令色，鲜矣仁。"朱熹注："巧，好。令，善也。好其言，善其色，致饰于外，务以悦人，则人欲肆而本心之德亡矣。"②侧媚：用不正当手段讨好别人。《尚书·冏命》："慎简乃僚，无以巧言令色，便辟侧媚。"

［译文］

讲话滑稽诙谐，说过之后又左顾右盼，唯恐人们不笑，这就是"巧言令色"。小人献媚态的时候都是这样，后生小子要引以为戒。

2.178　人之视小过也，愧怍悔恨，如犯大恶，夫然后能改。"无伤"二字，修己者之大戒也。

［译文］

他人看作很小的过错，自己却羞惭悔恨，如同犯了大错一样，这样才能改正错误。"无伤"二字，是修养道德的人的大戒。

2.179　有过是一过，不肯认过又是一过。一认则两过都无，一不认则两过不免。彼强辩以饰非者，果何为也？

［译文］

有过错是一个错，不肯认错又是一个错。一认错则两个错都会消除，一不认错两个错都免不掉。那么强词夺理掩饰错误的人，又是一种什么行为呢？

2.180　一友与人争而历指其短，予曰："于十分中，君有一分不是否？"友曰："我难说没一二分。"予曰："且将这一二分都没了，才好责人。"

［译文］

一位朋友与别人争吵，把对方的缺点过错一一都揭出来。我说："假如他有十分错，难道你连一分也没有吗？"这位朋友说："我也很难说没有一二分错。"我说："你先把自己的这一二分错改了，再来指责别人。"

2.181　余二十年前曾有心迹双清之志，十年来有四语，云："行欲清，名欲浊。道欲进，身欲退。利欲后，害欲前。人欲丰，己欲约。"近看来太执着，太矫激。只以无心任自然，求当其可耳，名迹一任去来，不须照管。

[译文]

我在二十年前，曾立下志向，要做到心境、行为光明清澈，十年来又遵循四句话："行欲清，名欲浊。道欲进，身欲退。利欲后，害欲前。人欲丰，己欲约。"现在看来，这些都太执着，太偏激了。只要是任其自然，做到恰如其分就行了，不要太在乎声名。

2.182　君子之为善也，以为理所当为，非要福，非干禄；其不为不善也，以为理所不当为，非惧祸，非远罪。至于垂世教，则谆谆以祸福刑赏为言，此天地圣王劝惩之大权，君子不敢不奉若而与众共守也。

[译文]

君子做善事，是因为按照道理应该这样做，并不是为了得到福泽和利禄。君子不做坏事，是因为按照道理不该那样做，并不是惧怕灾祸和犯罪。至于在教化世人的时候，以祸福利害来谆谆教导他人，这是因为天地圣人握有劝告惩罚的大权，君子不敢不与众人共同遵守罢了。

2.183　茂林芳树，好鸟之媒也；污池浊渠，秽虫之母也。气类之自然也。善不与福期，恶不与祸招。君子见正人而合，邪人见憸夫而密。

[译文]

茂密的林子，芳香的树木，是招引好鸟的媒介；污浊池塘臭水沟，是肮脏污秽的虫子滋生的地方。这是因为气味相投的缘故。仁善不用与福泽相互约定，邪恶不会与灾祸相互招徕。君子看见正直的人就不谋而合，邪恶的人看见狡诈的人就会倍感亲切。

2.184　吾观于射，而知言行矣。夫射审而后发，有定见也；满而后发，有定力也。夫言能审满，则言无不中；行能审满，则行无不得。今之言行皆乱放矢也，即中，幸耳。

[译文]

我在观看射箭的时候，悟出了一些言行的规律。射箭时要先看准目标，然后射出，这就是要有正确的认识；拉满弓之后再射出，这就是要有坚强的力量。人的言行也是这样，如果能审度得当并全力以赴，没有不成功的道理。现在有些人的言行就像乱放箭，即使射中也是侥幸而已。

2.185　蜗以涎见觅，蝉以声见粘，萤以光见获，故爱身者不贵赫赫之名。

[译文]

蜗牛因其黏涎而被发现，蝉因其声音而被粘住，萤火虫因其光亮而被捕获。自爱的人，是不会看重赫赫的名声的。

2.186　大相反者大相似，此理势之自然也。故怒极则笑，喜极则悲。

[译文]

凡事走到极端就与它相反的一面有相似之处，这是很自然的道理。所以愤怒到极点就会笑，高兴到极点就会悲伤。

2.187　敬者，不苟之谓也。故反苟为敬。

［译文］

敬，就是不随便的意思。因此不随便就是敬。

2.188　多门之室生风，多口之人生祸。

［译文］

屋子门多了就会多风，人的话多了就会引来灾祸。

2.189　磨砖砌壁，不涂以垩，恶掩其真也。一垩则人谓粪土之墙矣。凡外饰者皆内不足者，至道无言，至言无文，至文无法。

［译文］

用磨好的砖砌成的墙壁，不需要再涂上白粉，是因为不想掩盖其本来的面貌。如果涂上白粉，人们会说这是用粪土砌成的墙壁。凡是在外观上加以装饰的，都是因为里面有不足的。最高的原则不需要用语言表达，最好的学说不需要用文章表述，最好的文章不需要章法规范。

2.190　苦毒易避，甘毒难避。晋人之璧马①、齐人之女乐②、越人之子女玉帛③，其毒甚矣。而愚者如饴，即知之，亦不复顾也。由是推之，人皆有甘毒，不必自外馈，而眈眈求之者且众焉。岂独虞人、鲁人、吴人愚哉？知味者可以惧矣。

［注释］

①晋人之璧马：《战国策·魏策三》："昔者晋人欲亡虞，而伐虢。伐虢者，亡虞之始也，故荀息以马与璧假道于虞。宫之奇谏而不听，卒假晋道。晋

人伐虢，反而取虞。”②齐人之女乐：《史记·孔子世家》：齐人“选齐国中女子好者八十人，皆衣文衣而舞康乐，文马三十驷，遗鲁君。陈女乐文马于鲁城南高门外。季桓子微服往观再三，将受，乃语鲁君为周道游，往观终日，怠于政事”，孔子遂离鲁而去。③越人之子女玉帛：据《史记·越王句践世家》载：越王兵败，“欲杀妻子，燔宝器，触战以死”，大夫文种建议，以美女宝器献吴太宰嚭，嚭爱之。文种因太宰嚭而说服吴王，吴王不听伍子胥谏，赦越，罢兵而归。越王句践卧薪尝胆，卒灭吴国。

［译文］

苦口的毒药容易避开，甘甜的毒药却不容易避开。譬如晋国人送给虞国人璧与马，齐国人送给鲁君善舞的美女，越人献给吴人太宰嚭美人玉帛，这些计策都是很毒辣的。但愚蠢的人像吃蜜糖一样乐于接受，即使知道有害也不在乎。由此类推，人心中都有甘甜的毒药，不必由外界馈赠，而对之孜孜以求的人就更多了，怎么能说只有虞人、鲁人、吴人愚蠢呢？懂得这个道理的人，应该为之感到可怕。

2.191　好逸恶劳，甘食悦色，适己害群，择便逞忿，虽鸟兽亦能之。灵于万物者，当求有别，不然类之矣！且凤德麟仁，鹤清豸直，乌孝雁贞，苟择鸟兽之有知者而效法之，且不失为君子矣，可以人而不如乎！

［译文］

好逸恶劳，贪图美食和女色，损人利己，逞强泄愤，这些事鸟兽也会做。作为万物之灵的人，应当与其有所区别，不然就跟动物一样了。况且凤凰有品德、麒麟仁义、鹤清高、獬豸正直、乌鸦孝顺、大雁忠贞，如果选择这些有善德的鸟兽而加以效仿，也不失为君子。为什么有些人连鸟兽都不如呢？

2.192　万事都要个本意。宫室之设只为安居，衣之设只为蔽体，食之设只为充饥，器之设只为利用，妻之设只为有后，推此类不可尽穷。苟知其本意，只在本意上求，分外的都是多了。

［译文］

什么事情都有最基本的目的。建造宫殿房屋，只是为了平安居住；制作服装鞋帽，只是为了遮身蔽体；烹调饮食，只是为了充饥果腹；日常用品，只是为了生活所用；谈婚论娶，只是为了生育后代。由此类推，没有穷尽。如果认识到了其原来的最基本的意义，就应该只在本意上去追求，分外的追求都是多余的。

2.193　士大夫殃及子孙者有十：一曰优免太侈，二曰侵夺太多，三曰请托灭公，四曰恃势凌人，五曰困累乡党，六曰要结权贵、损国病人，七曰盗上剥下、以实私橐，八曰簧鼓邪说、摇乱国是，九曰树党报复、阴中善人，十曰引用邪昵、虐民病国。

［译文］

做官的人会在以下十个方面给子孙带来祸害：

一是骄奢淫逸；二是强取豪夺；三是徇私损公；四是仗势欺人；五是困累乡党；六是巴结权贵，损国害民；七是欺上瞒下，中饱私囊；八是搬弄是非，扰乱国是；九是结党营私，暗害好人；十是举荐奸邪，任人唯亲，欺压百姓，危害国家。

2.194　儿辈问立身之道。曰："本分之内不欠纤微，本分之外不加毫末。今也舍本分弗图，而加于本分之外者不啻千万矣，内外之分何处别白？况敢问纤微毫末间耶？"

［译文］

晚辈问怎样安身立命，我回答说："对于本分之内的事，不欠缺一分一毫；对于本分以外的事，不添加一分一毫。现在的人舍弃本分之内的事不做，对本分之外的事干了千千万万，哪里有内外之分呢？更谈不上一分一毫的细微差别了。”

2.195　智者不与命斗，不与法斗，不与理斗，不与势斗。

［译文］

明智的人不与命运争斗，不与法律争斗，不与天理争斗，不与时势争斗。

2.196　学者事事要自责，慎无责人。人不可我意，自是我无量；我不可人意，自是我无能。时时自反，才德无不进之理。

［译文］

学者事事要责备自己，千万不要轻易责备别人。别人使自己不满意，只是自己没有涵养度量；自己让别人不满意，只是因为自己没有才能。时刻自我反省，那么才能和品德就没有不进步的道理。

2.197　气质之病小，心术之病大。

［译文］

气质方面的缺陷是小毛病，心术不正则是大毛病。

2.198　童心、俗态，此二者士人之大耻也。二耻不脱，终不可以入君子之路。

［译文］

幼稚与庸俗，是读书人的两大耻辱。脱不掉这二耻，终不能进入君子之列。

2.199　习威仪容止，甚不打紧，必须是瑟僩[①]中发出来，才是盛德光辉。那个不严厉，不放肆？庄重不为矜持，戏谑不为媟嫚，惟有道者能之，惟有德者识之。

[注释]

①瑟僩（xiàn）：庄严壮勇貌。《诗经·卫风·淇奥》："瑟兮僩兮，赫兮咺兮。"

[译文]

学习威严的仪容举止并不重要，重要的是必须是自然而然的表露，这才是高尚品德的表现。什么人不严厉，不放肆呢？庄重而不显得矜持，诙谐而不显得轻浮，只有遵守天道的人才能做到这一点，只有道德高尚的人才能认识这一点。

2.200　容貌要沉雅自然，只有一些浮浅之色、作为之状，便是屋漏少工夫。

[译文]

容貌要沉静、文雅、自然，只要有一点浮浅的表情、做作的样子，就是平时修养的功夫不够。

2.201　德不怕难积，只怕易累。千日之积不禁一日之累，是故君子防所以累者。

[译文]

道德不怕难以积累，就怕其容易损害。千日的积累也禁不住一日的损害，因此君子不要做损害道德的事。

2.202　枕席之言，房闼之行，通乎四海。墙卑室浅者无论，即宫禁之深严，无有言而不知、动而不闻者。士君子不爱名节则已，如有一毫自好之心，幽独言动可不慎与？

[译文]

枕席上的谈话，自己家里的举动，四海的人都可以知道。且不说一般的房屋，即便是森严的宫廷，也没有能让人不知道的言行。士君子不爱惜自己的名节则罢，如果有一点自尊自爱之心，独自一人在暗室的言行难道不应该谨慎吗？

2.203　富以能施为德，贫以无求为德，贵以下人为德，贱以忘势为德。

［译文］

富人以能施舍为有德，穷人以无奢求为有德，高贵的人以礼贤下士为有德，地位低下的人以不趋炎附势为有德。

2.204　入庙不期敬而自敬，入朝不期肃而自肃，是以君子慎所入也；见严师则收敛，见狎友则放恣，是以君子慎所接也。

［译文］

进入寺庙自然而然地起恭敬之心，进入朝廷自然而然地生严肃之心，因此君子对所去之处要慎重。看见严厉的老师就会收敛，看见亲密的朋友就会放纵任性，因此君子与人结交要谨慎。

2.205　《氓》之诗①，悔恨之极也，可为士君子殷鉴，当三复②之。唐诗有云："雨落不上天，水覆难再收③。"又近世有名言一偶，云："一失脚为千古恨，再回头是百年身④。"此语足道《氓》诗心事，其曰"亦已焉哉⑤"，所谓"何嗟及矣⑥"，无可奈何之辞也。

［注释］

①《氓》之诗：《诗经·卫风·氓》："氓之蚩蚩，抱布贸丝。匪来贸丝，来即我谋。送子涉淇，至于顿丘。匪我愆期，子无良媒。将子无怒，秋以为期。"朱熹注："此淫妇为人所弃，而自叙其事以道其悔恨之意也。……士君子立身一败，而万世瓦裂者，何以异此？可不戒哉！"这里取其悔恨之义。②三

复：反复多次。这里指记诵与理解。《论语·先进》："南容三复白圭，孔子以其兄之子妻之。"③"雨落不上天"二句：见李白《妾薄命》。④"一失脚为千古恨"二句：明扬仪《明良记》："唐解元寅既废弃，诗云：'一失脚成千古笑，再回头是百年人。'"后多作"一失足成千古恨"。此指一有过失，悔恨莫及。⑤亦已焉哉：《诗经·卫风·氓》结束句："反是不思，亦已焉哉。"朱熹注："既不思其反复而至此矣，则亦如之何哉？亦已而已矣。"⑥何嗟及矣：《诗经·王风·中谷有蓷》："啜其泣矣，何嗟及矣。"朱熹注："何嗟及矣，言事已至此，末如之何，穷之甚也。"

［译文］

《氓》这首诗，是表达了极其悔恨的心情，可以作为士君子的借鉴，应该再三诵读。唐诗中有这样的诗句："雨落不上天，水覆难再收。"近世有两句名言："一失脚为千古恨，再回头是百年身。"这些话足以表达《氓》诗的真实意思。诗中有"亦已焉哉"，以及人们常说的"何嗟及矣"，都是无可奈何的话。

2.206　平生所为，使怨我者得以指摘，爱我者不能掩护，此省身之大惧也，士君子慎之。故我无过而谤语滔天不足惊也，可谈笑而受之。我有过而幸不及闻，当寝不贴席、食不下咽矣。是以君子贵"无恶于志①"。

［注释］

①无恶于志：即无愧于心。《中庸》："故君子内省不疚，无恶于志。"

［译文］

平时的所作所为，使怨恨自己的人有指责之处，使爱护自己的人没有办法为自己辩护，这是修养道德最可怕的事，士君子对此要谨慎。如果自己没有过错，即便诽谤的话满天都是也不用大惊小怪，可以谈笑风生地对待；如果自己的确有过失，即使没有听到诽谤的话，也会睡不着觉，吃不下饭。因此君子最可贵的是无愧于心。

2.207　谨言慎动，省事清心，与世无碍，与人无求，此谓小跳脱。

[译文]

言行谨慎，明白事理、清心寡欲，与世无争，与人无求，这可以称作小的洒脱。

2.208　身要严重，意要安定，色要温雅，气要和平，语要简切，心要慈祥，志要果毅，机要缜密。

[译文]

立身要庄重，意志要安定，容貌要温雅，态度要和平，语言要简明扼要，心地要慈祥，志向要坚定不移，心机要缜密。

2.209　善养身者，饥渴寒暑劳役外感屡变，而气体若一，未尝变也；善养德者，死生荣辱夷险外感屡变，而意念若一，未尝变也。夫藏令之身至发扬时而解㑊[①]，长令之身至收敛时而郁阏，不得谓之定气。宿称镇静，至仓卒而色变；宿称淡泊，至纷华而心动，不得谓之定力。斯二者皆无养之过也。

[注释]

①解㑊（xiè yì）：指困倦无力、懒于行动的病症。

[译文]

善于保养身体的人，尽管饥渴、寒暑、劳役等外界因素不断变化，气息、身体一如平常，并不改变；善于修养道德的人，尽管生死、荣辱、夷险等外界条件不断变化，意念始终如一，并不改变。在寒冷的季节感到舒适，到温暖的季节却感到不适的人，和在温暖的季节能够健康成长，到寒冷时就感到郁塞不通的人，不能称作有定气。平时自称镇静，至仓促之际就神色大变的人，和一向自称淡泊，一遇荣华富贵就心动神摇的人，不能称作有定力。这两种情况，都是缺乏修养的缘故。

2.210　里面要活泼于规矩之中，无令怠忽；外面要摆脱于礼法之中，无令矫强。

[译文]

内心的活泼要限于规矩之中，不要怠惰、疏忽；外表的洒脱要限于礼法之中，不要过于做作、傲慢。

2.211　四十以前养得定，则老而愈坚；养不定，则老而愈坏。百年实难，是以君子进德修业贵及时也。

[译文]

四十岁以前如果能养成坚定的性格，以后就会越来越坚定；倘若四十岁以前不能够养成坚定的性格，以后会越来越差。人生百年难得，因此君子应抓紧时间精进道德，进修学业。

2.212　涵养如培脆萌，省察如搜田蠹，克治如去盘根。涵养如女子坐幽闺，省察如逻卒缉奸细，克治如将军战勍敌。涵养用勿忘勿助工夫，省察用无怠无荒工夫，克治用是绝是忽①工夫。

[注释]

①是绝是忽：语出《诗经·大雅·皇矣》。朱熹注："忽，灭。"即绝灭的意思。

[译文]

提高涵养就像培植刚长出的萌芽，反省检讨就像搜寻田间的蠹虫，克制改正就像除去盘根。提高涵养就像女子坐在幽静的闺房，反省检讨就像巡逻的士兵缉拿奸细，克制改正就像将军与强敌作战。提高涵养要在念念不忘、依靠自己上努力，反省检讨要在防止偷懒、荒疏上努力，克制改正要在果断、坚决上努力。

2.213　世上只有个道理是可贪可欲的，初不限于取数之多，何者？所性分定原是无限量的，终身行之不尽，此外都是人欲，最不可萌一毫歆羡心。天之生人各有一定的分涯，圣人制人各有一定的品节，譬之担夫欲肩舆、丐人欲鼎食，徒尔劳心，竟亦何益？嗟夫！篡夺之所由生，而大乱之所由起，皆耻其分内之不足安，而惟见分外者之可贪、可欲故也。故学者养心先要个知分，知分者心常宁、欲常得。所欲得，自足以安身利用。

［译文］

世上只有对道和理可以生贪婪和占有之心，而且人生来就可以对其不厌其多。这是为什么呢？因为人的天性中本来对此就没有限制，终生都可以追求不止。除此之外，一切都是人欲，不能有任何贪婪的心理。上天生养任何人都使其有一定的名分，圣人教化任何人都使其有一定的品德，譬如挑担的整天想坐轿子，要饭的整天想吃美味佳肴，只能是白费心思，有什么用处？唉！有些人之所以篡夺权位、制造大乱，都是因为其耻于安分守己，只想贪图、占有分外的东西。所以学者修养品德先要懂得名分，这样就会内心常常安定，欲望经常得到满足。欲望满足了，就能做到安身利用。

2.214　心术以光明笃实为第一，容貌以正大老成为第一，言语以简重真切为第一。

［译文］

心术以光明磊落、忠厚老实为第一，容貌以端正、老练成熟为第一，语言以简明慎重、清晰确切为第一。

2.215　学者只把性分之所固有、职分之所当为，时时留心，件件努力，便骎骎乎圣贤之域。非此二者，皆是外物，皆是妄为。

[译文]

学者只要把人的天性中固有的东西、从事的职业要求的东西，时刻留心在意，每一件都努力做好，就能很快达到圣贤的境界。除了这两者，其他都是多余的念头和无用的行为。

2.216　进德莫如不苟，不苟先要个耐烦。今人只为有躁心而不耐烦，故一切苟且，卒至破大防而不顾，弃大义而不为，其始皆起于一念之苟也。

[译文]

品德的进步首先要一丝不苟，一丝不苟就首先要能够有耐性。现在的人只有浮躁之心而没有耐久之心，因此对什么都不在乎。甚至连违反原则也不顾，放弃大义也无所谓。其开始都是起源于一个苟且的念头。

2.217　不能长进，只为"昏弱"两字所苦。昏宜静，以澄神，神定则渐精明；弱宜奋，以养气，气壮则渐强健。

[译文]

不能进步，都是由浑噩和衰弱引起的。若是浑噩，就应该保持宁静以澄清神志，神志安定就会逐渐精明；若是衰弱，就应该奋发以培养元气，元气壮了身体自然会逐渐强健。

2.218　一切言行，只是平心易气就好。

[译文]

一切言行举止，只要平心静气就行了。

2.219　恣纵既成，不惟礼法所不能制，虽自家悔恨，亦制自家不得。善爱人者无使恣纵，善自爱者亦无使恣纵。

[译文]

放纵成了习惯，不仅礼法管束不了，就是自己悔恨不已，也无法约束自己。善于爱护别人的人，就不要使人放纵；善于自爱的人，也不要自我放纵。

2.220　天理与人欲交战时，要如百战健儿，九死不移，百折不回，其奈我何？如何堂堂天君①，却为人欲臣仆？内款受降，腔子中成甚世界？

[注释]

①天君：指心。

[译文]

当天理和人欲发生冲突的时候，要像身经百战的战士那样，九死一生而坚定不移，百折不回勇往直前，这样人欲也奈何不了我。怎么能让堂堂的内心做人欲的臣仆？如果从内心就屈从人欲，这个内心还成什么世界？

2.221　有问密语者，嘱曰："望以实心相告。"余笑曰："吾内有不可瞒之本心，上有不可欺之天日，在本人有不可掩之是非，在通国有不容泯之公论。一有不实，自负四愆①矣，何暇以貌言诳门下哉！"

[注释]

①愆：过失。

［译文］

有人问我机密的话，并嘱咐说："希望你说的都是实话。"我笑道："我心中有无法隐瞒的本心，上面有无法欺骗的天日。本人有无法掩盖的是非，国家有无法泯灭的公论。有一句不真实，自己就会犯四种罪过，哪有工夫用假话骗你呢！"

2.222　士君子澡心浴德，要使咳唾为玉、便溺皆香，才见工夫圆满。若灵台[①]中有一点污浊，便如瓜蒂藜芦入胃，不呕吐尽不止，岂可使一刻容留此中耶？夫如是，然后溷厕[②]可沉，缁泥[③]可入。

［注释］

①灵台：指心。②溷厕：厕所。③缁泥：污泥。缁，黑。

［译文］

士君子修养身心道德，要使痰溺成为温香暖玉，便溺有香味，才功德圆满。如果心灵上有一点污秽肮脏，就要像瓜蒂藜芦吃进胃中一样，不呕吐干净就不停止，哪能容它有一刻留在胃中呢？做到这样的程度，就会在污浊的环境中保持高洁。

2.223　与其抑暴戾之气，不若养和平之心；与其裁既溢之恩，不若绝分外之望；与其为后事之厚，不若施先事之薄；与其服延年之药，不若守保身之方。

［译文］

与其抑制暴戾之气，不如修养平和之心；与其限制过多的恩惠，不如杜绝分外的欲望；与其事后加以厚泽，不如事先施以淡薄；与其服延年益寿之药，不如坚持养生的方法。

2.224　猥繁拂逆，生厌恶心，奋守耐之力；柔艳芳浓，生沾惹心，奋跳脱之力；推挽冲突，生随逐心，奋执持之力；长途末路，生衰歇心，奋鼓舞之力；急遽疲劳，生苟且心，奋敬慎之力。

［译文］

庞杂烦琐、违逆不顺会令人产生厌恶的心理，这时要坚持忍耐；温柔艳丽、芳香浓郁会让人产生沾惹的心理，这时要奋发摆脱；坎坷不平、跌撞冲突会使人产生随波逐流的心理，这时要坚定信念；长途跋涉、穷途末路会使人产生松懈的心理，这时要振作鼓励；急切突然、疲于应付会使人产生苟且的想法，这时要严谨慎重。

2.225　进道入德，莫要于有恒。有恒则不必欲速，不必助长，优优渐渐，自到神圣地位。故天道只是个恒，每日定准是三百六十五度四分度之一，分毫不损不加，流行不缓不急，而万古常存，万物得所。只无恒了，万事都成不得。余最坐此病。古人云："有勤心，无远道。"只有人胜道，无道胜人之理。

［译文］

修养身心道德，最重要的是要有恒心。有恒心就不会急于求成，不会犯拔苗助长的错误，从而逐渐达到神圣的境地。因此天道的运行只是按照恒定的规律进行的，每天一定是三百六十五度四分度之一，一点也不多不少，运行得不会快也不会慢，这样就万古长存，万物各得其所。如果不能持之以恒，什么事都不会成功。我最爱犯没有恒心的毛病。古人说："有勤心，无远道。"只有人战胜路途，而没有路途战胜人的道理。

2.226　士君子只求四真：真心、真口、真耳、真眼。真心无妄念，真口无杂语，真耳无邪闻，真眼无错识。

[译文]

士君子只在四个方面求真：真心、真口、真耳、真眼。真心，就是没有妄念；真口，就是没有闲言碎语；真耳，就是不听信异闻邪说；真眼，就是要有正确的认识。

2.227 愚者，人笑之；聪明者，人疑之。聪明而愚，其大智也。夫《诗》云："靡哲不愚[①]。"则知不愚非哲也。

[注释]

①靡哲不愚：语出《诗经·大雅·抑》："抑抑威仪，维德之隅。人亦有言，靡哲不愚。"靡，无。哲，智者。

[译文]

愚笨的人容易遭人耻笑，聪明的人容易被人怀疑。聪明而表现为愚笨，就是真正的聪明。《诗经》说："靡而不愚。"可见没有愚笨的表现就不是真正聪明的人。

2.228 以精到之识，用坚持之心，运精进之力，便是金石可穿，豚鱼可格[①]，更有甚么难做之事功、难造之圣神？士君子碌碌一生，百事无成，只是无志。

[注释]

①格：感通。

[译文]

以精细英明的见识，坚持自己的信念，不断奋发进步，即便金石也可以穿透，豚鱼也可以感通，还有什么难做的事情、难以到达的神圣境界呢？士君子一生碌碌无为，百事无成，就是因为没有志气。

2.229 其有善而彰者，必其有恶而掩者也。君子不彰善以损德，不掩恶以长慝。

［译文］

有善行就到处张扬的人，必然是有恶迹就企图掩饰的人。君子不张扬其善，以免有损道德修养，不掩饰其恶，以免增加过错。

2.230　余日日有过，然自信过发吾心如清水之鱼，才发即见，小发即觉，所以卒不得遂其豪悍至流浪不可收拾者。胸中是非原先有以照之也。所以常发者何也？只是心不存，养不定。

［译文］

我天天都有过错，然而，我自信这些过错来自内心，好像是清水中的游鱼一样，一出现就会觉察到，所以还不至于达到不可收拾的地步。心中的是非原本是可以感觉到的，为什么又常常有过错呢？这还是身心修养不够的缘故。

2.231　才为不善，怕污了名儿，此是徇外心。苟可瞒人，还是要做。才为不善，怕污了身子，此是为己心。即人不知或为人疑谤都不照管。是故欺大庭易，欺屋漏难；欺屋漏易，欺方寸难。

［译文］

刚刚做了不好的事，怕玷污了名声，这是徇外心。只要能瞒过他人，还是要做不好的事。刚刚做了不好的事，怕玷污了身子，这是为己心。即使别人不知道，或是被别人怀疑、指责，都在所不顾。因此欺骗他人容易，欺骗自己很难；欺骗自己容易，欺骗自己的内心很难。

2.232　吾辈终日不长进处，只是个“怨尤”两字，全不反己。圣贤学问只是个自责自尽，自责自尽之道原无边界，亦无尽头。若完了自家分数，还要听其在天、在人，不敢怨尤。况自家举动又多鬼责人非底罪过，却敢怨尤耶？以是知自责自尽底人决不怨尤，怨尤底人决不肯自责自尽。吾辈不可不自家一照看，才照看便知天人待我原不薄恶，只是我多惭负处。

[译文]

人们之所以整天没有任何进步，就在于“怨尤”二字，全然不反省自己。圣贤的学问，就在于自我责备，自我反省。这种反省自责没有限制，也没有尽头。如果自己做到反省自责，还要看外界的评价，不敢对外界有所怨恨。况且自己的举动中有很多令人非议的罪过，怎么敢怨恨别人呢？所以懂得反省自责的人，决不会怨天尤人。反之，怨天尤人的人，决不肯反省自责。因此应该自己对照一下，就知道上天、他人并没有为难我，只是自己有很多令人惭愧的地方和缺点。

2.233 果是瑚琏①，人不忍以盛腐殠②；果是荼蓼③，人不肯以荐宗祊④。履也，人不肯以加诸首；冠也，人不忍以籍其足。物犹然，而况于人乎？荣辱在所自树，无以致之，何由及之？此自修者所当知也。

[注释]

①瑚琏：瑚、琏皆为古代祭祀时盛粟稷的器皿。后常用来比喻有才能堪当大任之人。《论语·公冶长》：“子贡问曰：“‘赐也何如？’子曰：‘女，器也。’曰：‘何器也？’曰：‘瑚琏也。’”②殠：同“臭”，腐气。③荼蓼：荼，苦菜。蓼，辛辣的野菜。《诗经·周颂·良耜》：“其镈斯赵，以薅荼蓼。”④宗祊：宗庙。

[译文]

如果真是贵重的瑚和琏，人们决不忍心用它来盛腐臭的东西；如果是荼和蓼那样的野草，人们也决不肯用它祭祀宗庙。人们不会把鞋子戴在头上，也不舍得把帽子踩在脚下。对东西都是如此，何况是人呢？所谓荣誉耻辱，都是自己造成的，自己没有做招致荣誉耻辱的事，怎么会有荣誉耻辱呢？这是自我修养的人应该知道的。

2.234　无以小事动声色，亵大人之体。

[译文]

不要因为小事大动肝火，这样有害自己的身心。

2.235　立身行己，服人甚难，也要看甚么人不服。若中道君子不服，当蚤夜省惕。其意见不同、性术各别、志向相反者，只要求我一个是，也不须与他别白理会。

[译文]

立身处世，使他人信服是很困难的，当然也要看是什么人不信服。如果正人君子不信服，就要立刻反省自责。若是因为意见不同、性格各别、志向不同的人不信服，只要我做得对，就不必理会他怎么说了。

2.236　其恶恶不严者，必有恶于己者也；其好善不亟[①]者，必无善于己者也。仁人之好善也，不啻口出，其恶恶也，迸诸四夷，不与同中国。孟子曰："无羞恶之心，非人也[②]。"则恶恶亦君子所不免者。但恐为己私作恶，在他人非可恶耳。若民之所恶而不恶，谓为民之父母，可乎？

[注释]

①亟：尽。②"无羞恶之心"二句：语出《孟子·公孙丑上》："无恻隐之心，非人也；无羞恶之心，非人也；无辞让之心，非人也；无是非之心，非人也。"

［译文］

对恶不深恶痛绝的人，自己本身必有恶行；对善不强烈喜欢的人，自己必然有不善的行为。仁义之人的好善，不只是口头说说而已，其厌恶邪恶，恨不得把恶丢弃到四夷之地去，不让恶和自己共存于中国。孟子说："无羞恶之心，非人也。"因此，厌恶邪恶也是君子所不能免的。但恐怕为了自己的私利而作恶，在他人看来却并不可恶。如果民众厌恶的自己却不感到厌恶，那又怎能称得上民众的父母呢？

2.237　世人糊涂，只是抵死没自家不是，却不自想我是尧舜乎？果是尧舜，真是没一毫不是。我若是汤武，未反之前也有分毫错误。如何盛气拒人，巧言饰己，再不认一分过差耶？

［译文］

世上的糊涂人，就是死不承认自己有错误，却不想一想，自己是尧、舜那样的人吗？即便果真是尧、舜那样的人，难道就没有一丝一毫的不是吗？商汤王、周武王在没有起兵造反之前，也是有过一些错误的。怎么能盛气凌人，用花言巧语来掩饰自己，从不承认自己的错误呢？

2.238　"懒散"二字，立身之贼也。千德万业，日怠废而无成；千罪万恶，日横恣而无制，皆此二字为之。西晋仇礼法而乐豪放，病本正在此。安肆日偷。安肆，懒散之谓也。此圣贤之大戒也。甚么降伏得此二字？曰"勤慎"。勤慎者，敬之谓也。

［译文］

"懒散"二字，是立身处世的大敌。千万种道德功业一天天荒废而一事无成，千万种罪恶一天天放纵不已而没有节制，都是由这两个字造成的。西晋时仇视礼法而喜欢豪放，主要原因正在于此。

安于放肆就会天天偷懒。安肆，就是懒散的意思。这是圣贤之人的大戒。什么能降伏这两个字呢？就是“勤慎”。勤慎，就是敬的意思。

2.239　不难天下相忘，只怕一人窃笑。夫举世之不闻道也久矣，而闻道者未必无人。苟为闻道者所知，虽一世非之可也；苟为闻道者所笑，虽天下是之，终非纯正之学。故曰众皆悦之，其为士者笑之，有识之君子必不以众悦博一笑也。

［译文］

让天下人忘记并不难，只担心有人还在窃笑。世人已经糊涂很久了，但未必没有不糊涂的人。假如能被明白事理的人理解，即使世上所有的人都非议也没关系；但如果被明白事理的人所耻笑，即使天下人都认为是对的，也终究不是真正的学问。所以说，众人都喜欢，却被士人所耻笑，有见识的君子一定不会做为了博取众人喜欢而遭受士人耻笑的事情。

2.240　以圣贤之道教人易，以圣贤之道治人难；以圣贤之道出口易，以圣贤之道躬行难；以圣贤之道奋始易，以圣贤之道克终难；以圣贤之道当人易，以圣贤之道慎独难；以圣贤之道口耳易，以圣贤之道心得难；以圣贤之道处常易，以圣贤之道处变难。过此六难，真到圣贤地步。区区六易岂不君子路上人，终不得谓笃实之士也。

［译文］

用圣贤之道教导民众容易，用圣贤之道治理民众难；按圣贤之道讲话容易，按圣贤之道身体力行难；因圣贤之道开始奋发容易，坚持圣贤之道到最后难；以圣贤之道在别人面前做事容易，一个人独处时以圣贤之道要求自己难；口说耳闻圣贤之道容易，真正从内心领会圣贤之道难；依圣贤之道处理平常的事情容易，在发生变故时坚持圣贤之道难。能够克服这六个难关，就达到了圣贤的境地。如果把这六难看得太容易，那就不能走进君子行列，终究不能成为笃实之人。

2.241　山西臬司[①]书斋，余新置一榻，铭于其上。左曰：尔酣余梦，得无有宵征露宿者乎？尔炙重衾，得无有抱肩裂肤者乎？古之人卧八埏[②]于襁褓，置万姓于衽席，而后爽然得一夕之安。呜呼！古之人亦人也夫，古之民亦民也夫。右曰：独室不触欲，君子所以养精；独处不交言，君子所以养气；独魂不着碍，君子所以养神；独寝不愧衾，君子所以养德。

［注释］

①臬司：明代设置提刑按察司，主管一省刑名按劾之事，称臬司。这里指山西按察使。②八埏：八方的边际。这里即八方的意思。

［译文］

在任山西按察使时，我在书斋中新放了一张床榻，在上面写了两条座右铭，左边是：当你在甜美的梦乡时，有没有正在夜行或露宿街头的人呢？当你盖着锦被时，有没有冻得发抖的人呢？古人在百姓都有了衣食住处后，自己才能安寝。呜呼！古人也是人，古代的百姓也是百姓。右边是：单独一人在室内时不触动欲望，君子以此来养精蓄锐；独自一人时不说话，君子以此颐养元气；独自静思时不胡思乱想，君子以此来蓄养精神；独自睡觉时无愧于衾枕，君子以此修养品德。

2.242　慎者之有余足以及人，不慎者之所积不能保身。

［译文］

谨慎的人有余力帮助别人，不谨慎的人积蓄的所有力量都不足以保全自身。

2.243 近世料度人意常向不好边说去，固是衰世人心无忠厚之意。然士君子不可不自责。若是素行孚人，便是别念头，人亦向好边料度。何者？所以自立者足信也。是故君子慎所以立。

［译文］

近来猜想别人的意思，常往不好的方面考虑，这固然是因为在衰败的世道，人们没有忠厚之心。然而士君子也不能不反省自责。如果自己素来的行为使人信服，就是别人有些其他的想法也会往好的方面去想。这是为什么呢？是因为自立的人足以使人信服。所以君子应该慎重自立。

2.244 人不自爱，则无所不为；过于自爱，则一无可为。自爱者先占名，实利于天下国家而迹不足以白其心则不为；自爱者先占利，有利于天下国家而有损于富贵利达则不为。上之者即不为富贵利达而有累于身家妻子则不为。天下事待其名利两全而后为之，则所为者无几矣。

［译文］

如果人不自爱，就什么事情都敢做；如果过于自爱，就会什么事情都没法做。如果自爱的人是为了名声，对虽然有利于国家但不足以表明他心愿的事就不会做；自爱的人如果为了利，对虽然有利于国家但有损于自己富贵发达的事就不会做。好一点的，虽然不是为了个人的富贵功利，但对有损于身家妻子的事还是不做。如果天下的事只有名利两全的才去做，那么能做到的事就不多了。

2.245 与其喜闻人之过，不若喜闻已之过；与其乐道己之善，不若乐道人之善。

[译文]

与其喜欢听到别人的过错，不如喜欢听到自己的过错；与其喜欢炫耀自己的优点，不如喜欢赞扬别人的优点。

2.246　要非人，先要认的自家是个甚么人；要认的自家，先看古人是个甚么人。

[译文]

要指责别人，最好先认清自己是个什么样的人；要认清自己，最好先看看古人是什么样的人。

2.247　口之罪大于百体，一进去百川灌不满，一出来万马追不回。

[译文]

口舌的祸害非常大，一入口，就是百条河流也灌不满，一说出来，就是万马也追不回。

2.248　家长不能令人敬，则教令不行；不能令人爱，则心志不孚。

[译文]

家长不能令人尊敬，他的教导和命令就行不通；不能让人爱戴，就会丧失信服的力量。

2.249　自心得者，尚不能必其身体力行。自耳目入者，欲其勉从而强改焉，万万其难矣。故三达德[①]不恃知也而又欲其仁，不恃仁也而又欲其勇。

[注释]

①三达德：指智、仁、勇。《中庸》第二十章："知、仁、勇三者，天下

之达德也。”

[译文]

对心里认识到的事情，尚且不能够立即将其变为行动；对别人交代的事情，想要尽力听从、坚决改变，那就更难了。因此智、仁、勇这三种品德，不依赖智而要做到仁、不依赖仁而做到勇，是不可能的。

2.250　合下作人自有作人道理，不为别个。

[译文]

生而做人，自有做人的道理，而不是为了别的而做人。

2.251　认得真了，便要不俟终日，坐以待旦，成功而后止。

[译文]

如果认准目标，就不要终日等待，不到成功之日不罢休。

2.252　人生唯有说话是第一难事。

[译文]

人生唯独学会如何说话才是最困难的事。

2.253　或问修己之道，曰：“无鲜克有终①。”问治人之道，曰：“无忿疾于顽②。”

[注释]

①鲜克有终：鲜，少；克，能。《诗经·大雅·荡》：“靡不有初，鲜克有终。”指有始无终。②无忿疾于顽：忿疾，愤怒憎恶。《尚书·君陈》：“尔无忿疾于顽。”孔传：“人有顽嚚不喻，汝当训之，无忿怒疾之。”

[译文]

有人问修养身心的方法，回答是：“不要有始无终。”问治理民众的方法，回答是："对愚顽之人不要愤激发怒。"

2.254　人生天地间，要做有益于世底人。纵没这心肠、这本事，也休作有损于世底人。

[译文]

人生在世，就要做个有益于社会的人。纵然没有这种志向和本事，也不要做有损于社会的人。

2.255　说话如作文，字字在心头打点过，是心为草稿而口誊真也，犹不能无过。而况由易之言，真是病狂丧心者。

[译文]

说话就像写文章一样，每句话都要在心里考虑好，就像在心里打好草稿，口里再说出来。即使这样也不能保证没有错，更何况那些轻率的语言，就像丧心病狂者胡言乱语一样。

2.256　心不坚确，志不奋扬，力不勇猛，而欲徙义改过，虽千悔万悔，竟无补于分毫。

[译文]

信念不坚定，意志不振奋，力量不勇猛，而又想改正错误，即便悔恨之极，也没有丝毫用处。

2.257　人到自家没奈自家何时，便可恸哭。

[译文]

人到自己对自己都无可奈何的时候，就只有痛哭流涕了。

2.258　福莫美于安常，祸莫危于盛满。天地间万物万事，未有盛满而不衰者也。而盛满各有分量，惟智者能知之。是故卮以一勺为盛满，瓮以数石为盛满。有瓮之容，而怀勺之惧，则庆有余矣。

［译文］

福莫过于安分守常，祸莫大于盛满盈溢。天地间万事万物，没有盛满而不衰败的。而盛满也有分量的差别，只有睿智的人才能知道。所以酒杯以一勺为满，大瓮以数石为满。有大瓮的容量，而怀着杯勺的警惕，那就应该庆贺了。

2.259　祸福是气运，善恶是人事，理常相应，类亦相求。若执福善祸淫之说而使之不爽，则为善之心衰矣。大段气运只是偶然，故善获福、淫获祸者半，善获祸、淫获福者亦半，不善不淫而获祸获福者亦半。人事只是个当然，善者获福，吾非为福而修善；淫者获祸，吾非为祸而改淫。善获祸而淫获福，吾宁善而处祸，不肯淫而要福。是故君子论天道不言祸福，论人事不言利害。自吾性分当为之外，皆不庸心，其言祸福利害，为世教发也。

［译文］

福泽和灾祸取决于运气，行善和作恶却取决于主观行为，这在道理上是相互对应的，事类也是相同的。但是执着于福善祸淫的说法而希望屡试不爽的话，那么为善之心就会淡漠。大体来说，运气只是偶然的事，因此行善得福、作恶得祸的情况有一半，行善得祸、作恶得福的情况也有一半，不行善也不作恶而得祸得福的情况也占一半。主观行为只是应当如此而已，虽然行善得福，但我并不是为了得福而行善；作恶得祸，我却不是为了避祸而改恶。如果行善得祸、作恶得福，那我宁愿行善而遭祸，也不愿作恶以得福。因此君子只谈天道不讲祸福，只论主观行为不讲得失利害。除了我的本性应该做的以外，其他都不去想。讲祸福利害，只是为了教化民众。

2.260　自天子以至于庶人，未有无所畏而不亡者也。天子者上畏天、下畏民，畏言官于一时，畏史官于后世。百官畏君，群吏畏长吏，百姓畏上，君子畏公议，小人畏刑，子弟畏父兄，卑幼畏家长。畏则不敢肆，而德以成；无畏则从其所欲，而及于祸。非生知安行之圣人①，未有无所畏而能成其德者也。

［注释］

①生知安行之圣人：《中庸》第二十章："或生而知之，或学而知之，或困而知之，及其知之一也。或安而行之，或利而行之，或勉强而行之，及其成功一也。""生而知之""安而行之"，简称"生知安行"。

［译文］

从皇帝到百姓，没有无所畏惧而不灭亡的。对于皇帝来说，上畏天，下畏民，畏惧正直的言官于一时，畏惧正直的史官于后世。百官畏惧皇帝，下属畏惧上司，百姓畏惧官吏，君子畏惧公众舆论，小人畏惧刑罚，子弟畏惧父兄，一家人畏惧家长。有所畏惧，就不敢胡作非为，就可以修养成良好的品德。没有畏惧，就会为所欲为，以致产生灾祸。没有生来不用学习就懂得道理，从容安然地实现天下大道的圣人，也没有无所畏惧就能成为有德之人的。

2.261　物忌全盛，事忌全美，人忌全名。是故天地有欠缺之体，圣贤无快足之心。而况琐屑群氓，不安浅薄之分而欲满其难厌之欲，岂不妄哉！是以君子见益而思损，持满而思溢，不敢恣无涯之望。

［译文］

物忌讳全盛，事忌讳全美，人忌讳名声太大。所以天地有欠缺的地方，圣贤没有快乐满足之心，更何况那些平常的百姓，不安于自己浅薄的本分，而有着难以满足的欲望，这不是太狂妄了吗？所以君子见到利益就想到亏损处，得到满足时注意提防盈溢，不敢有过分的奢望。

2.262　静定[1]后看自家是甚么一个人。

［注释］

①静定：语出《大学》第一章。原文为："知止而后有定，定而后能静，静而后能安，安而后能虑，虑而后能得。"

［译文］

在心平气和之后，再看看自己是个什么样的人。

2.263　少年大病，第一怕是气高。

［译文］

年轻人最大的缺点是眼高手低。

2.264　余参政东藩[1]日，与年友张督粮临碧在座。余以朱判封，笔浓字大，临碧曰："可惜！可惜！"余擎笔举手曰："年兄此一念，天下受其福矣。"判笔一字，所费丝毫朱耳，积日积岁，省费不知几万倍。充用朱之心，万事皆然。天下各衙门积日积岁，省费又不知几万倍。且心不侈然自放，足以养德；财不侈然浪费，足以养福。不但天物不宜暴殄[2]，民膏不宜慢弃而已。夫事有重于费者，过费不为奢；省有不废事者，过省不为吝。余在抚院日，不俭于纸而戒示吏书片纸皆使有用。比见富贵家子弟用财货如泥沙，长余之惠既不及人，有用之物皆弃于地，胸中无不忍一念，口中无可惜两字。人或劝之，则曰："所值几何？"余尝号为沟壑之鬼，而彼方侈然自快，以为大手段不小家势。痛哉！儿曹志之。

［注释］

①参政东藩：吕坤在明神宗万历十六年（1588）曾任济南道参政。②暴殄：殄，灭绝，残害。《尚书·武成》："今商王受无道，暴殄天物，害虐烝民。"暴殄天物，任意残害天生万物。

［译文］

我在东藩任参政的时候，与同年登科的朋友、督粮张临碧在一起闲坐。我用朱砂批的字，颜色浓字体大，张临碧说："可惜！可惜！"我拿着笔举起手说："年兄的这一个念头，会使天下人得福啊！"批一个字，所费的朱墨不过几毫，但日积月累，节约和浪费之间不知道相差多少万倍。把节约朱墨的用心推而广之，什么事情都是这样。如果天下所有衙门都这样，日积月累，节约和浪费一比较，不知道又会相差多少万倍。况且如果不放纵奢侈之心，还能修养道德；不奢侈浪费财物，又能积养福泽。不光是不该暴殄天物、浪费民财而已。如果事情需要破费，花得再多也不是奢侈；如果节省而不会误事，再节省也不是吝啬。我在抚院的时候，对用纸并不吝啬，但告诫手下的文书要使每一张纸都要有用。后来见到富家子弟挥金如土，用剩的东西不肯送人，还有用的东西都扔掉，心中没有一点不忍心的念头，嘴上从不说"可惜"这两个字。有人相劝，他们就说："这能值几个钱？"我曾把他们称为沟壑之鬼，而他们却以奢侈为乐，认为这是有气派、不小家子气。真让人痛心啊！儿孙们应该记住这些。

2.265　言语不到千该万该，再休开口。

［译文］

话不到千该说万该说的时候，就不要开口说。

2.266　今人苦不肯谦，只要拿得架子定，以为存体。夫子告子张，从政以无小大、无众寡、无敢慢为不骄。而周公为相，吐握、下白屋[①]，甚者父师有道之君子[②]，不知损了甚体？若名分所在，自是贬损不得。

[注释]

①吐握、下白屋：吐握，吐哺握发的简称。《史记·鲁周公世家》："周公戒伯禽曰：我文王之子，武王之弟，成王之叔父，我于天下亦不贱矣，然我一沐三捉发，一饭三吐哺，起以待士，犹恐失天下贤人。子之鲁，慎无以国骄人。"白屋，古代平民的住宅，因屋不施彩，故称白屋。②父师有道之君子：《史记·齐太公世家》载，周文王、周武王曾拜吕尚为父师。刘向《别录》："师之、尚之、父之，故曰师尚父。"

[译文]

现在的人就是不肯谦虚，只要拿架子，就以为是体面。孔子曾告诫子张：从政时无论国家大小、人口多少，都不能疏忽轻视，这才叫作不骄。周公做宰相，吃饭时吐掉食物、沐浴时握住头发而出来接待贤士，亲自造访平民百姓。更有甚者，以道德高尚的人为父师。这样做不知失了什么体面？如果名誉地位到了一定程度，自然贬损不了。

2.267　过宽杀人，过美杀身。是以君子不纵民情以全之也，不盈己欲以生之也。

[译文]

对人过于宽厚，等于杀害别人，过于美饰自己，等于杀害自身。所以君子不放纵民情恰是为了保全民众，不放纵自己的欲望正是为自己留下生路。

2.268　闺门之事可传，而后知君子之家法矣。近习之人起敬，而后知君子之身法矣。其作用处，只是无不敬。

[译文]

如果闺门之内的事都值得传诵，君子的家法就可想而知了；如果身边的人都肃然起敬，君子自身的修养就可想而知了。其原因就在于无处不敬。

2.269　宋儒纷纷聚讼语且莫理会，只理会自家何等简径。

[译文]

宋代儒者聚讼纷纭且不要去管它，只注意自己是不是简洁明达就行了。

2.270　各自责则天清地宁，各相责则天翻地覆。

[译文]

每个人都能自责，天地就会清静安宁；每个人都互相指责，就会闹得天翻地覆。

2.271　不逐物是大雄[①]力量，学者第一工夫全在这里做。

[注释]

①大雄：释迦牟尼的尊称。指佛大智力，能伏四魔，故称为大雄。

[译文]

不随波逐流，需要很大的力量和意志，学者应该从这里开始下功夫。

2.272　手容恭，足容重，头容直，口容止，坐如尸[①]，立如斋[②]，俨若思[③]，目无狂视，耳无倾听，此外景[④]也。外景是整齐严肃，内景是斋庄中正，未有不整齐严肃而能斋庄中正者。故检束五官百体，只为收摄此心。此心若从容和顺于礼法之中，则曲肱指掌[⑤]、浴沂行歌[⑥]、吟风弄月、随柳傍花，何适不可？所谓登彼岸无所事筏也。

[注释]

①“手容恭”五句：《礼记·玉藻》：“君子之容舒迟，见所尊者齐。足容重，手容恭，目容端，口容止，声容静，头容直，气容肃，立容德，色容庄，坐如尸。”手容恭，郑玄注：“高且正也。”足容重，郑玄注：“举欲迟也。”头容直，郑玄注：“不妄动也。”坐如尸，郑玄注：“尸居神位，敬慎也。”②立如斋：《礼记·曲礼上》：“坐如尸，立如斋。”孔颖达疏：“立如斋者，人之倚立多慢不恭，故戒之云。倚立之时，虽不斋，亦当如祭前之斋，必须磬折曲身。”③俨若思：《礼记·曲礼上》：“曲礼曰：毋不敬，俨若思，安定辞，安民哉！”郑玄注：“俨，矜庄貌，人之坐思，貌必严然。”④外景：外部仪态。⑤曲肱指掌：《论语·述而》：“子曰：饭疏食，饮水，曲肱而枕之，乐亦在其中矣。不义而富且贵，于我如浮云。”曲，弯曲；肱，胳膊。⑥浴沂行歌：见《论语·先进》篇曾点言志处。

[译文]

手的姿势恭敬，足的姿势稳重，头的姿势端直，口的姿势静止，坐的姿势如受祭的神主，站的姿势如斋戒的时候，神情专注，目不斜视，耳不旁听，这是外表的样子。外表整齐严肃了，内心才会正直庄重，没有外表不整齐严肃而内心能正直庄重的。因此约束五官和四肢，只是为了收敛自己的内心。如果内心坚守礼法，从容和顺，那么曲臂挥掌、指掌而谈、洗浴唱歌、吟咏风月、附柳赏花，又有什么不可以的呢？这就好像已经登岸用不着筏子了。

2.273　天地位，万物育，几千年有一会，几百年有一会，几十年有一会，故天地之中和甚难。

[译文]

天地各安其所，万物各遂其生的情况可能几千年碰到一次，可能几百年碰到一次，也可能几十年碰到一次，所以说天地达到中和的境界很难。

2.274 敬对肆而言，敬是一步一步收敛向内，收敛至无内处，发出来自然畅四肢、发事业，弥漫六合。肆是一步一步放纵外面去，肆之流祸不言可知。所以千古圣人只一敬字为允执的关捩子[①]。尧钦明允恭[②]，舜温恭允塞[③]，禹之安汝止[④]，汤之圣敬日跻[⑤]，文之懿恭，武之敬胜，孔子之恭而安。讲学家不讲这个，不知怎么做工夫。

［注释］

①允执的关捩（liè）子：允执，即“允执厥中”。关捩子，关键之处。②钦明允恭：《尚书·尧典》：“曰若稽古帝尧，曰放勋，钦、明、文、思、安安，允恭克让。”钦，敬谨。明，明达。允，诚然。恭，敬。③温恭允塞：《尚书·舜典》：“曰若稽古帝舜，曰重华，协于帝，浚哲文明，温恭允塞。”允塞，充实上下。④安汝止：《尚书·益稷》：“禹曰：安汝止。”即谨慎你所在之位的意思。⑤圣敬日跻：《诗·商颂·长发》：“汤降不迟，圣敬日跻。”孔颖达疏：“圣明恭敬之德日升而不退也。”

［译文］

恭敬是相对于放肆而言的，恭敬是一步一步向内收敛，收敛到极限，表现出来自然就使四肢顺畅，事业发达，贯通于天地四方。放肆是一步一步向外放纵，放肆引起的祸患不言自明。因此千古以来，圣人只是把敬作为修身养德的关键。尧敬谨明达、诚信恭敬，舜温良恭敬、内外充实，禹谨慎安分，汤的圣明、恭敬之德日日增长，周文王和善恭谨，周武王谨敬，孔子恭敬而安详。讲学家如果不讲这些，就不知怎样修养道德。

2.275 窃叹近来世道，在上者积宽成柔，积柔成怯，积怯成畏，积畏成废；在下者积慢成骄，积骄成怨，积怨成横，积横成敢。吾不知此时治体当何如反也？“体面”二字，法度之贼也。体面重，法度轻；法度弛，纪纲坏。昔也病在法度，今也病在纪纲。名分者，纪纲之大物也。今也在朝小臣藐大臣，在边军士轻主帅，在家子妇蔑父母，在学校弟子慢师，后进凌先进，在乡里卑幼轧尊长，惟贪肆是恣，不知礼法为何物。渐不可长，今已长矣。极之必乱，必亡。势已重矣，反已难矣，无识者犹然甚之，奈何！

［译文］

我私下感叹近来的世道，做官的人由于宽厚过分而柔弱，柔弱过分而怯懦，怯懦过分而畏首畏尾，畏首畏尾而荒废政事。在下面的人由于轻慢而骄纵，由于骄纵而怨恨，由于怨恨而放纵，由于放纵而肆无忌惮。真不知到这个时候国家制度该怎么恢复。“体面”这两个字，是法度的大敌。重视体面，就会轻视法度；法度废弛，纲纪就会败坏。以前的弊端是法度不明，现在的问题是纲纪败坏。名分是维护纲纪的重要保证。现在朝廷里小官藐视大臣，边境上士兵轻视主帅，家庭中儿子媳妇蔑视父母，学校里学生轻视老师，差学生欺负好学生，乡里晚辈排挤长辈，只知贪婪放肆，而不知礼法为何物。对事物的坏苗头不能助长，可是现在已经不可抑制了。这样下去，到了一定极点就要发生祸乱，就会导致灭亡。现在形势很严重，局面很难挽回了，见识短浅的人还在不断恶化这种风气，有什么办法呢？

2.276　祸福者天司之，荣辱者君司之，毁誉者人司之，善恶者我司之。我只理会我司，别个都莫照管。

［译文］

祸福是由上天决定的，荣辱是由国君操纵的，毁誉是由他人操纵的，善恶是由自己掌握的。自己只要做好自身能够左右的事就行了，别的都不要去管。

2.277　吾人终日最不可悠悠荡荡，作空躯壳。

[译文]

我们最不应该的是整天晃晃悠悠，做行尸走肉。

2.278　业有不得不废时。至于德，则自有知以至无知时，不可一息断进修之功也。

[译文]

事业有不得不终止的时候。至于道德修养，就应该从生到死，不能有一时一刻间断进修之功。

2.279　清无事澄，浊降则自清；礼无事复，己克则自复。去了病便是好人，去了云便是晴天。

[译文]

本来就清澈的水不需要专门澄清，等浊物沉下去了，自然就恢复清澈。礼法没必要去刻意恢复，克制私欲，约束自己，自然就恢复。病没了人自然就恢复健康，云彩散了自然就是晴天。

2.280　七尺之躯，戴天履地，抵死不屈于人。乃自落草以至盖棺，降志辱身，奉承物欲，不啻奴隶。到那魂升于天之上，见那维皇上帝，有何颜面？愧死！愧死！

[译文]

堂堂七尺男子汉，顶天立地，纵然一死也不能屈服于别人。但是有些人从生到死，不惜降低气节，辱没身份，去追求物欲，这和奴隶有什么区别？如果这样，灵魂升天的时候，有什么脸面去见皇天上帝？真是让人羞愧死了！真是让人羞愧死了！

2.281　受不得诬谤，只是无识度。除是当罪临刑，不得含冤而死，须是辨明。若诬蔑名行，闲言长语，愈辨则愈加，徒自愤懑耳。不若付之忘言，久则明也得，不明也得，自有天在耳。

［译文］

忍受不了诽谤和诬陷，就是没有肚量。除非是获罪临刑，不能含冤而死，必须辩解明白。如果是污蔑名声的闲言碎语，就会越辩越不清楚，只会使自己更生气。倒不如不去管它，时间长了，明白也好，不明白也好，自有苍天在上。

2.282　作一节之士[①]也要成章，不成章便是苗而不秀。

［注释］

①士：通“事”，事情，职事。

［译文］

做再小的事情也得做出名堂，否则就是只长苗而不开花结果。

2.283　不患无人所共知之显名，而患有人所不知之隐恶。显名虽著远迩，而隐恶获罪神明，省躬者惧之。

［译文］

不怕没有人所共知的显赫名声，而怕有人所不知的隐藏罪过。名声显赫虽然可以传播远近四方，隐藏的罪过却会得罪神明。自省之人应当好好反省这个问题。

2.284　蹈邪僻则肆志抗颜，略无所顾忌；由义礼则羞头愧面，若无以自容。此愚不肖之恒态，而士君子之大耻也。

［译文］

做邪恶坏事的时候则昂首傲慢而肆无忌惮；遵行义礼的时候却羞头愧面，好像无地自容。这种愚昧不成样子的常态，是正人君子最感到可耻的。

2.285　物欲生于气质。

［译文］

物欲是由人的气质产生的。

问学

2.286　学必相讲而后明，讲必相直[1]而后尽。孔门师友不厌穷问极言，不相然诺承顺，所谓审问明辨[2]也。故当其时，道学[3]大明，如拨云披雾，白日青天，无纤毫障蔽。讲学须要如此，无坚自是之心，恶人相直也。

［注释］

①直：诘问。②审问明辨：《中庸》："博学之，审问之，慎思之，明辨之，笃行之。"朱熹注："程子曰：五者废其一，非学了。"③道学：指先王之道、先圣之学。

［译文］

学习必须相互讨论，然后才能明白；讨论必须相互质辩，然后才能弄清是非。孔子学门的师友们反复询问讨论，追根问底，从不互相敷衍，这就是通过问答使问题更加明白。所以那时候道学昌明，如拨云见日，没有任何遮蔽。讲学问就应该这样，不要有固执己见之心，不要厌烦别人的质辩。

2.287　"熟思审处"，此四字德业之首务；"锐意极力"，此四字德业之要务；"有渐无已"，此四字德业之成务；"深忧过计"，此四字德业之终务。

［译文］

“熟思审处”，这四个字是品德学业的当务之首；“锐意极力”，这四个字是品德学业的重要任务；“有渐无已”，这四个字是品德学业的成败关键；“深忧过计”，这四个字是品德学业的最终保证。

2. 288　静是个见道的妙诀，只在静处潜观，六合中动的机括都解破。若见了，还有个妙诀以守之，只是一。一是大根本，运这一却要因时通变。

［译文］

平静是观察事物规律的妙诀，只要平静地观察思考，天地世间的规律都能够被人所认识。要进一步深入认识，有个妙诀要记住，那就是专一。专一是最基本的方法，但是专一在运用的时候，却需要因不同对象而有所变通。

2. 289　学者只该说下学，更不消说上达。其未达也，空劳你说；其既达也，不须你说。故“一贯”惟参、赐[①]可与，又到可语地位才语，又一个直语之，一个启语之，便见孔子诲人妙处。

［注释］

①参、赐：参，指曾参，孔子弟子，字子舆。赐，指端木赐，孔子弟子，字子贡。

［译文］

学者只应该讲如何学习一般的知识，而不应该讲如何通晓德义。没有通晓德义的时候，怎么空谈都没有用；如果达到通晓德义的阶段，也根本用不着空谈。所以“一贯”这样的话，孔子只对曾参和子贡说，而且到了可以对他们讲的地步才说，对曾参是直接说的，对子贡是用启发的方式说的，由此可以看出孔子教诲人的巧妙之处。

2.290　读书人最怕诵底是古人语，做底是自家人。这等读书，虽闭户十年，破卷五车，成甚么用？

［译文］

读书人最怕的是学的是古代的圣贤之道，而做起事来，却依然我行我素。如果这样去读书，即使是闭门谢客，博览群书，又能有什么用呢？

2.291　能辨真假，是一种大学问。世之所抵死奔走者，皆假也。万古惟有真之一字磨灭不了，盖藏不了。此鬼神之所把握，风雷之所呵护。天地无此不能发育，圣人无此不能参赞。朽腐得此可为神奇，鸟兽得此可为精怪。道也者，道此也；学也者，学此也。

［译文］

能够辨别真假，是一门很大的学问。世人奔波劳碌拼命追求的东西，其实都是虚假的。自古以来，只有“真”这个字无法磨灭，无法掩藏。真实由鬼神把握，由风雷保护。天地离开真实就不能形成发展，圣人离开真实就无法参天行教。有了真实，就可以化腐朽为神奇，使鸟兽成精怪。所谓修道，修的就是这；所谓学习，学的也是这。

2.292　或问：孔子素位而行，非政不谋，而儒者著书立言便谈帝王之略，何也？曰：古者十五而入大学[①]，修齐治平，此时便要理会，故陋巷而问为邦[②]，布衣而许南面[③]。由、求之志富强[④]，孔子之志三代[⑤]，孟子乐“中天下而立，定四海之民”[⑥]，何曾便到手？但所志不得不然。所谓“如或知尔，则何以哉”[⑦]，要知“以”个甚么。“苟有用我者，执此以往”，要知“此”是甚么。“大人之事备矣”[⑧]，要知“备”个甚么。若是平日如醉梦，一不讲求，到手如痴呆，胡乱了事。如此作人，只是一块顽肉，成甚学者？即有聪明材辨之士，不过学眼前见识，作口头话说，妆点支吾，亦足塞责。如此作人，只是一场傀儡[⑨]，有甚实用？修业尽职之人，到手未尝不学，待汝学成，而事先受其敝，民已受其病，寻又迁官矣。譬之饥始种粟，寒始纺绵，怎得奏功？此凡事所以贵豫也。

［注释］

①古者十五而入大学：朱熹《大学章句序》：“及其十有五年，则自天子之元子、众子，以至公、卿、大夫、元士之嫡子，与凡民之俊秀，皆入大学。”②陋巷而问为邦：指颜渊事。《论语·雍也》：“贤哉，回也！一箪食，一瓢饮，在陋巷，人不堪其忧，回也不改其乐。”又《卫灵公》篇：“颜渊问为邦。”③布衣而许南面：《论语·雍也》：“子曰：‘雍也可使南面。’”雍，孔子弟子，名冉雍，字仲弓。④由、求之志富强：由，仲由，即子路。求，即冉求，孔子弟子。孔子让弟子谈论志向时，子路曾说：“千乘之国，摄乎大国之间，加之以师旅，因之以饥馑，由也为之。比及三年，可使有勇，且知方也。”冉求也曾帮助季氏聚敛财富，“季氏富于周公，而求也为之聚敛而附益之”。他们的志向都是使国富强。⑤孔子之志三代：《论语·八佾》：“子曰：‘周监于二代，郁郁乎文哉！吾从周。’”尹焞曰：“三代这礼至周大备，夫子美其文而从之。”⑥“孟子乐”二句：《孟子·尽心上》：“广土众民，君子欲之，所乐不存焉。中天下而立，定四海之民，君子乐之，所性不存焉。”⑦“如或知尔，则何以哉”：语见《论语·先进》：“子曰：‘以吾一日长乎尔，毋吾以也。’居则曰：‘不吾知也。如或知尔，则何以哉？’”朱熹注：“如或有人知女（汝），则女将何以为用也。”⑧“大人之事备矣”：《孟子·尽心上》：“居仁由义，大人之事备矣。”朱熹注：“非仁非义之事，虽小不为；而所居所由，无不在于仁义，此士所以尚其志也。大人，谓公卿大夫。”备，全。⑨傀儡：木偶戏中的木头人。这里指傀儡戏。

[译文]

有人问：孔子没有任何官爵却到处奔走，只要是有关政治教化的事，都积极参与，儒者一著书立说就谈帝王治国的大计，这是为什么呢？回答是：古代的人十五岁进入大学，这时就要懂得修身、齐家、治国、平天下的道理，因此身居陋巷却学习治国安邦之道，身为平民却立当官之志。子路、冉求志在使国富强，孔子志在效法三代，孟子追求“中天下而立，定四海之民”，目的是使国家能立于天下，人民都安居乐业，这些愿望何曾实现？但不能不树立这样的远大志向。所谓“如或知尔，则何以哉”，要知道“以”的什么；“苟有用我者，执此以往”，要知道“此”是什么。孟子说的“大人之事备矣”，要知道“备”的是什么。如果平时浑浑噩噩，什么也不学，遇事就像痴呆，胡乱应付了事。这样做人，只是行尸走肉，还算什么学者呢？即便有一些头脑聪明、才华出众的人，也只不过学会一些浅薄的知识，做空谈之资，用来装点门面，搪塞应付而已。这样做人，就像演了一场傀儡戏，有什么实际用处？而坚持自己学业修养的人，遇事也未尝不去学习，但等其学成，事情早就办不成了，民众也早已受害，不久又改任他职了。就好像饿了才去种粟，冷了才去纺丝绵一样，又怎能取得功效呢？这说明做任何事都贵在事先做好准备。

2.293　不由心上做出，此是喷叶学问；不在独中慎起，此是洗面工夫。成得甚事？

[译文]

不是由自己心中认识得出的，就像种树只往叶子上浇水一样，是浮浅的学问；在独处时不谨慎严格，就如同只洗脸不洗全身一样，只是表面的功夫。这样能成就什么事业呢？

2.294　“尧、舜事功，孔、孟学术”，此八字是君子终身急务。或问：尧、舜事功，孔、孟学术，何处下手？曰：以天地万物为一体，此是孔、孟学术；使天下万物各得其所，此是尧、舜事功。总来是一个念头。

［译文］

“尧、舜事功，孔、孟学术”，这八个字是君子一辈子的当务之急。有人问：效法尧、舜建功立业，学习孔、孟钻研学问，从哪儿着手做呢？回答是：以天地万物为一体，这就是效法孔、孟钻研学问；使天下万物各得其所，这就是效法尧、舜建功立业。总的来说观念是一样的。

2.295　上吐下泻之疾，虽日进饮食，无补于憔悴；入耳出口之学，虽日事讲究，无益于身心。

［译文］

得了上吐下泻的疾病，虽然每天照常饮食，憔悴的身体仍然得不到滋补；对于听了就忘、不存心上的学问，即使天天潜心研究，对身心也没有任何益处。

2.296　天地万物只是个“渐”，理气原是如此，虽欲不渐不得。而世儒好讲一“顿”字，便是无根学问。

［译文］

天地万物都是逐渐形成的，事理原本就是这样，即使不想循序渐进也没有办法。世俗腐儒却喜欢谈论顿悟，其实那不过是没有根基的学问。

2.297　只人人去了我心，便是天清地宁世界。

［译文］

只要每个人都摒弃自我私念，世界就会清静安宁。

2.298　塞乎天地之间，尽是浩然了。愚谓根荄须栽入九地[①]之下，枝梢须插入九天[②]之上，横拓须透过八荒[③]之外，才是个圆满工夫、无量学问。

［注释］

①九地：指地的最深处。②九天：指天空最高处。③八荒：八方荒远的地方。

［译文］

弥漫于天地之间的，都是浩然之气。我认为浩然之气应该根植于九地之下，枝梢插九天之上，横枝于八荒之外，才能达到功夫圆满、学问没有限量的境界。

2.299　我信得过我，人未必信得过我，故君子避嫌。若以正大光明之心如青天白日，又以至诚恻怛之意如火热水寒，何嫌之可避？故君子学问第一要体信，只信了，天下无些子事。

［译文］

我信得过自己，别人未必信得过我，所以君子要避嫌。如果有青天白日一样正大光明的心胸，有像水火一样坦白诚挚的诚意，有什么嫌可避的呢？所以君子做学问，要以信任为第一，只要有了信任，天下的事情就好办了。

2.300　要体认，不须读尽古今书，只一部《千字文》[①]，终身受用不尽。要不体认，即《三坟》[②]以来卷卷精熟，也只是个博学之士，资谈口、侈文笔、长盛气、助骄心耳。故君子贵体认。

[注释]

①《千字文》：南朝梁萧衍命周兴嗣编写的一本儿童启蒙读物，用一千个不同的字，编为四字一句，对偶押韵，便于记诵。②《三坟》：《左传》昭公十二年："是能读《三坟》《五典》《八索》《九丘》。"注："皆古书名。"一说伏羲、神农、黄帝之书谓之《三坟》。

[译文]

如果能真正地理解领会，用不着读尽古今的书籍，只一部《千字文》就会终身受用不尽。如果不能够理解领会，即使是《三坟》以来的书籍卷卷读得精熟，也不过是个博学的人，这种学问只能助人谈资、卖弄文笔、助长盛气和使人傲慢而已。所以君子认为真正地理解领会是最重要的。

2.301　悟者，吾心也。能见吾心，便是真悟。

[译文]

"悟"这个字，意思就是我的心。能够看到自己的心，就是真正的醒悟。

2.302　"明理省事"，此四字学者之要务。

[译文]

"明理省事"，这四个字是学者应该极度重视的地方。

2.303　今人不如古人，只是无学无识。学识须从三代以上来，才止大，才中平。今只将秦、汉以来见识抵死与人争是非，已自可笑，况将眼前闻见、自己聪明，翘然不肯下人，尤可笑也。

[译文]

现在的人不如古人，在于没有学问和见识。学问见识必须从三代以前学起，才能正大中平。现在的人们只是拿秦、汉以来的观点固执地同别人争论是非，已经非常可笑了，何况凭着狭隘的见识和一点小聪明，就昂首自负，不肯请教别人，就更可笑了。

2.304　学者大病痛，只是器度小。

[译文]

学者最大的缺点，就是器度狭小。

2.305　识见议论，最怕小家子势。

[译文]

在见识和议论方面，最怕的是小家子气。

2.306　默契之妙，越过六经千圣，直与天谈，又不须与天交一语，只对越仰视，两心一个耳。

[译文]

默契的妙处，在于它能超过了《六经》和古今的圣人，直接与上天交谈，但不需要说一句话，只要仰俯纵观，就会天人相应。

2.307　学者只是气盈，便不长进。含六合如一粒，觅之不见；吐一粒于六合，出之不穷，可谓大人矣。而自处如庸人，初不自表异；退让如空夫，初不自满足，抵掌攘臂而视世无人，谓之以善服人则可。

[译文]

学者如果骄傲自大，就不会进步。将天地四方包含收尽，欲寻之而不见；将所包含发至天地四方，则用之不穷，这真可以称作伟大的人。而自己只把自己当作普通人，从不标新立异；自己常退避谦让像没有知识的人，从不自我满足、骄傲自大、目中无人。这可以叫作以善服人。

2.308　心术、学术、政术，此三者不可不辨也。心术要辨个诚伪，学术要辨个邪正，政术要辨个王伯。总是心术诚了，别个再不差。

[译文]

心术、学术、政术，不能不将这三者的关系分辨清楚。心术应该辨别清楚是真诚还是虚伪，学术应该辨别清楚是错误还是正确，政术要辨别清楚是王道还是霸道。总的来说，如果心术是真诚的，其他的也就不会有偏差。

2.309　圣门学问心诀，只是不做贼就好。或问之，曰：做贼是个自欺心、自利心，学者于此二心一毫摆脱不尽，与做贼何异?

[译文]

圣人门下做学问的心态秘诀，就是要求人们不做贼就行。有人问这是什么意思，回答是：做贼的心理就是自欺之心、自利之心，学者如果没有完全摆脱这两种心理，那么与做贼有什么区别呢?

2.310　脱尽“气习”二字，便是英雄。

[译文]

如果能完全摆脱“气习”这两个字的影响，就是英雄。

2.311　理以心得为精，故当沉潜，不然耳边口头也；事以典故为据，故当博洽，不然臆说杜撰也。

[译文]

道理以心领神会为其精髓，所以应当沉思默想，潜心思考，否则只能浮于听闻，流于言谈；事情以典故为其依据，所以应当知识广博、融会贯通，否则，就只能是主观臆断，凭空杜撰。

2.312　天是我底天，物是我底物，至诚所通，无不感格[①]。而乃与之扞隔抵牾[②]，只是自修之功未至。自修到格天动物处，方是学问，方是工夫。未至于此者，自愧自责不暇，岂可又萌出个怨尤底意思？

［注释］

①感格：感于此而达于彼。②扞隔抵牾：互相抵触，格格不入。扞隔，即扞格。

［译文］

天是我的天，物是我的物，内心诚挚所至，天地万物没有不被感通的，而若与它们格格不入或相抵触，就是自我修养不够的缘故。自我修养至通晓客观规律、洞察万事万物的地步，才是真正的学问和素养。没有达到这种境界的人，自己惭愧自责都来不及，又怎么可以生出怨天尤人的念头呢？

2.313　世间事无巨细，都有古人留下底法程。才行一事，便思古人处这般事如何；才处一人，便思古人处这般人如何。至于起居、言动、语默，无不如此，久则古人与稽，而动与道合矣。其要在存心，其工夫又只在诵诗读书时便想曰：此可以为我某事之法，可以药我某事之病。如此则临事时触之即应，不待思索矣。

［译文］

世上的事情不分大小，都有古人留下的法度程序。刚刚做了一件事，马上想一下古人对于这样的事情是怎么做的；刚刚遇到一个人，马上想一下古人对于这样的人是怎么相处的。至于起居、言行、思想，都是这样。久而久之，就会与古人不谋而合，而各种行为也就符合天道。其关键在于用心，其努力方向在于读书的时候时刻这样想：“这一点可以作为自己将来干某件事的方法，可以纠正自己做某件事的毛病。”像这样持之以恒，突然遇到事情的时候就会随机应变，不加思索了。

2.314　扶持资质，全在学问，任是天资近圣，少此二字不得。三代而下无全才，都是负了在天的，欠了在我的，纵做出掀天揭地事业来，仔细看他，多少病痛！

［译文］

提高资质全在于学问，哪怕天资接近圣人，没有学问也是不行的。三代以后没有全才，就是因为辜负了上天的赐予，缺少了自己的努力。这样的人，纵然做出翻天覆地的事业，然而仔细观察，他身上还有很多缺点和毛病。

2.315　劝学者歆之以名利，劝善者歆之以福祥。哀哉！

［译文］

劝学的人，以功名利禄来投其所好；劝善的人，以福泽吉祥来投其所好。真是可悲啊！

2.316　道理书尽读，事务书多读，文章书少读，闲杂书休读，邪妄书焚之可也。

［译文］

关于道理的书全部都要读，关于事务的书要多读，关于文章的书要少读，各种闲书杂书不要读，关于邪说妄谈的书可以烧掉。

2.317　君子知其可知，不知其不可知。不知其可知则愚，知其不可知则凿。

[译文]

君子要懂得可以懂的，不懂不能够懂的。不懂可以懂的叫愚昧，懂得不可以懂的叫穿凿。

2.318　余有责善之友，既别两月矣，见而问之曰：“近不闻仆有过？”友曰：“子无过。”余曰：“此吾之大过也。有过之过小，无过之过大。何者？拒谏自矜而人不敢言，饰非掩恶而人不能知，过有大于此者乎？使余即圣人也则可，余非圣人而人谓无过，余其大过哉！”

[译文]

我有一位总是劝勉他人从善的朋友，相别有两个月，见面后我问：“近来听说我有什么过错吗？”这位朋友说：“没有。”我说：“这么说我的过错一定很大了。有过错是一种小过错，没有过错却是大过错。为什么呢？不听众人劝谏，矜持自傲，使别人不敢说话，粉饰错误，遮掩罪恶，使别人不知道你的过错，难道有比这更大的过错吗？假使我是圣人还可以说无过失，但我不是圣人，而别人都说我没有过错，那我的过错一定很大了。”

2.319　工夫全在冷清时，力量全在浓艳时。

[译文]

冷清寂寞的时候可以表现出一个人的修养功夫，红火热闹的时候可以表现出一个人的自制力量。

2.320　万仞峻嶒而呼人以登，登者必少。故圣人之道平，贤者之道峻。穴隙迫窄而招人以入，入者必少。故圣人之道博，贤者之道狭。

[译文]

叫他人攀登高峻陡峭的山峰，攀登的人一定很少。因此圣人的学问平易，贤者的学问峻峭。招他人进入狭窄的洞穴，钻的人一定很少。因此圣人的学问广博，贤者的学问狭窄。

2.321　以是非决行止而以利害生悔心，见道不明甚矣。

[译文]

以是非来决定做与不做，却因为利益得失而心生悔意，这样的人，也太不明白真正的道了。

2.322　自天子以至于庶人，自尧、舜以至于途之人，必有所以汲汲皇皇者，而后其德进、其业成。故曰鸡鸣而起，舜、跖之徒皆有所孳孳也。无所用心，孔子忧之曰："不有博弈者乎？"惧无所孳孳者，不舜则跖也。今之君子纵无所用心而不至于为跖，然饱食终日，惰慢弥年，既不作山林散客，又不问庙堂急务，如醉如痴，以了日月，《易》所谓"君子进德修业，欲及时也"，果是之谓乎？如是而自附于清品高贤，吾不信也。孟子论历圣道统心传，不出"忧勤惕励"四字，其最亲切者，曰："仰而思之，夜以继日，幸而得之，坐以待旦。"此四语不独作相，士、农、工、商皆可作座右铭也。

[译文]

从皇帝到平民百姓，从尧、舜以至路上的行人，其中必有紧张努力、不懈追求的人，这样道德修养才能不断提高，事业才能有所成就。因此说鸡鸣而起，舜、跖那样的人都有其执着追求的目标。没有任何目标，孔子为之忧虑地说："不是有掷采下棋的游戏吗？下下棋也比闲着好啊！"害怕无所事事的人不是成为舜一类的人就会成为跖之流的人。当然现在这些君子，就是无所用心也不至于成为盗跖。但是饱食终日，成天懒惰散漫，既不做清心寡欲的隐士，也不关心国家的燃眉之急，浑浑噩噩，虚度年华。《易经》所说的“君子进德修业，欲及时也”，难道就是这样吗？像这样还自认为是清品高贤之人，我是不相信的。孟子论述历代圣人学问的传承，总是讲“忧勤惕励”四个字。其中最真切的就是：“仰而思之，夜以继日，幸而得之，坐以待旦。”这四句话，不仅对宰相，而且对士、农、工、商之人来说，也都可以作为座右铭。

2.323　怠惰时看工夫，脱略时看点检，喜怒时看涵养，患难时看力量。

［译文］

怠惰的时候可以看出一个人的素养，随意的时候可以看出一个人的检点，喜怒的时候可以看出一个人的涵养，患难的时候可以看出一个人的力量。

2.324　今之为举子文者，遇为学题目，每以知行作比，试思知个甚么？行个甚么？遇为政题目，每以教养作比，试问做官养了那个？教了那个？若资口舌浮谈以自致其身，以要国家宠利，此与诓骗何异？吾辈宜惕然省矣。

［译文］

现在应试的人，遇到为学的题目，总是以知行为论点，试想应该知什么？行什么？遇到为政的题目，总是以教养为论点，试问做官养了哪个？教了哪个？如果只是凭空谈来达到做官的目的，博取国家的信任和利益，这和诓骗有什么区别呢？我们应警惕醒悟。

2.325　圣人以见义不为属无勇，世儒以知而不行属无知；圣人体道有三达德，曰智、仁、勇；世儒曰知行只是一个，不知谁说得是。愚谓自道统初开，工夫就是两项，曰“惟精”，察之也；曰“惟一”，守之也。千圣授受，惟此一道，盖不精则为孟浪之守，不一则为想象之知。曰“思”，曰“学”。曰“致知”，曰“力行”。曰“至明”，曰“至健”。曰“问察”，曰“用中”。曰“择乎中庸，服膺勿失”。曰“非知之艰，惟行之艰”。曰“非苟知之，亦允蹈之”。曰“知及之，仁守之”。曰“不明乎善，不诚乎身”。

[译文]

圣人把见义不为看作无勇，世上的儒者把知而不行看作无知；圣人认为三种通行不变的品德，分别是智、仁、勇；世上的儒者认为知和行是同一个东西，不知谁说的对。我认为自圣道产生以来，努力的方向就有两个，一个是“惟精”，这是学习圣道的方法；一个是“惟一”，这是坚持圣道的方法。所有圣人传授的，就只有这一种知识。不掌握精通就是轻率的守；不坚持专一则是想象的知。这就是所谓的“思”和“学”，“致知”和“力行”，“至明”和“至健”，“问察”和“用中”，“择乎中庸，服膺勿失”，“非知之艰，惟行之艰”，“非苟知之，亦允蹈之”，“知及之，仁守之”，“不明乎善，不诚乎身”的道理。

2.326　自德性中来，生死不变；自识见中来，则有时而变矣。故君子以识见养德性，德性坚定则可生可死。

[译文]

从德性中来的，至死也不会变；从识见中来的，有时会发生变化。所以君子靠识见来培养德性，德性坚定以后，生死可以置之度外。

2.327　“昏弱”二字，是立身大业障，去此二字不得，做不出一分好人。

［译文］

昏庸软弱，是立身处世的一大障碍，如果不能摒除这一点，就没有办法做一个完善的人。

2.328 学问之功，生知圣人亦不敢废。不从学问中来，任从有掀天揭地事业，都是气质作用。气象岂不炫赫可观？一入圣贤秤尺，坐定不妥贴。学问之要如何？随事用中而已。

［译文］

做学问的事，即使是生而知之的圣人也不敢荒废。如果不是靠学问，即便干出了翻天覆地的事业，也都是脾气禀性的作用。气象难道就不显赫可观吗？但是一用圣贤的尺度衡量，就一定会有不完善的地方。学问的关键是什么呢？就是无论遇到什么事都要坚持中庸。

2.329 学者穷经博古、涉事筹今，只见日之不足，惟恐一登荐举，不能有所建树。仕者修政立事，淑世安民，只见日之不足，惟恐一旦升迁，不获竟其施为。此是确实心肠，真正学问，为学为政之得真味也。

［译文］

读书人遍读经传，博古通今，经历世事，谋划时代，只感到时间紧迫，唯恐一旦为官，不能有所建树。做官的修明政事，济世安民，也感到时间紧迫，唯恐一旦升迁，自己的政见设想得不到实施。这就是真心实意，真正的学问，这样才算明白了为学、为政的实质。

2.330 进德修业在少年，道明德立在中年，义精仁熟在晚年。若五十以前德性不能坚定，五十以后愈懒散、愈昏弱，再休说那中兴之力矣。

[译文]

少年时期要进德修业，中年时期要道明德立，晚年时期要义精仁熟。如果五十岁以前德性不能坚定，五十岁以后就会更加懒散、昏弱，再也别指望有中兴的力量了。

2.331　世间无一件可骄人之事，才艺不足骄人，德行是我性分事，不到尧、舜、周、孔便是欠缺，欠缺便自可耻，如何骄得人？

[译文]

世上没有一件事值得骄傲自大，才艺不值得骄傲，德性是应该具备的，没有达到尧、舜、周公、孔子的境界，就是有欠缺，有欠缺就会觉得羞愧，怎么还会骄傲呢？

2.332　有希天之学，有达天之学，有合天之学，有为天之学。

[译文]

有仰慕天道的学问，有通达天道的学问，有合于天道的学问，有替天行道的学问。

2.333　圣学下手处是无不敬，住脚处是恭而安。

[译文]

学习圣贤之道，要从无不敬开始，以恭而安结束。

2.334　小家学问不可以语广大，溷障[①]学问不可以语易简。

[注释]

①溷障：混乱不通。

[译文]

小家子气的学问，不能和它谈宏伟的事物；混乱不通的学问，不能和它谈平易简捷的道理。

2.335　天下至精之理、至难之事，若以潜玩沉思求之，无厌无躁，虽中人以下未有不得者。

[译文]

天下最为精辟的道理、最难做到的事情，如果潜心研究、思索探求，不厌烦不急躁，即使是很一般的人，也没有达不到的。

2.336　为学第一工夫，要降得浮躁之气定。

[译文]

对于学习来说，最重要的是不浮躁，保持心情安定。

2.337　学者万病，只一个“静”字治得。

[译文]

学者的各种毛病，都可以用“静”字来医治。

2.338　学问以澄心为大根本，以慎口为大节目。

[译文]

做学问的根本是澄明心性，关键是说话谨慎。

2.339　读书能使人寡过，不独明理。此心日与道俱，邪念自不得而乘之。

[译文]

读书不光是能够让人明白事理，也能使人少犯错误。每天都能做到内心与道相吻合，邪念就没有可乘之机。

2.340 “无所为而为”，这五字是圣学根源，学者入门念头就要在这上做。今人说话，第二三句便落在有所为上来，只为毁誉利害心脱不去，开口便是如此。

[译文]

“无所为而为”这五个字是圣学的核心思想，学者在入门的时候，就要按这种思想去做。现在的人说不上两三句话，就说到要有所作为上来，这是因为不能摆脱毁誉、利害之心，所以一开口就是这些。

2.341 己所独知，尽是方便；人所不见，尽得自由。君子必兢兢然细行必谨，小物不遗者，惧工夫之间断也，惧善念之停息也，惧私欲之乘间也，惧自欺之萌蘖也，惧一事苟而其余皆苟也，惧闲居忽而大庭亦忽也。故广众者幽独之证佐，言动者意念之枝叶。意中过、独处疏，而十目十手能指视之者，枝叶证佐上得之也，君子奈何其慢独？不然苟且于人不见之时，而矜持于视尔友之际，岂得自然？岂能周悉？徒尔劳心，而慎独君子已见其肺肝矣。

[译文]

只有自己知道，就得以听任自便；别人看不到，就得以放任自由。君子一定兢兢业业，谨小慎微，之所以细小之处也不放过，是怕修养间断、善念停息、私欲乘隙而入，怕自欺的念头萌发，怕一件事苟且而其他事都跟着疏忽，怕闲居时疏忽惯了在正式场合也会怠慢。因此通过大庭广众之下的表现，可以看出隐居独处时的行为。语言行动是内心意识的表现，意识中有过错，独处时有疏忽，任何人都能从其语言行动和在大庭广众之下的表现看得出来，君子怎么能轻视这些呢？否则，在他人看不见的时候苟且疏忽，而在朋友面前装作端庄，怎么能够做得自然、天衣无缝呢？那只是煞费苦心徒劳无益罢了，而那些能够慎独的君子早已经看穿你的内心了。

2.342　古之学者在心上做工夫，故发之外面者为盛德之符；今之学者在外面做工夫，故反之于心则为实德之病。

［译文］

古代的学者注重内心的修养，所以流露在外的是盛德体现；现在的学者只关心外表的修养，因此与内心不一致而导致德行的过失。

2.343　事事有实际，言言有妙境，物物有至理，人人有处法，所贵乎学者，学此而已。无地而不学，无时而不学，无念而不学，不会其全、不诣其极不止，此之谓学者。今之学者果如是乎？留心于浩瀚博杂之书，役志于靡丽刻削之辞，耽心于凿真乱俗之技，争胜于烦劳苛琐之仪，可哀矣！而醉梦者又贸贸昏昏，若痴若病，华衣甘食而一无所用心，不尤可哀哉！是故学者贵好学，尤贵知学。

［译文］

每件事都有实际的作用，每句话都有美妙的境界，每样东西都有其至深的道理，每个人都有其处世的方法。学者的可贵之处，就在于学习这些而已。无地而不学，无时而不学，无念而不学，不全部学会、不达到极致不罢休，这才叫作学者。现在的学者真的是这样的吗？他们只留心于浩瀚博杂的书籍，用心于靡丽雕琢的辞藻，沉溺于凿真乱俗的技巧，争胜于烦劳苛琐的仪式，真是可悲啊！而那些醉梦之中的人又浑浑噩噩，若痴若病，穿着华丽、饱食佳肴而无所用心，不更是可悲吗？因此学者的可贵之处是好学，尤其可贵的是知道该学什么。

2.344　天地万物，其情无一毫不与吾身相干涉，其理无一毫不与吾身相发明。

［译文］

天地万物之情没有一毫不与自己有关，天地万物之理没有一毫不对我有启发。

2.345　凡字不见经传，语不根义理，君子不出诸口。

［译文］

凡是不见经传的文字，凡是没有根据的义理，君子都不要谈论。

2.346　古之君子，病其无能也，学之；今之君子，耻其无能也，讳之。

［译文］

古代的君子，以自己的无能为缺点，就努力学习；现在的君子，以自己的无能为羞耻，而极力掩饰。

2.347　无才无学，士之羞也；有才有学，士之忧也。夫才学非有之难，而降伏之难。君子贵才学以成身也，非以矜己也；以济世也，非以夸人也。故才学如剑，当可试之时一试，不则藏诸室，无以炫弄，不然鲜不为身祸者。自古十人而十，百人而百，无一幸免，可不忧哉！

［译文］

没有才学，是读书人的耻辱；有了才学，是读书人的担忧。拥有才学并不是难事，而驾驭才学才是难事。君子贵在以才学成就自身，而不是用来自负骄矜；以才学来匡救时世，而不是用来向人夸耀。所以说才学如剑，应当用的时候就拿出来用，不用的时候就藏入鞘中，不要把玩炫耀，不然很少有不因此而遭祸的。自古以来，十个人中有十个，一百个人中有一百个都是这样，没有一个能够幸免，能不让人忧虑吗？

2.348　人生气质都有个好处，都有个不好处。学问之道无他，只是培养那自家好处，救正那自家不好处便了。

［译文］

每个人天生的气质都有好的地方，也都有不好的地方。对于做学问来说，没有什么特殊的方法，只要能培养自己优点，纠正自己的缺点即可。

2.349　道学不行，只为自家根脚站立不住。或倡而不和则势孤，或守而众挠则志惑，或为而不成则气沮，或夺于风俗则念杂。要挺身自拔，须是有万夫莫当之勇，死而后已之心。不然终日三五聚谈，焦唇敝舌，成得甚事？

［译文］

道学不能推行，只是因为自己的基础不牢固。或是因为自己提倡却无人响应而势孤力单，或是因为自己坚持众人却阻挠而意志动摇，或是因为自己努力却没有成功而灰心丧气，或是因为受风俗影响而产生了私心杂念。要从这些情况中摆脱出来，需要有万夫不当之勇，死而后已之心。否则，整天三五成群，相聚闲谈，弄得口干舌燥，能做成什么事？

2.350　役一己之聪明，虽圣人不能智；用天下之耳目，虽众人不能愚。

[译文]

只凭着自己的聪明才智来解决问题，即便是圣人也不能算上聪明；借助众人力量解决问题，就是一般的人，也不能说他愚蠢。

2.351 涵养不定底，自初生至盖棺时凡几变，即知识已到，尚保不定毕竟作何种人。所以学者要德性坚定，到坚定时，随常变、穷达、生死只一般，即有难料理处，亦自无难。若平日不遇事时尽算好人，一遇个小小题目便考出本态，假遇着难者大者，知成个甚么人！所以古人不可轻易笑，恐我当此，未便在渠[1]上也。

[注释]

①渠：其。

[译文]

涵养不定的人，从出生到死亡不知要改变多少次。即便是有知识，也不能保证到底做什么样的人。所以学者要有坚定的德性，任凭正常或变化，穷困或显达，生或死都是一样，即使遇到困难，也能克服它。若平时不遇到什么事情，怎么看都是好人，一旦遇到一个极小的事情，就暴露了本来面目，假如遇到大事、难事，还不知道会变成什么人呢？所以古人不会轻易地嘲笑别人，因为恐怕自己遇到这种情况，未必就比别人做得好。

2.352 屋漏之地，可服鬼神，室家之中，不厌妻子，然后谓之真学真养。勉强于大庭广众之中，幸一时一事不露本象，遂称之曰贤人君子，恐未必然。

[译文]

一人独处时，行为可使鬼神信服，和妻子在一起时，行为一样端庄，这样才是有真正的学问和修养。勉强在大庭广众之下，侥幸一时一事没有露出本来面目，就称之为贤人君子，恐怕未必是这样。

2.353　这一口呼吸去，万古再无复返之理，呼吸暗积，不觉白头，静观君子所以抚髀而爱时也。然而爱时不同，富贵之士叹荣显之未极，功名之士叹事业之未成，放达之士恣情于酒以乐余年，贪鄙之士苦心于家以遗后嗣。然犹可取者，功名之士耳。彼三人者，何贵于爱时哉？惟知道君子忧年数之日促、叹义理之无穷，天生此身无以称塞，诚恐性分有缺不能全归，错过一生也，此之谓真爱时。所谓“此日不再得，此日足可惜”者，皆救火追亡之念、践形尽性之心也。呜呼！不患无时而患弃时，苟不弃时而此心快足，虽夕死何恨？不然，即百岁，幸生也。

［译文］

光阴逝去，从此再没有复回的时候。光阴积累，转眼已经白头，这就是君子珍惜时光的缘故。然而珍惜时光也不是一样的，富贵的人珍惜时光是因为叹息荣华富贵没有达到极点，求取功名的人珍惜时光是因为叹息其事业没有完成，放浪的人沉溺于酒色来消磨时光，贪婪鄙陋的人苦心经营家业传给子孙。其中可取的，唯有求取功名的人。其他三种人，他们珍惜时光又有什么用呢？只有明白圣道的正人君子，担忧时光瞬息即逝，感叹义理没有穷尽之时，天生此身而不能使义理充塞，唯恐品德有所欠缺，不能在死去前达到尽善尽美，错过一生。这才可以称为真正的珍惜时光。所谓今日不再来，应该珍惜今日的时光，都是出于救火助亡的念头和发挥禀赋、实现天性的心愿。唉！不怕没有时间，只怕荒废时间。如果不浪费时光，就会心情快乐，即使马上死去又有什么遗憾呢？否则，即使长命百岁，也不过是虚度岁月而已。

2.354　身不修而惴惴焉毁誉之是恤，学不进而汲汲焉荣辱之是忧，此学者之通病也。

［译文］

不加强自身的修养，而为名声的毁誉惴惴不安；自己不努力学习，而为荣辱忧心忡忡，这是学者的通病。

2.355　冰见烈火，吾知其易易也。然而以炽炭铄坚冰，必舒徐而后尽；尽为寒水，又必待纾徐而后温；温为沸汤，又必待舒徐而后竭。夫学岂有速化之理哉？是故善学者无躁心，有事勿忘从容以俟之而已。

［译文］

坚冰遇到烈火，我们就可以看出它很容易融化。用热炭来融化坚冰，就必须慢慢地进行；坚冰完全化成寒水后，必须经过缓慢的过程而逐渐加温；温水变为沸水后，又必须经过缓慢的过程而蒸发熬干。那么学问怎能有速成的道理呢？因此善于学习的人不要有急躁的心理，遇到事情不要忘记从容不迫，以待积少成多。

2.356　学问大要，须把天道、人情、物理、世故识得透彻，却以胸中独得中正底道理消息之。

［译文］

学问的关键，是必须把天道、人情、物理、世故认识透彻，再用自己心中的中正道理来消化它。

2.357　与人为善，真是好念头。不知心无理路者，淡而不觉；道不相同者，拂而不入。强聒杂施，吾儒之戒也。孔子启愤发悱复三隅，中人以下不语上，岂是倦于诲人？谓两无益耳。故大声不烦奏，至教不苟传。

［译文］

与人为善，真是一个很好的念头。然而人们却不知道不懂道理的人，对此会淡漠而毫无感觉；道不相同的人，对此会反感而毫不接受。对这样的人还不停地宣谈施教，是儒者的大戒。孔子教导学生，只在他想不明白时才去开导他，只在他想表达却说不出时才去启发他，教给他知识，要求他能举一反三，对中等水平以下的人，不告诉他高深的学问，这样做是厌倦教导这些人吗？只是认为对双方都无益罢了。因此，响亮的声音不需要别人转达，高深的学问不随便传授他人。

2.358　罗百家者，多浩瀚之词；工一家者，有独诣之语。学者欲以有限之目力，而欲竟其津涯；以卤莽之心思，而欲探其蕴奥，岂不难哉？故学贵有择。

［译文］

兼容并蓄百家学说的人，多数有浩繁的词汇；专门研究一家观点的人，大多有独到的见解。学者想以有限的能力，穷尽所有的学问；以浮躁的心情，探究其中的奥秘，那不是太难了吗？所以学习贵在有所选择。

2.359　讲学人不必另寻题目，只将“四书六经”发明，得圣贤之道，精尽有心得，此心默契千古，便是真正学问。

［译文］

讲学的人不需要另外找题目，只要将《四书》《六经》阐述明白，掌握了圣贤之道，完全精通并且心得体会，自己的心灵能与古人达到默契，这就是真正的学问。

2.360　善学者如闹市求前，摩肩重足，得一步便紧一步。

［译文］

善于学习的人，就像在闹市中向前行进，摩肩接踵，一步紧跟一步向前走。

2.361　有志之士要百行兼修，万善俱足。若只作一种人，硁硁[1]自守，沾沾自多，这便不长进。

［注释］

①硁硁：固执。《论语·子路》："言必信，行必果，硁硁然小人哉！"

［译文］

有志之士应该学习多种知识技能，具备多种美德。如果有了一点知识就故步自封，沾沾自喜，自以为知识丰富，就不会有什么进步。

2.362　《大学》一部书，统于"明德"两字；《中庸》一部书，统于"修道"两字。

［译文］

《大学》这部书，以"明德"两个字为主旨；《中庸》这部书，以"修道"两个字为主旨。

2.363　学识一分不到，便有一分遮障，譬之掘河分隔，一界土不通，便是一段流不去，须是冲开，要一点碍不得。涵养一分不到，便有一分气质，譬之烧炭成熟，一分木未透，便是一分烟不止，须待灼透，要一点烟也不得。

［译文］

学识有一分欠缺，就会有一分障碍，就像分段挖河一样，有一段土没有挖开，那一段水就流不过去，必须将其冲开，一点障碍也不能留。涵养有一分欠缺，就会有一分气质，就像烧炭一样，有一分木头没有烧透，就仍会冒烟不止，必须将其烧透，不能有一点烟才行。

2.364　除了“中”字，再没道理；除了“敬”字，再没学问。

［译文］

除了中庸的“中”字，再没有其他道理可言；除了恭敬的“敬”字，再没有其他学问可做。

2.365　心得之学，难与口耳者道。口耳之学，到心得者前，如权度之于轻重短长，一毫掩护不得。

［译文］

心得之学问，无法向只有口耳之学的人谈论。只有口耳之学的人，到有心得之学的人面前，如同用秤和尺来衡量轻重短长一样，一点也掩盖不住。

2.366　学者只能使心平气和，便有几分工夫。心平气和人遇事却执持担当，毅然不挠，便有几分人品。

［译文］

学者只要能做到心平气和，就是有了几分修养的功夫。心平气和的人遇到事情敢于挺身担当，刚毅不挠，就是有了几分人品。

2.367　学莫大于明分。进德要知是性分，修业要知是职分，所遇之穷通要知是定分。

［译文］

做学问最重要的是明白本分。要知道修养品德是性分中的事，建功立业是职分内的事，遭遇的困难和顺利则是在于定分。

2.368　一率作则觉有意味，日浓日艳，虽难事，不至成功不休；一间断则渐觉疏离，日畏日怯，虽易事，再使继续甚难。是以圣学在无息，圣心曰不已。一息一已，难接难起，此学者之大惧也。余平生德业无成，正坐此病。《诗》曰："日就月将，学有缉熙于光明。"吾党日宜三复之。

[译文]

无论什么事如果坚持努力就会觉得很有意思，兴趣就会日益浓厚，即便事情很困难，也会不成功决不罢休；一旦间断，就会逐渐感到生疏，畏却心理就会日益增加，即便事情很容易，也很难继续下去。因此圣人的学习方法是从不间断，信心坚定不移。一经停息间断，事情接续起来就会十分困难，这是学者最怕的事情。我平生道德学问都没什么成就，正是因为有这个毛病。《诗经》说："日就月将，学有缉熙于光明。"我们应该牢记这些。

2.369　尧、舜、禹、汤、文、武，全从"不自满假[①]"四字做出，至于孔子，平生谦退冲虚，引过自责，只看着世间有无穷之道理，自家有未尽之分量，圣人之心盖如此。孟子自任太勇，自视太高，而孜孜向学，欿欿[②]自歉之意似不见有。宋儒口中谈论都是道理，身所持循亦不著世俗，岂不圣贤路上人哉？但人非尧舜，谁无气质稍偏、造诣未至、识见未融、体验未到、物欲未忘底过失？只是自家平生之所不足者再不肯口中说出，以自勉自责；亦不肯向别人招认，以求相劝相规。所以自孟子以来，学问都似登坛说法，直下承当，终日说短道长，谈天论性，看着自家便是圣人，更无分毫可增益处。只这见识便与圣人作用已自不同，如何到得圣人地位？

[注释]

①不自满假：《尚书・大禹谟》："克勤于邦，克俭于家，不自满假，惟汝贤。"满，盈；假，大。②欿欿：不自满。

[译文]

尧、舜、禹、汤、周文王、周武王都是从“不自满假”做起的，至于孔子，一生谦虚谨慎，不断自我检讨，始终觉得世间有无穷的道理，自己永远都有没学到的地方，圣人的心态大概都是这样。孟子自任太勇，自视太高，虽能孜孜不断地努力学习，但不自满的思想似乎没有见到。宋代儒者满嘴都是大道理，但如果行为也能不堕世俗，那不就是圣贤道上的人吗？可是人非尧、舜那样的圣贤，谁没有性格偏执、造诣不够、理解不透、经验不足、忘不了物欲的缺点呢？只是不肯主动承认自己的缺点来自勉自责，也不肯向别人承认缺点以求得规劝。所以自孟子以来，做学问的人都好像登坛说法一样，直接把自己当成师父，整天说长道短，谈天论性，把自己看得跟圣人一样，没有一点应该进步提高的地方。就凭这样的见识，跟圣人的做法已经大不一样，又如何能达到圣人的高度？

2.370　性躁急人常令之理纷解结，性迟缓人常令之逐猎追奔。推此类，则气质之性无不渐反。

[译文]

性情急躁的人，经常让他整理乱麻绳结；性情迟缓的人，经常让他打猎追逐。由此类推，则气质性情会逐渐向相反的方向改变。

2.371　恒言“平稳”二字极可玩，盖天下之事，惟平则稳，行险亦有得的，终是不稳。故君子居易。

[译文]

我们常说“平稳”二字，这两个字确实值得玩味。天下的事只有平稳才能成功，冒险行事有时也能成功，但终究是不可靠。所以君子要以平易来处世。

2.372　二分，寒暑之中也，昼夜分停多不过七八日。二至，寒暑之偏也，昼夜偏长每每二十三日，始知中道难持，偏气易胜，天且然也。故尧、舜毅然曰“允执”，盖以人事胜耳。

［译文］

春分和秋分是处于热天和冷天正中间的节气，这时昼夜相等的时间最多不过七八天。夏至和冬至，是处于热天和冷天两端的节气，这时常常会有二十三天昼夜偏差的时间。由此可知，中庸之道很难坚持，偏颇之气容易占优势，天气也是如此。所以尧、舜毅然地说“允执”，就是要以人为的努力战胜偏颇。

2.373　里面五分，外面只发得五分，多一厘不得。里面十分，外面自发得十分，少一厘不得。诚之不可掩如此夫！故曰“不诚无物[①]”。

［注释］

①不诚无物：语出《中庸》第二十五章：“诚者自成也，而道自道也。诚者物之终始，不诚无物。是故君子诚之为贵。”

［译文］

内心有五分，外面就表露出五分来，不能多一丝一毫。内心有十分，外面就表露出十分来，一丝一毫也不能少。诚实的人就应该像这样不加掩饰。所以说：“不诚无物。”

2.374　休蹑着人家脚跟走，此是自得学问。

［译文］

不要跟在别人的后面走，这样才能获得自己的心得体会。

2.375　正门学脉切近精实，旁门学脉奇特玄远；正门工夫戒慎恐惧，旁门工夫旷大逍遥；正门宗指渐次，旁门宗指径顿；

正门造诣俟其自然，旁门造诣矫揉造作。

[译文]

正宗的学派讲究精深务实，旁门左道则玄虚浮幻；正宗学派的修养讲究谨慎小心，旁门的修养讲究空远逍遥；正宗学派的治学宗旨讲求渐悟和次第，旁门的宗旨讲究直接和顿悟；正宗学派的造诣自然而成，旁门的造诣矫揉造作。

2. 376　或问："仁、义、礼、智发而为恻隐、羞恶、辞让、是非，便是天则否？"曰："圣人发出来便是天则，众人发出来都落气质，不免有太过不及之病。只如好生一念，岂非恻隐？至以面为牺牲，便非天则。"

[译文]

有人问："由仁、义、礼、智而产生出恻隐、羞恶、辞让和是非之心，难道这就是自然的法则吗？"回答是："圣人表现出来的便是自然法则，普通人表现出来的都带有各自的气质，难免有过分和不足的毛病。比如好生的念头，难道不是恻隐之心？但是用面作祭品，就不符合自然法则。"

2. 377　学问博识强记易，会通解悟难。会通到天地万物为一，解悟到幽明古今无间，为尤难。

[译文]

在学问方面，博识强记比较容易，融会贯通理解彻悟很难。理解天地万物、贯通古今万事就更为困难。

2. 378　强恕是最拙底学问，"三近[①]"人皆可行，下此无工夫矣。

[注释]

①三近：《中庸》："子曰：好学近乎知，力行近乎仁，知耻近乎勇。"这三者即"三近"。

[译文]

努力地推行宽恕之道，是最笨拙的学问。"三近"，人人都可以去做，除此以外就没有其他功夫了。

2.379　王心斋[①]每以乐为学，此等学问是不曾苦的甜瓜。入门就学乐，其乐也，逍遥自在耳，不自深造真积、忧勤惕励中得来。孔子之乐以忘忧，由于发愤忘食；颜子之不改其乐，由于博约克复[②]。其乐也，优游自得，无意于欢欣，而自不忧；无心于旷达，而自不闷。若觉有可乐，还是乍得心；着意学乐，便是助长心。几何而不为猖狂自恣也乎？

[注释]

①王心斋：即王艮，字汝止，明代哲学家，泰州学派的创始人。②博约克复：博之以文，约之以礼，克己复礼。

[译文]

王心斋总以快乐为学问，这样的学问是没有苦过的甜瓜。入门就学习快乐，这样的快乐，只是逍遥自在，不是从深入学习、日积月累、忧愁劳苦和心存戒惧中得到的。孔子的乐以忘忧，是因为发愤忘食；颜子的身居陋巷不改其乐，是因为博文约己、克己复礼。这种快乐，优游自得，不刻意快乐却自然无忧无虑，不刻意豁达却自然不苦闷。如果觉得可乐，还是初学者的心态；如果刻意找乐，便是一种拔苗助长的心态。像这样能有几时不猖狂至放肆呢？

2.380　余讲学只主六字，曰："天地万物一体。"或曰："公亦另立门户耶？"曰："否！只是孔门一个'仁'字。"

[译文]

我讲学主要是六个字，那就是“天地万物一体”。有人问：“您这不是另立门户吗?”回答是：“不是的。主要宗旨仍然是孔门的一个‘仁’字。”

2.381　无慎独工夫，不是真学问；无大庭效验，不是真慎独。终日哓哓，只是口头禅耳。

[译文]

没有独居时谨慎不苟的修养，就不是真正的学问；没有经过在大庭广众之下的验证，就不是真正独居时的谨慎不苟。天天絮絮叨叨，只不过是口头禅而已。

2.382　体认要尝出悦心真味，工夫更要进到百尺竿头，始为真儒。向与二三子暑月饮池上，因指水中莲房以谈学问。曰：“山中人不识莲，于药铺买得干莲肉，食之称美。后入市买得久摘鲜莲，食之更称美也。”余叹曰：“渠食池上新摘，美当何如?一摘出池，真味犹漓。若卧莲舟，挽碧筒就房而裂食之，美更何如?今之体认，皆食干莲肉者也。又如这树上胡桃，连皮吞之，不可谓之不吃，不知此果须去厚肉皮，不则麻口；再去硬骨皮，不则损牙；再去瓤上粗皮，不则涩舌；再去薄皮内萌皮，不则欠细腻。如是而渍以蜜，煎以糖，始为尽美。今之工夫，皆囫囵吞胡桃者也。如此体认，始为精义入神；如此工夫，始为义精仁熟。”

[译文]

体会、认识要领略到其中真正的含义，修养的功夫更是要达到百尺竿头，这才是真正的儒者。我曾经在夏天与两三位朋友在池边饮酒，大家以水中的莲蓬为例谈论学问。一位朋友说："山里的人不认识莲花，在药铺买到干莲子，吃了以后说很好吃。后来到集市上买到摘了很长时间的莲子，吃了以后觉得味道更美。"我感叹道："如果这个人吃了从池中新摘的莲子，不知要觉得味道多美呢？莲子一从池中摘出来，其新鲜的味道已经失去了不少。如果卧于采莲舟中，挽着莲蓬柄，挨着莲房，剥出莲子吃，那么其美味又如何呢？现在的人对学问的体会、认识就像那个吃干莲子的人一样。又譬如这树上的胡桃，如果连皮吞下去，不能说不行，但不知吃这种果实，需要去掉厚皮，不然吃了就会嘴麻；还必须去掉硬皮，不然会损坏牙齿；再去掉瓤上的粗皮，不然就会舌头发涩；再去掉薄皮内的膜皮，不然吃起来就不细腻。这样剥完了再用蜜腌渍，再用糖煎一下，才算是真正的美味。现在人们做学问，都好像囫囵吞下胡桃一样。只有像上述所说的那样去理解认识，才叫'精义入神'。这样的功夫，才叫'义精仁熟'。"

2.383　上达无一顿底，一事有一事之上达，如洒扫应对，食息起居，皆有精义入神处。一步有一步上达，到有恒处达君子，到君子处达圣人，到汤、武圣人达尧、舜。尧、舜自视，亦有上达，自叹不如无怀、葛天[①]之世矣。

[注释]

①无怀、葛天：均远古时期部落名。相传其民安居乐业，鸡犬之声相闻，老死不相往来。

[译文]

学问的深入没有一蹴而就的，一件事有一件事深入的方法，即便是洒水扫地、饮食起居，都各有其独特的方法。每一阶段都有每一阶段上达的目标，循序渐进，持之以恒地深入，就可以达到君子的境界；达到君子的境界后继续深入，就可以达到圣人的境界；达到商汤王、周武王那样的境界后继续深入，就可以达到尧、舜的境界。尧、舜看自己，还是可以不断深入，会自叹不如远古无怀氏、葛天氏的时代。

2.384　学者不长进，病根只在护短。闻一善言，不知不肯问；理有所疑，对人不肯问，恐人笑己之不知也。孔文子不耻下问，今也耻上问。颜子以能问不能，今也以不能不问能。若怕人笑，比德山棒、临济喝[①]，法坛对众，如何承受？这般护短，到底成个人笑之人。一笑之耻，而终身之笑顾不耻乎？儿曹戒之。

［注释］

①德山棒、临济喝：中国佛教禅宗某些派别，接待参禅初学者，对于所问往往不作正面答复，或以棒打，或大喝一声，用以暗示或启悟对方。相传棒的施用始于唐代德山宣鉴，喝的施用始于临济义玄。

［译文］

学者没有进步，根本原因就在于护短。听到一句仁善的话，即使不懂也不肯去问；对道理有所疑惑，也不肯向别人请教，恐怕别人耻笑自己无知。孔文子不耻下问，现在的人耻于上问。颜渊以自己所能，尚去请教不能者，现在的人有所不能，却不去请教能者。如果是怕人耻笑，等挨了德山棒打、临济怒喝，在法坛上回答众人的问题时，将会如何承受呢？这样护短，到头来还是会成为被人耻笑的人。把别人的一次嘲笑当成耻辱，难道一辈子被人耻笑就不觉得可耻吗？儿辈应以此为戒。

卷三　内篇　射集

应务

3.001　闲暇时留心不成，仓促时措手不得。胡乱支吾，任其成败，或悔或不悔，事过后依然如昨。世之人如此者，百人而百也。“凡事豫则立[1]”，此五字极当理会。

[注释]

①凡事豫则立：《中庸》第二十章：“凡事豫则立，不豫则废。”

[译文]

闲暇时做事不留心，仓促时就会措手不及。胡乱应付，听任成败，事后有人后悔，有人不后悔，但日后都依然如故。世上持这样态度的人，一百人中就有一百人。我们应当好好体会古人那句“凡事豫则立”的至理名言。

3.002　道眼在是非上见，情眼在爱憎上见。物眼无别白[1]，混沌而已。

[注释]

①别白：辨别明白。

[译文]

是否具有辨别真伪的眼光，在判断是非时就可以显现出来；是否具有感情的眼光，在爱憎上就可以表现出来。充满物欲的眼光是不能辨别黑白的，只是混混沌沌而已。

3.003　实见得是时，便要斩钉截铁，脱然爽洁。做成一件事，不可拖泥带水，靠壁倚墙。

[译文]

做事情要看准时机，看得确实时，就要斩钉截铁，爽快麻利地做。做成一件事，切不可拖泥带水，靠壁倚墙。

3.004　人定真足胜天，今人但委于天，但不知人事之未定耳。夫冬气闭藏不能生物，而老圃能开冬花结春实；物性蠢愚不解人事，而鸟师能使雀弈棋、蛙教书，况于能为之人事，而可委之天乎？

[译文]

人若能够坚定不移，就能战胜天命，可是现在人们却把命运托付给天命，而不知道经过人的努力之后，事情的定数还没有最后决定呢！严寒的冬季，万物停止生长，但是老圃中的植物却绽放花朵，在春天结果实。动物愚蠢不解人事，但是驯鸟师却能使雀对弈、蛙教书。人如果通过努力能做到的事情，一定要委托于天吗？

3.005　责善要看其人何如，其人可责以善，又当自尽长善救失之道。无指摘其所忌，无尽数其所失，无对人，无峭直，无长言，无累言。犯此六戒，虽忠告，非善道矣。其不见听，我亦且有过焉，何以责人？

［译文］

劝人向善，要看这个人的本质如何。如果这个人有向善的慧根，我们应当尽力完善使他向善的方法。不要指责他所忌讳的事情，不要对他的错误喋喋不休，不要在别人的面前责怪他，不要对他过分的严格，不要长篇大论，不要耿耿于怀。犯了这六戒，即使是好的忠告，也不是向善之道。别人不愿意接受我的忠告，我本身也有错误，怎能只指责别人呢？

3.006　余行年五十，悟得“五不争”之味。人问之，曰：“不与居积人争富，不与进取人争贵，不与矜饰人争名，不与简傲人争礼节，不与盛气人争是非。”

［译文］

我已经度过了五十年的春秋，才体会到“五不争”的意味。有人问我何为“五不争”，我告诉他们：“不与居积财产的人争富，不与想要做官的人争贵，不与喜欢炫耀的人争名，不与傲慢无礼的人争礼节，不与盛气凌人的人争是非。”

3.007　众人之所混同，贤者执之；贤者之所束缚，圣人融之。

［译文］

众人分辨不清楚的东西，贤者可以辨识出来；贤者所受到的束缚，圣人能够消融。

3.008　做天下好事，既度德量力，又审势择人。“专欲难成，众怒难犯[①]”，此八字者，不独妄动人宜慎，虽以至公无私之心，行正大光明之事，亦须调剂人情，发明事理，俾大家信从，然后动有成，事可久。盘庚迁殷，武王伐纣，三令五申，犹恐弗从。盖恒情[2]多暗于远识，小人不便于己私，群起而坏之，虽有良法，胡成胡久？自古皆然，故君子慎之。

［注释］

①专欲难成，众怒难犯：《左传》襄公十年："子产曰：'众怒难犯，专欲难成。合二难以安国，危之道也。'"②恒情：常情。

［译文］

要做好天下的事，既要度德量力，又要审势择人。"专欲难成，众怒难犯"这八个字，不仅是轻举妄动的人应当留意，即使以至公无私之心，行正大光明之事，也要懂得人情世故，讲明事理，使大家信服，然后行动才可以成功，事情才可以持久。盘庚迁殷，武王伐纣，也需要三令五申，害怕民众不信服。远见卓识常常被人之常情所遮掩，小人遇到不利于自己的事情就会群起而攻之，虽有良策，又怎能成功？怎能长久？自古以来都是如此，所以君子要慎重。

3.009　辨学术，谈治理，直须穷到至处，让人不得。所谓"宗庙朝廷便便言[1]"者，盖道理，古今之道理；政事，国家之政事，务须求是乃已。我两人皆置之度外，非求伸我也，非求胜人也，何让人之有？只是平心易气，为辨家第一法，才声高色厉，便是没涵养。

［注释］

①宗庙朝廷便便言：语出《论语·乡党》。其文为："其（孔子）在宗庙朝廷，便便言，唯谨尔。"朱熹注："便便，辩也。"

［译文］

无论是做学术研究，还是谈论治理国家之道，都必须穷究到底，不能谦让。孔子在宗庙和朝廷上，就敢于畅所欲言，把自己的意见全部表达出来，就是这个道理。真理是古今以来的道理，政事是国家的政事，务须求个正确的意见才能罢休。辩论的双方都要把自己置之度外，不要夹杂自己的感情，不是为了炫耀自己，也不是为了非要胜过别人，而是为了追求真理，所以怎能谦让？但是辩论者首先要注意，态度要心平气和，声高色厉是没有涵养的表现。

3.010　五月缫丝，正为寒时用；八月绩麻，正为暑时用；平日涵养，正为临时用。若临时不能驾御气质、张主物欲，平日而曰我涵养，吾不信也。夫涵养工夫岂为涵养时用哉？故马蹶而后求辔，不如操持之有常；辐拆而后为轮，不如约束之有素。其备之也若迂，正为有时而用也。

［译文］

五月缫丝，正是为寒冷时用；八月织麻，正是为酷热时用；平时修养，正是为临时用。如果到了用时不能驾驭自己，控制物欲，平时却到处说我有修养，这样的话我不相信。修养的功夫难道仅仅是为了修养的时候才用吗？因为马踢了人才知道加辔，不如平时多加训练；因为辐条折断了才知道修轮子，不如平时就修理好。准备得如此详备，不正是为了必要时能用吗？

3.011　肤浅之见，偏执之说，傍经据传，也近一种道理，究竟到精处，都是浮说诐辞[①]。所以知言必须胸中有一副极准秤尺，又须在堂上，而后人始从。不然穷年聚讼，其谁主持邪？

［注释］

①诐辞：诐，音闭。诐辞，偏颇的言论，语出《孟子·公孙丑上》。

［译文］

肤浅之见，偏执之说，依据经典传注，也似乎有一定的道理，但是辨别到精微之处，却是肤浅的说法、偏颇的言论。能够说出有远见的言论，必须心中有一副极准的秤尺，而且能为大众接受，这样人们才会相信听从。不然只有无穷尽的辩论，谁来判定是非呢？

3.012　纤芥，众人能见，置纤芥于百里外，非骊龙[1]不能见。疑似，贤人能辨，精义而至入神，非圣人不能辨。夫以圣人之辨语贤人，且滋其惑，况众人乎？是故微言不入世人之耳。

［注释］

①骊龙：古谓黑色的龙。《庄子·列御冠》："夫千金之珠，必在九重之渊，而骊龙颔下。"

［译文］

纤微的东西，肉眼可以看到，但是如果把它置之于百里之外，除了骊龙，谁都难以看见。对于似是而非的事情，贤人就可以明辨；对于事物精妙之处，只有圣人才可以判断。如果圣人将他可以明辨的事情告诉贤人，只会增加贤人的困惑，更何况众人呢？因此微妙精义之言不必讲给众人听。

3.013　理直而出之以婉，善言也，善道也。

［译文］

道理正确又可以婉转道来，就是善言，也是善于讲道理。

3.014　"因"之一字，妙不可言，因利者无一钱之费，因害者无一力之劳，因情者无一念之拂，因言者无一语之争。或曰："不几于徇乎？"曰："此转人而徇我者也。"或曰："不几于术乎？"曰："此因势而利导者也。"故惟圣人善用因，智者善用因。

［译文］

"因"这个字妙不可言，依靠利的就不会费钱，依靠害的就不会费力，依靠人情做事情就不会得罪人，顺着别人说话就不会有言语之争。有人说，这不就像是屈从别人吗？回答说，这样正是让别人顺从我的办法。又有人问，这样做不就像运用权术了吗？回答说，这是因势利导的办法，唯有圣人和智者才善于用因。

3.015　处世常过厚无害，惟为公持法则不可。

［译文］

对人对物经常持有宽厚的心态是没有什么害处的，但是秉公执法时则不能这样。

3.016　天下之物，纡徐柔和者多长，迫切躁急者多短。故烈风骤雨，无崇朝之威；暴涨狂澜，无三日之势。催拍促调，非百板之声；疾策紧衔，非千里之辔。人生寿夭祸福，无一不然。褊急者可以思矣。

［译文］

天下的事物，纡徐柔和者多长久，迫切躁急者多短促。所以暴风骤雨，没有持续一早晨的威力；大风大浪，不会有持续三天的势头。快拍短调，不能持续百板之久；用力鞭打，不是对待千里马的办法。人生的旦夕祸福都是如此。气量狭小而性情急躁的人可以思考一下这个问题。

3.017　干天下事无以期限自宽。事有不测，时有不给，常有余于期限之内，有多少受用处。

［译文］

干天下的事不要以为期限还长就放松努力。天有不测风云，时间有不充裕之时，所以做事情要给自己在期限之内留有余地，会受用无穷。

3.018　将事而能弭[①]，当事而能救，既事而能挽，此之谓达权，此之谓才。未事而知其来，始事而要其终，定事而知其变，此之谓长虑，此之谓识。

［注释］

①将事：将要发生的事情。弭：止。

［译文］

能够阻止将要发生的事情，纠正正在发生的事情，挽救已经发生的事情，这就是通晓权宜、随机应对，就是才能。事情未发生的时候就知道将会发生，事情开始的时候就预料到结果，事情确定的时候就知道变数，这就是从长远考虑，就是见识。

3.019 凡祸患，以安乐生，以忧勤免；以奢肆生，以谨约免；以觖望[①]生，以知足免；以多事生，以慎动免。

［注释］

①觖望：不满意而怨恨。觖，音绝。

［译文］

所有的祸患，都因安乐而产生，因忧虑劳苦而避免；因奢侈放肆而产生，因谨慎节俭而避免；因欲望太多而产生，因知足而避免；因多事而产生，因慎重而避免。

3.020 任难任之事，要有力而无气；处难处之人，要有知而无言。

［译文］

担任难做的工作，要有力而无气；和难相处的人相处，只要心里明白，不必讲出来。

3.021 撼大摧坚，要徐徐下手，久久见功，默默留意。攘臂极力，一犯手自家先败。

[译文]

要想撼动庞大坚固的东西，要徐徐下手，默默留意，时间长了就见功效。如果一开始就奋力而为，结果只能是失败。

3.022　昏暗难谕之识，优柔不断之性，刚愎自是之心，皆不可与谋天下之事。智者一见即透，练者触类而通，困者熟思而得，三者之所长，谋事之资也，奈之何其自用也。

[译文]

模糊晦涩的见识，优柔寡断的性格，刚愎自用的心思，不能与这样的人谋事。智者一看便知，干练者触类旁通，困惑的人经过仔细思考就明白，这都是成事的资本，怎能只依靠自己的力量！

3.023　事必要其所终，虑必防其所至，若见眼前快意便了，此最无识。故事有当怒而君子不怒，当喜而君子不喜，当为而君子不为，当已而君子不已者。众人知其一，君子知其他也。

[译文]

做事情要考虑最后的结果，要思考有可能发生的事，若只看眼前就做决定，是最没有见识的。所以有些事情众人怒而君子不怒，众人喜而君子不喜，众人做而君子不做，众人止而君子不止。这是因为众人只知事的一个方面，而君子却知道其他方面。

3.024　柔而从人于恶，不若直而挽人于善。直而挽人于善，不若柔而挽人于善之为妙也。

[译文]

柔和地跟随别人做坏事，不如刚直地说服人向善。刚直而说服别人向善，不如柔和地劝导人向善更为巧妙。

3.025　激之以理法，则未至于恶也，而奋然为恶；愧之以情好，则本不徙义也，而奋然向义，此游说者所当知也。

［译文］

用道理和法律来激发他，本还未作恶，他很可能就被激发而作恶；用感情使他惭愧，本来准备不讲道义，他很可能就奋然向义。对于这种情况，劝说的人应当知道。

3.026　善处世者，要得人自然之情。得人自然之情，则何所不得？失人自然之情，则何所不失？不惟帝王为然，虽二人同行，亦离此道不得。

［译文］

为人处世要知道人情世故，明白其中的道理，有什么不能得到的呢？不明白人情世故则还有什么没有失去？不只是适用于帝王，两个人在一起，同样是这个道理。

3.027　“察言观色，度德量力”，此八字处世处人一时少不得底。

［译文］

“察言观色，度德量力”，这八个字是为人处世一刻也不可缺少的。

3.028　人有言不能达意者，有其状非其本心者，有其言貌诬其本心者。君子观人，与其过察而诬人之心，宁过恕以逃人之情。

［译文］

有些人说话词不达意，表情非其本心，语言掩盖本心。君子观察一个人，与其苛察而诬其本心，不如宽厚一些。

3.029　人情，天下古今所同。圣人防其肆，特为之立中以的之，故立法不可太激，制礼不可太严，责人不可太尽，然后可以同归于道，不然是驱之使畔也[1]。

［注释］

①畔：同“叛”。

［译文］

人情，天下古今相同。圣人为了防止其太过放肆，特立中庸之道，因此立法不能过于偏激，礼制不能过于严厉，责备他人不能不留面子，然后就可以同归一道，否则就是驱使人叛道。

3.030　天下之事，有速而迫之者，有迟而耐之者，有勇而劫之者，有柔而折之者，有愤而激之者，有喻而悟之者，有奖而歆[1]之者，有甚而淡之者，有顺而缓之者，有积诚而感之者。要在相机因时，舛[2]施未有不败者也。

［注释］

①奖而歆：获奖而高兴。奖，称赞。歆，悦服。②舛：音喘，错乱。

［译文］

天下之事，有迅速而急迫的，有迟缓而需忍耐的，有需要勇敢果断的，有以柔和的办法达到目的的，有因愤怒而激发的，有需要启发而顿悟的，有需要奖励而使人高兴的，有欲擒故纵的，有顺从而使事情缓慢下来的，有靠诚恳而使人感动的。这些方法的关键是要看准时机，否则就一定会失败。

3.031　论眼前事，就要说眼前处置，无追既往，无道远图。此等语虽精，无裨见在也。

［译文］

说眼前的事情，就要想到怎么处理，不要追究以往的事，不要说未来的事。那些话虽然精辟，但对现在却没有益处。

3.032　我益智，人益愚；我益巧，人益拙。何者？相去之远而相责之深也。惟有道者，智能谅人之愚，巧能容人之拙，知分量不相及而人各有能不能也。

［译文］

我越有智慧，显得别人越愚蠢；我越灵巧，显得别人越笨拙。为什么呢？相差太远、责备太深的缘故。只有道德修养高尚的人，能用他的智慧原谅别人的愚蠢，能用他的灵巧容忍别人的笨拙，明白每个人的天分不同，每个人各有所长所短。

3.033　天下之事，只定了便无事。物无定主而争，言无定见而争，事无定体而争。

［译文］

天下之事，确定下来便无纷争。否则会因物品无主而相互争夺，因讨论没有一致的见解而发生争论，因事情没有确定的格局、准则而发生争执。

3.034　至人无好恶，圣人公好恶，众人随好恶，小人作好恶。

［译文］

道德修养达到最高境界的人眼中没有好恶，圣人以公众的好恶为好恶，众人也就随波逐流，而小人则自己定义好恶。

3.035　仆隶下人昏愚者多，而理会人意动必有合，又千万人不一二也。居上者往往以我责之，不合则艴然怒，甚者继以鞭笞。则彼愈惶惑，而错乱愈甚，是我之过大于彼也。彼不明而我当明也。彼无能事上，而我无量容下也；彼无心之失，而我有心之恶也。若忍性平气，指使而面命之，是两益也。彼我无苦，而事有济，不亦可乎？《诗》曰："匪怒伊教[①]。"《书》曰："无忿疾于顽[②]。"此学者涵养气质第一要务也。

［注释］

①匪怒伊教：语出《诗经·鲁颂·泮水》："载色载笑，匪怒伊教。"郑玄注："僖公之至泮宫，和颜色而笑语，非有所怒，于是有所教化也。"②无忿疾于顽：语出《尚书·君陈》："尔无忿疾于顽。"孔传："人有玩嚚不喻，汝当训之，无忿怒疾之。"

［译文］

奴仆下人中，昏愚的占多数，能够理会主人的意思，而且正确地实施的，千万中也不可能有一二人。高高在上的主人以自己的要求责备他，不符合自己的意思就勃然大怒，甚至鞭笞他。这样他就更为诚惶诚恐，错得更加厉害，这是主人的错大于仆人的错。仆人不明白的道理主人应当明白。仆人没有足够的能力服侍主人，而主人也不能容纳下人；仆人是无心造成的错误，主人确实有意作恶。如果能耐着性子，心平气和地告诉下人自己的意思，对双方都有好处。两人都没有苦恼，事情又能解决，何乐而不为？《诗经》中鲁僖公和颜悦色，于是有所教化。《尚书》提到，对于那些顽固不化的人，应当给他们讲道理，不能做出比他们更为愤怒的样子。这点是道德修养的第一要务。

3.036　或问："士大夫交际，礼与？"曰："礼也。古者睦邻国有享礼，有私觌[①]，士大夫相见各有所贽，乡党亦然，妇人亦然，何可废也？"曰："近者严禁之，何也？"曰："非禁交际，禁以交际行贿赂者也。夫无缘而交，无处而馈，其馈也过情，谓之贿可也。岂惟严禁，即不禁，君子不受焉。乃若宿在交知，情犹骨肉，数年不见，一饭不相留，人情乎？数千里来，一揖而告别，人情乎？则彼有馈遗，我有赠送，皆天理人情之不可已者也。士君子立身行己，自有法度，绝人逃世，情所不安。余谓秉大政者贵持平，不贵一切，持平则有节，一切则愈溃，何者？势不能也。”

［注释］

①私觌：觌，音敌。私觌，出使外国而以私人身份见其国君。

［译文］

有人问：“士大夫交际需要礼品吗？”回答说：“需要。古代友好的国家之间有相互献礼，也有私人之间的拜见礼。士大夫相见，都带着各自的礼品，同乡之间和妇人之间也是如此，怎么能够废除呢？”又问：“最近严禁赠送礼品，为什么呢？”回答说：“这不是严禁交际，而是严禁以交际为名的贿赂。没有理由的交往和馈赠，并且馈赠的礼品又超出了情理，这就是贿赂。对此要严禁，即使不禁，君子也不会接受。至于多年的好友，情同骨肉，久违多时，相见时不留下吃顿饭，这合乎情理吗？不远千里而来，作一揖就告别，这合乎情理吗？因此我赠他礼品，他送我物品，这都是人之常情。君子立身行事，自有法度，拒绝别人，脱离世情，心会不安。我认为执掌大权的人贵在主持公平，不要不分情况一律禁止。主持公平，事情就合法度；不分情况一律禁止，事情就会越来越糟。为什么呢？形势使然。”

3.037　古人爱人之意多，今日恶人之意多。爱人，故人易于改过而视我也常亲，我之教常易行；恶人，故人甘于自弃而视我也常仇，我之言益不入。

[译文]

古人之间相会爱护的多，今人之间相互憎恨的多。爱护别人，所以人容易改正错误，且把我视为亲人，这是我的教化容易实施的原因；憎恨别人，所以人自甘堕落，且把我视为仇人，我的话他就更加听不进去。

3.038　观一叶而知树之死生，观一面而知人之病否，观一言而知识之是非，观一事而知心之邪正。

[译文]

观察一片树叶就知道树的生死，看一个人的面容就知道他是否有病，听一个人说话就知道他的见解是否正确，看一个人做一件事就知道他的心地是邪是正。

3.039　论理要精详，论事要剀切[①]，论人须带二三分浑厚。若切中人情，人必难堪，故君子不尽人之情，不尽人之过。非直远祸，亦以留人掩饰之路，触人悔悟之机，养人体面之余，亦天地涵蓄之气也。

[注释]

①剀切：剀，音凯。剀切，切中事理。

[译文]

论理要精详，论事要切中事理，论人须带二三分厚道。若说中了他的要害，他必定会难堪，因而君子不必完全把内情揭穿，不必尽数人的过错。这样做不只是避开祸端，也给别人留一些掩饰的余地，触发他悔改的念头，保留一些做人的体面，这也是天地涵养万物的气量。

3.040　“父母在难，盗能为我救之，感乎？”曰：“此不世之恩也，何可以弗感？”“设当用人之权，此人求用，可荐之乎？”曰：“何可荐也？天命有德，帝王之公典也，我何敢以私恩奸之？”“设当理刑之职，此人在狱，可纵之乎？”曰：“何可纵也？天讨有罪，天下之公法也，我何敢以私恩骫之。”曰：“何以报之？”曰：“用吾身时，为之死可也；用吾家时，为之破可也。其他患难，与之共可也。”

［译文］

“父母在危难之中，强盗帮我把他们解救出来，我应该感谢他吗？”回答说：“这是世上罕见的大恩，怎么能不感谢呢？”“如果有了用人的权利，强盗请求任用，可以推荐他吗？”回答说：“怎么可以推荐呢！要任用有德的人，这是帝王的公开的法典，怎敢以私恩来破坏呢？”“假如你担当管理监狱的职务，强盗关在狱中，可以放了他吗？”回答说：“怎么可以放了他？讨伐有罪的人，这是天下的公法，怎敢以私恩来破坏呢？”问：“那用什么方法来报答他呢？”回答说：“如果需要我的身体，为他去死是可以的；如果需要我的家产，为他倾家荡产是可以的。其他的患难则是可以共同担当的。”

3.041　凡有横逆来侵，先思所以取之之故，即思所以处之之法，不可便动气。两个动气，一对小人，一般受祸。

［译文］

如果遇到强横不讲理的事情，应该先思考遇到的原因，再想处理的办法，不可马上动气。双方都动气，就是一对小人，都会遭到伤害。

3.042　喜奉承是个愚障。彼之甘言卑辞、隆礼过情，冀得其所欲而免其可罪也。而我喜之、感之，遂其不当得之欲，而免其不可已之罪，以自蹈于废公党恶之大咎，以自犯于难事易悦之小人，是奉承人者智巧，而喜奉承者愚也。乃以为相沿旧规责望于贤者，遂以不奉承恨之，甚者罗织而害之，其获罪国法圣训深矣，此居要路者之大戒也。虽然奉承人者未尝不愚也。使其所奉承而小人也则可，果君子也，彼未尝不以此观人品也。

[译文]

喜欢别人奉承是一件愚蠢的事。他的花言巧语、谦卑的言辞、隆重的礼节和过分的感情，为的是想要得到他所希望的东西或免除责罚。但我喜欢这些，并为之感动，满足他不该得到的欲望，或免除他不可饶恕的罪过，然而却使自己陷入败坏国家、偏袒小人的大错之中，成为难以相处、容易被巧言所骗的人。这说明奉承人的人是聪明灵巧的，而喜奉承的人是愚蠢的。以这种沿袭下来的旧习俗来责备和怨恨贤者，只是因为他们不奉承自己，甚至罗织罪名陷害他们，这样做是绝对有违于国家的法律和圣人的教诲。这一点是位居要职者的大戒。尽管如此，奉承人的人未必不是愚蠢的。如果遇到小人，他的奉承还可以奏效；如果遇到君子，他们立刻就可从其言行中观察出其人品。

3.043　疑心最害事。二则疑，不二则不疑也。然则圣人无疑乎？曰：“圣人只认得一个理，因理以思，顺理以行，何疑之有？贤人有疑，惑于理也；众人多疑，惑于情也。”或曰：“不疑而为人所欺，奈何？”曰：“学到不疑时自然能先觉。况不疑之学，至诚之学也，狡伪亦不忍欺矣。”

[译文]

疑心最坏事。出现两种见解就会起疑心，见解统一则不会生疑。然而圣人有没有疑心呢？回答说：“圣人心中只有一个真理，用它思考，依理行动，有什么疑惑呢？贤人有疑，是疑惑合不合理；众人有疑，是疑惑合不合情。”又问：“如果没有疑心而别人欺骗你，怎么办？”回答说：“学习到不会产生疑心的时候，自然能够发现别人是否在欺骗你。况且学会了不怀疑的学问，就是至诚的学问，即使狡猾虚伪的人也不忍心欺骗你了。”

3.044　以时势低昂理者，众人也；以理低昂时势者，贤人也；惟理是视，无所低昂者，圣人也。

[译文]

以时势判断真理的人是普通人；以真理判断时势的人是贤人；只看道理，不因时势而改变的人是圣人。

3.045　贫贱以傲为德，富贵以谦为德，皆贤人之见耳。圣人只看理当何如，富贵贫贱除外算。

[译文]

贫贱以傲为德，富贵以谦为德，这都是贤人的见识。圣人只看按道理应该如何，不管什么富贵贫贱。

3.046　成心者，见成之心也。圣人胸中洞然清虚，无个见成念头，故曰绝四[①]。今人应事宰物都是成心，纵使聪明照得破，毕竟是意见障。

[注释]

①绝四：《论语·子罕》：“子绝四：毋意，毋必，毋固，毋我。”绝是无的意思。意，主观揣测。必，绝对。固，顽固。我，自私之心。

[译文]

成心就是现成的念头。圣人胸中毫无杂念，所以说绝四：不凭空猜测，不绝对肯定，不固执拘泥，不自以为是。现在的人处理事情都是现成的一套，即使聪明有洞察力，现成的念头也成为障碍。

3.047　凡听言要先知言者人品，又要知言者意向，又要知言者识见，又要知言者气质，则听不爽矣。

[译文]

当听别人说话的时候，首先要知道说话人的人品，又要知道他的意向，还要知道他的见识和涵养，这样就不会有差错了。

3.048　不须犯一口说，不须着一意念，只恁真真诚诚行将去，久则自有不言之信，默成之孚[①]。薰之善良，遍为尔德者矣。碱蓬生于碱地，燃之可碱；盐蓬生于盐地，燃之可盐。

[注释]

①孚：信服。

[译文]

不必说一句话，不必有任何念头，只要真真诚诚做事，时间长了，自有不言之信，为众人所信服。用善良的美德来熏陶别人，人们就会普遍具有善良的美德。碱蓬生在碱地，燃烧就会生出碱；盐蓬生在盐地，燃烧就会生出盐，就是这个道理。

3.049　世人相与，非面上则口中也。人之心固不能掩于面与口，而不可测者，则不尽于面与口也。故惟人心最可畏，人心最不可知，此天下之陷阱，而古今生死之衢也。予有一拙法，推之以至诚，施之以至厚，持之以至慎，远是非，让利名，处后下，则夷狄鸟兽可骨肉而腹心矣。将令深者且倾心，险者且化德，而何陷阱之予及哉？不然，必予道之未尽也。

[译文]

世人相交，不是表现在脸上，就是表现在语言上。人的内心固然不能被表情和语言所掩盖，然而内心深处深不可测的东西却不可能全部流露出来。所以说只有人心最可怕，人心最不可知，它是陷阱，多少人在此做生死的挣扎。我有一个笨方法：用至诚之心待人，用至厚之情待人，用谨慎的态度待人，远离是非之地，谦让利益名声，甘处下风，这样即使再狡猾奸诈的人也会成为自己的心腹。能够使那些城府深的人倾心相处，让那些邪恶的人被道德感化，还有什么陷阱能让我陷入呢？如果做不到这些，那一定是我做得还不够好的缘故。

3.050　处世只一“恕”字，可谓以己及人，视人犹己矣。然有不足以尽者。天下之事，有己所不欲而人欲者，有己所欲而人不欲者，这里还须理会，有无限妙处。

[译文]

处世只需牢记一个“恕”字，可以说是推己及人，视人犹己了。但还有不足的地方。天下之事，有自己不愿做而别人愿做的，有自己愿做而别人不愿做的，在这里还要进一步体会，有无限的妙处。

3.051　宁开怨府，无开恩窦。怨府难充而恩窦易扩也，怨府易闭而恩窦难塞也。闭怨府为福而塞恩窦为祸也。怨府一仁者能闭之，恩窦非仁、义、礼、智、信备不能塞也。仁者布大德，不干小誉；义者能果断，不为姑息；礼者有等差节文，不一切以苦人情；智者有权宜运用，不张皇以骇闻听；信者素孚人，举措不生众疑。缺一必无全计矣。

[译文]

宁愿开一个怨声载道的怨府，也不要开一个胡乱施恩的通道。怨府难以填满，而恩道容易扩大；怨府容易关闭，而恩道难以堵塞。关闭怨府能带来福分，而堵塞恩道只会带来灾祸。只要具有仁的美德的人就可以关闭怨府，然而只有具有仁、义、礼、智、信五种美德的人才能够堵塞恩道。有仁德的人施大德，不求小誉；讲义气的人能果断，不会姑息；按理法办事的人有节制，不会一概而论；有智慧的人能运用变通的方法，不会张皇骇人听闻；有信用的人一向被人信服，说到就做到。五种品德的人缺了一种，就没有万全之计。

3.052　君子与小人共事必败，君子与君子共事亦未必无败，何者？意见不同也。今有仁者、义者、礼者、智者、信者五人焉，而共一事，五相济则事无不成，五有主则事无不败。仁者欲宽，义者欲严，智者欲巧，信者欲实，礼者欲文，事胡以成？此无他，自是之心胜而相持之势均也。历观往事，每有以意见相争至亡人国家，酿成祸变而不顾。君子之罪大矣哉。然则何如？曰：势不可均，势均则不相下，势均则无忌惮而行其胸臆。三军之事，卒伍献计，偏裨谋事，主将断一，何意见之敢争？然则善天下之事亦在乎通者当权而已。

［译文］

君子与小人共事一定会失败，但是君子与君子共事也不一定成功，为什么呢？意见不同。现在有仁者、义者、礼者、智者、信者五人共做一件事，如果五个人能够相互帮助，则事情一定成功，否则一定失败。仁者欲宽，义者欲严，智者欲巧，信者欲实，礼者欲文，事情怎能成功？没有别的原因，只是好胜心切且势均力敌。纵观历史，多少次因为意见相左以至国家灭亡而不顾的。这样的君子，他们的罪孽就大了。应该怎么办？回答说：势力不可均衡，势均则不相上下，肆无忌惮地按自己的意图做事情。军队中，士兵献计献策，偏将副将谋划策略，主将最后做出决断，哪有意见之争呢？然而要把天下事办好，在于掌权者要是通达的人。

3.053　万弊都有个由来，只救枝叶，成得甚事。

［译文］

万种弊端都有原因，不从根本上解决问题，什么事也做不了。

3.054　与小人处，一分计较不得，须要放宽一步。

［译文］

与小人相处，不能与他计较，而要宽容一点。

3.055　处天下事只消得“安详”二字，虽兵贵神速，也须从此二字做出。然安详非迟缓之谓也，从容详审，养奋发于凝定之中耳。是故不闲则不忙，不逸则不劳。若先怠缓则后必急躁，是事之殃也。十行九悔，岂得谓之安详？

［译文］

处理天下事只需要“安详”二字，虽兵贵神速，但也要从这二字做起。但是安详并不是迟缓，而是从容不迫，在凝定之中厚积薄发。因此没有悠闲则没有繁忙，没有安逸则没有劳累。如果开始松懈则以后必定急躁冒进，这是事情的祸端。做十件事要后悔九件事，怎么能称之为安详？

3.056　果决人似忙，心中常有余闲；因循人似闲，心中常有余累。君子应事接物，常赢得心中有从容闲暇时便好。若应酬时劳扰，不应酬时牵挂，极是吃累的。

［译文］

果断的人好像很忙，但心中常有余闲；因循守旧的人好像很轻闲，但心中常有余累。君子应事接物，要常使心中有从容闲暇的时间就好。如果应酬时劳苦烦扰，不应酬时又时时牵挂，是极为辛苦的。

3.057　为善而偏于所向亦是病。圣人之为善，度德量力，审势顺时，且如发棠不劝[①]，非忍万民之死也，时势不可也。若认煞民穷可悲，而枉己徇人，便是欲矣。

［注释］

①发棠不劝：棠，齐邑。孟子尝劝齐王发棠邑之藏以赈贫穷。后称请示赈济为发棠之请。

［译文］

为善有所偏向也是毛病。圣人为善，度德量力，审势顺时，比如孟子，不再次劝说齐王发棠邑的粮食赈济饥民，这不是忍心让他们饿死，而是时势不允许。若认定民众穷困可怜而枉曲自己顺从他人，这就是欲望了。

3.058　分明不动声色，济之有余，却露许多痕迹，费许大张皇，最是拙工。

［译文］

不动声色就可以办成的事，却要破绽百出，露出许多痕迹，虚张声势，是最笨拙的功夫。

3.059　天下有两可之事，非义精者不能择。若到精处，毕竟止有一可耳。

［译文］

天下有模棱两可的事，不是精于此道的人很难做出抉择；如果达到最为精辟之处，也就只有一个抉择而已。

3.060　圣人处事有变易无方底，有执极不变底，有一事而所处不同底，有殊事而所处一致底，惟其可而已。自古圣人适当其可者，尧、舜、禹、文、周、孔数圣人而已。当可而又无迹，此之谓至圣。

［译文］

圣人处理事情，有变化无极限的，有执着于一点不变的，有同一件事处理方法却不同的，有不同事处理方法却是相同的，只要行得通就可以。自古以来能够做到恰如其分的圣人，也只有尧、舜、禹、周文王、周公、孔子几个人而已。做得恰到好处又不留痕迹，就是至圣。

3.061　圣人处事，如日月之四照，随物为影；如水之四流，随地成形，己不与也。

［译文］

圣人处理事情，如同日月照耀四方，随着不同的物品，形成不同的影子；如水向四处流淌，随着地势形成不同的形状，但是自己却不参与其中。

3.062　使气最害事，使心最害理，君子临事，平心易气。

［译文］

意气用事最能坏事，使用心机最能害理，君子面对事情，一定要平心静气。

3.063　昧者知其一不知其二，见其所见而不见其所不见，故于事鲜克有济。惟智者能柔能刚，能圆能方，能存能亡，能显能藏。举世惧且疑，而彼确然为之，卒如所料者，见先定也。

［译文］

愚昧的人只知事物的一方面，而不知道事物的另一方面，只看到所见的，看不到所不见的，因此做不成什么事情。只有聪明的人能柔能刚，能圆能方，能存能亡，能显能藏。世人都害怕且怀疑的，他们却能坚持，最终和他们所料想的一样，因为预先已经有了定见。

3.064　字到不择笔处，文到不修句处，话到不检口处，事到不苦心处，皆谓之自得。自得者，与天遇。

[译文]

写字到了不必选择笔的时候，做文章到了句子不必修改的时候，说话到了不必斟酌的时候，处理事情到了不必煞费苦心的时候，都称为自得。自得的人可以与天通。

3.065　无用之朴，君子不贵。虽不事机械变诈，至于德慧术知，亦不可无。

[译文]

无用的朴实，君子不以为贵。虽然君子不用机械奸诈的手段，至于德、慧、术、知，也不可缺少。

3.066　神清人无忽语，机活人无痴事。

[译文]

头脑清醒的人不会随便说话，头脑灵活的人不会干傻事。

3.067　非谋之难，而断之难也。谋者尽事物之理，达时势之宜，意见所到，不患其不精也。然众精集而两可，断斯难矣。故谋者较尺寸，断者较毫厘；谋者见一方至尽，断者会八方取中。故贤者皆可与谋，而断非圣人不能也。

[译文]

谋划不是难事，做出决断才是难事。谋划的人能穷尽事物的道理，适应时势的需要，提出自己的意见，不怕它不准确。然而集中众人的意见，提出模棱两可的意见，如何决断就是一件难事了。所以说谋划的人用尺寸来较量，而决断的人就要用毫厘来较量；谋划的人对一方面研究得非常透彻，而决断的人则要汇合八方的意见而取其最可行的。因此贤者都可以参与谋划，而做出决断的就一定要是圣人。

3.068　人情不便处便要回避，彼虽难于言而心厌苦之，此慧者之所必觉也。是以君子体悉人情。悉者，委屈周至之谓也。恤其私，济其愿，成其名，泯其迹，体悉之至也，感人沦于心骨矣。故察言观色者，学之粗也；达情会意者，学之精也。

［译文］

人情有不方便的时候就要回避，对方虽不便说出口，但是心中确实十分厌恶，聪明的人一下子就可以觉察出来。因此君子要体悉人情。悉，就是委屈求周全的意思。体恤他的不便，帮助他实现心愿，使其成名，不留痕迹，这就到达极点了，使人从内心深处受到感动。因此说察言观色是粗陋的学问，达情会意才是高精的学问。

3.069　天下事只怕认不真，故依违观望，看人言为行止。认得真时，则有不敢从之君亲，更那管一国非之，天下非之。若作事先怕人议论，做到中间，一被谤诽，消然中止，这不止无定力，且是无定见。民各有心，岂得人人识见与我相同？民心至愚，岂得人人意思与我相信？是以作事，君子要见事后功业，体恤事前议论，事成后众论自息。即万一不成，而我所为者合下便是当为也，论不得成败。

［译文］

天下的事只怕认不清，所以才会彷徨观望，不能做决定，以别人的言论作为自己行动的标准。认得清的时候，对于君王或父母的命令也有不听从的，哪怕一国的非议，哪怕天下人的非议。若做事先怕别人议论，做到中间，被别人诬陷，就停止不做了，这不只是没有定力，而且是没有定见。人人都有自己的想法，怎么可能都与我相同？人人都有愚蠢的时候，怎能都相信我的意见？所以君子做事要使人看到事后的功业，不怕事前的议论，事成之后议论自然会停息。即使万一不成功，而我所做的，当初便是应该做的，论不得成败。

3.070　审势量力，固智者事，然理所当为而值可为之地，圣人必做一番，计不得成败。如围成不克，何损于举动，竟是成当堕耳。孔子为政于卫，定要下手正名，便正不来，去卫也得，只事这个事，定姑息不过。今人做事只计成败，都是利害心害了是非之公。

［译文］

审势量力，固然是智者的事情，然而按理应当做并且恰逢时机，圣人一定会大干一番，就不会计较成败了。比如孔子打算毁掉三都，包围了都城而久攻不下，可是派兵攻打是没有错的，都城终究是应该被毁的。再如孔子到卫国去帮助治理国政，一定要着手匡正名分，即使正不了，离开卫国也是可以的，只做这件事，定然不会姑息。现在人做事只计较成败，这都是计较利害的私心害了是非的公心。

3.071　或问："虑以下人，是应得下他不？"曰："若应得下他，如子弟之下父兄，这何足道？然亦不是卑谄而徇人以非礼之恭，只是无分毫上人之心，把上一著、前一步，尽着别人占，天地间惟有下面底最宽，后面底最长。"

[译文]

有人问："孔子说要'虑以下人'，即从思想上向别人退让，是这样吗？"回答说："如子辈对待父兄，就应该退让，这还用说吗？然而这也并不代表低下地向别人卑躬屈膝，只要没有分毫居于人上之心，只是让别人在上面，让别人在前面，让别人占点便宜，退一步便是海阔天空。"

3.072　士君子在朝则论政，在野则论俗，在庙则论祭礼，在丧则论丧礼，在边圉则论战守。非其地也，谓之羡谈。

[译文]

士大夫上朝则讨论政治，在家则讨论世间俗事，在先祖之庙则讨论祭礼，在丧期则讨论丧礼，在边疆则讨论战守防备。不在应谈论这些话的地方谈论，就是多余的话。

3.073　处天下事，前面常长出一分，此之谓豫；后面常余出一分，此之谓裕。如此则事无不济而心有余乐。若扣杀分数做去，必有后悔处。人亦然，施在我，有余之恩则可以广德；留在人，不尽之情则可以全好。

[译文]

处理天下的事情，之前要未雨绸缪，这叫作豫；之后要留有余地，这叫作裕。这样就万事皆成，并且身心愉悦。如果大打折扣去做，就必然会后悔。做人也是这样，事恩之权在我，留有余地则可以广施恩德；别人受恩，则会对我感激不尽。

3.074　非首任，非独任，不可为祸福先，福始祸端，皆危道也。士君子当大事时，先人而任，当知"慎果"二字；从人而行，当知"明哲"二字。明哲非避难也，无裨于事，而只自没耳。

［译文］

既然不是首任，也不是独任，则不可首先得祸受福，福是祸的起端，都是十分危险的。君子做大事的时候，首任要职，应该知道“慎果”二字；跟着别人做事，应该知道“明哲”二字。明哲保身并不是为了避难，也不会对事情有什么影响，只是掩饰锋芒而已。

3.075　养态，士大夫之陋习也。古之君子养德，德成而见诸外者有德容，见可怒则有刚正之德容，见可行则有果毅之德容。当言则终日不虚口，不害其为默；当刑则不宥小故，不害其为量。今之人，士大夫以宽厚浑涵为盛德，以任事敢言为性气，销磨忧国济时者之志，使之就文法，走俗状，而一无所展布。嗟夫！治平之世宜尔，万一多故，不知张眉吐胆、奋身前步者谁也？此前代之覆辙也。

［译文］

修养表面的容态，是士大夫的陋习。古代的君子修养品德，品德养成，表现在外面就会有德容，见可怒之事则有刚正之德容，见可行之事则有果毅之德容。当说则整日不说虚言，这也不妨碍称其为沉默的人；当处罚的时候不原谅小的过错，这也不妨碍称其为宽容的人。现在的人，士大夫以宽容浑厚为有盛德，以任事敢言为有性气，这样就消磨了忧国济事者的志气，使他们屈就当时的俗套，而无法施展才能。唉！治平之世可以用这个方法，万一国家多难，不知张眉吐胆、奋身前进的人是谁呢？这是前代已有的教训呀！

3.076　处事先求大体，居官先厚民风。

［译文］

做事要从大处着手，做官要先安抚民风。

3.077　临义莫计利害，论人莫计成败。

[译文]

正义面前不要计较利害，评论人品不要计较成败。

3.078　一人覆屋以瓦，一人覆屋以茅，谓覆瓦者曰："子之费十倍予，然而蔽风雨一也。"覆瓦者曰："茅十年腐，而瓦百年不碎，子百年十更，而多以工力之费，屡变之劳也。"嗟夫！天下之患，莫大于有坚久之费、贻屡变之劳，是之谓工无用、害有益。天下之愚，亦莫大于狃朝夕之近，忘久远之安，是之谓欲速成、见小利。是故朴素浑坚，圣人制物利用之道也。彼好文者，惟朴素之耻而靡丽夫易败之物，不智甚矣。或曰："靡丽其浑坚者可乎？"曰："既浑坚矣，靡丽奚为？苟以靡丽之费而为浑坚之资，岂不尤浑坚哉？是故君子作有益则轻千金，作无益则惜一介。假令无一介之费，君子亦不作无益，何也？不敢以耳目之玩，启天下民穷财尽之祸也。"

[译文]

一人用瓦做屋顶，一人用茅草做屋顶，用茅草的人对用瓦的人说："你的费用是我的十倍，结果同样是避风遮雨。"用瓦的人说："茅草时间长就会腐烂，而瓦百年也不会碎。你百年之内就要换十次草，还要增加工力和屡次更换的费用。"啊！天下最大的祸患，就是长久的花费和屡次变更的辛苦。这叫作无用的事危害有益的事。天下最愚蠢的事，就是拘泥于眼前的事，而忘记长久之计，这叫作冒进和占小便宜。因此朴素浑坚是圣人制造和利用物品的原则。那些喜欢装饰的人，认为朴素无华可耻而喜欢奢华无用的东西，太不明智了。有人问："奢华但耐用的可以吗？"回答说："既然坚固耐用，要奢华做什么？如果以制造奢华的费用制造耐用的东西，不就更坚固吗？因此君子做有用的东西，花费千金也不怕；做无用的东西，费去一文也觉得不值。假使不用一点费用，君子也不做那些无用的东西，为什么呢？不敢以这些东西的好玩，招来民穷财尽之祸。”

3.079　遇事不妨详问广问，但不可有偏主心。

［译文］

做事不妨系统彻底地咨询，广泛了解，但是不要有偏颇之心。

3.080　轻言骤发，听言之大戒也。

［译文］

轻率的言论脱口而出，听话的人应该多多戒备。

3.081　君子处事，主之以镇静有主之心，运之以圆活不拘之用，养之以从容敦大之度，循之以推行有渐之序，待之以序尽必至之效，又未尝有心勤效远之悔。今人临事才去安排，又不耐踌躇，草率含糊，与事拂乱。岂无幸成？竟不成个处事之道。

［译文］

君子处事要镇静有主见，运用灵活不拘的方法，养成从容敦厚的胸怀，遵守循序渐进的次序，等待必然的结果，但是又没有因勤劳而无成效的悔恨。现在的人遇到事才安排，又没有耐心等待，草率含糊，与事情违背，造成混乱。这样做难道没有侥幸成功的吗？即使成功，也不是个好办法。

3.082　君子与人共事，当公人己而不私。苟事之成，不必功之出自我也；不幸而败，不必咎之归诸人也。

[译文]

君子与人共事，应该公正地对待别人和自己而不自私。如果事情成功了，不要把功劳都归自己；如果不幸失败了，不要把过错都推在别人身上。

3.083　有当然，有自然，有偶然。君子尽其当然，听其自然，而不惑于偶然。小人泥于偶然，拂其自然，而弃其当然。噫！偶然不可得，并其当然者失之，可哀也。

[译文]

有当然，有自然，有偶然。君子尽其当然，听其自然，不迷惑于偶然。小人拘泥于偶然，违背自然，放弃当然。唉！偶然是很难得的，连应该努力做的事都放弃了，真是可悲。

3.084　不为外撼，不以物移，而后可以任天下之大事。彼悦之则悦，怒之则怒，浅衷狭量，粗心浮气，妇人孺子能笑之，而欲有所树立，难矣。何也？其所以待用者无具也。

[译文]

不为外事所动摇，不为外物而改变，之后就可以担当天下的大事。别人使你高兴你就高兴，使你愤怒就愤怒，度量狭隘，心粗气躁，妇人小孩子都觉得你可笑，想要有所作为，难呀！为什么呢？因为没有做大事的本领。

3.085　“明白简易”，此四字可行之终身。役心机，扰事端，是自投剧网也。

[译文]

“明白简易”这四字可以终身遵行。费尽心机，扰乱事端，是自投罗网呀！

3.086　水之流行也，碍于刚则求通于柔；智者之于事也，碍于此则求通于彼。执碍以求通，则愚之甚也，徒劳而事不济。

［译文］

水在流动时，有硬物阻挡则绕道而行；聪明的人做事，此处有障碍就在别处通行。固执地在有障碍的地方谋求贯通，十分愚蠢，白费功夫事情还做不成。

3.087　计天下大事，只在要紧处一着留心用力，别个都顾不得。譬之弈棋，只在输赢上留心，一马一卒之失，浑不放在心下。若观者以此预计其高低，弈者以此预乱其心目，便不济事。况善筹者以与为取，以丧为得。善弈者饵之使吞，诱之使进，此岂寻常识见所能策哉！乃见其小失而遽沮挠之，摈斥之，英雄豪杰可为窃笑矣，可为恸惋矣。

［译文］

考虑天下事，只需要在要紧处用心思，别的都不要管。比如下棋只在输赢上下功夫，对一马一卒之失，不要放在心上。如果观棋的人以此判断高下，下棋的人因此被扰乱心目，便不会赢。况且善于筹划的人先予后取，前丧后得。善于下棋的人下诱饵等对方上钩，引诱对方前进，这怎么是有寻常见识的人可以策划的呢？由此可见遭到小的失败就马上止步不前而放弃，英雄豪杰则会为之窃笑，为之哀痛惋惜呀！

3.088　夫势，智者之所藉以成功，愚者之所逆以取败者也。夫势之盛也，天地圣人不能裁；势之衰也，天地圣人不能振，亦因之而已。因之中寓处之权，此善用势者也，乃所以裁之振之也。

[译文]

势，智者凭借它成功，而愚者因冒犯它而遭到失败。势盛的时候，天地圣人不能节制；势衰的时候，天地圣人不能帮助振作，只能依靠它，利用它而已。在依靠利用的中间，加上自己的权变，这就是善于用势的人，这也是对势的节制和振作。

3.089　士君子抱经世之具必先知五用，五用之道未得而漫尝试之，此小丈夫技痒、童心之所为也，事必不济。是故贵择人。不择可与共事之人，则不既厥心不堪其任。或以虚文相欺，或以意见相倾，譬以玉杯付小儿而奔走于崎岖之峰也。是故贵达时。时者成事之期也。机有可乘，会有可际，不先不后则其道易行。不达于时，譬投种于坚冻之候也。是故贵审势。势者成事之藉也。登高而招，顺风而呼，不劳不费而其功易就。不审于势，譬行舟于平陆之地也。是故贵慎发。左盼右望，长虑却顾，实见得利矣，又思其害；实见得成矣，又虑其败；万无可虞则执极而不变。不慎所发譬夜射仪的也。是故贵宜物。夫事有当蹈常袭故者，有当改弦易辙者，有当兴废举坠者，有当救偏补敝者，有以小弃大而卒以成其大者，有理屈于势而不害其为理者，有当三令五申者，有当不动声色者。不宜于物，譬苗莠兼存而玉石俱焚也。嗟夫！非有其具之难而用其具者之难也。

[译文]

当士君子抱着治理社会的志向之时，必须首先懂得五用（择人、达时、审势、慎发、宜物）的道理。不懂得五用的道理而轻易尝试，就成为庸人技痒或童蒙幼稚的行为，事情必然不会成功。（一）贵在选人。挑选的不是可以与自己共事的人，不仅会觉得别扭，还不能胜任。要么用虚假的应酬来欺骗，要么见解不同而引起争论，就像把珍贵的玉杯交给小孩，奔走于崎岖的山峰之间一样。（二）贵在瞅准时机。所谓时机，就是事情成功的机会。有可以利用的机会和时间，不前不后，不早不晚，依照这个规律就很容易做事。而不能瞅准时机，就像在隆冬季节播种一样，因为时间和气候不对就会徒劳无功。（三）贵在审度趋势。所谓趋势，是事情成功的凭借。登高而召唤他人，顺风而呼唤他人，不辛苦也不费力，很容易成功。不能够审度趋势的，就像在陆地上划船那样毫无用处。（四）贵在慎重。左右权衡，长思短虑，看到了实实在在的好处，却又考虑它可能带来的危害；看到了成功，却又考虑可能遭遇的失败；直到万无一失了才去行动。不慎重的草率之举，就像在夜里射箭那样盲目。（五）贵在因地制宜。事情有其常规，有的应当改弦易辙，有的应当废兴举坠，有的应当补偏救敝，有的应当放弃手头的大事而致力于目前看是小的事情，直至最后成就大事，有的看起来不合乎当时的时势而却正是真理正义所在，有的应当三令五申，有的应当不动声色。如果不能够因地制宜，就像苗莠并存，结果却是玉石俱焚。唉！具有这五用的道理并非难事，而运用本身具备的知识却是难事。

3.090　腐儒之迂说，曲士之拘谈，俗子之庸识，躁人之浅见，谲者之异言，憸夫之邪语，皆事之贼也，谋断家之所忌也。

［译文］

腐儒的迂腐之说，曲士的固执之谈，俗子的庸俗见识，急躁人的浮浅见识，诡诈人的奇言异说，奸邪人的邪言恶语，都是危害事情的祸根，也是做决断的人的大忌。

3.091　智者之于事，有言之而不行者，有所言非所行者，有先言而后行者，有先行而后言者，有行之既成而始终不言其故者。要亦为国家深远之虑而求以必济而已。

[译文]

智者做事，有只说不做的，有言行不一的，有先说后做的，有先做后说的，有已经做完却始终不说原因的。大体来说都是为国家深谋远虑而希望达到目的而已。

3.092　善用力者就力，善用势者就势，善用智者就智，善用财者就财，夫是之谓乘。乘者，知几之谓也。失其所乘，则倍劳而功不就；得其所乘，则与物无忤，于我无困，而天下享其利。

[译文]

善于使用武力的趋向武力，善于用势的趋向势，善于用智的趋向智，善于用财的趋向财，这就是乘。所谓乘，就是预知事情的苗头。失去它就会事倍功半，得到它就不会违背事物的规律，不会使自我困惑，对天下都是有利的。

3.093　凡酌量天下大事，全要个融通周密，忧深虑远。营室者之正方面也，远视近视，曰有近视正而远视不正者；较长较短，曰有准于短而不准于长者；应上应下，曰有合于上而不合于下者；顾左顾右，曰有协于左而不协于右者。既而远近、长短、上下、左右之皆宜也，然后执绳墨、运木石、鸠器用，以定万世不拔之基。今之处天下事者，粗心浮气，浅见薄识，得其一方而固执以求胜。以此图久大之业、为治安之计，难矣。

[译文]

凡是斟酌衡量天下的大事，都应该融通周密，忧深而虑远。盖房子的人测量所盖房子的位置正不正，总是要远看看近看看，因为有近看是正的而远看就不正的情况；要量量长短，因为有短的时候准确而长了就不准确的情况；要上下对应，因为有适合上面而不适合下面的情况；要左看看右看看，因为有左面看着协调而右面看着不协调的情况。直到远近、长短、上下、左右都合适之后，才定上墨绳、运来木头砖石、拿齐器具，开始奠定房屋长久坚固的地基。现在处理天下大事的人，大都粗心浮气，见识浅薄，只考量了其中一个方面就固执己见以求成功。以这样的方法谋求长久宏大的功业，规划长治久安的大计，太困难了吧。

3.094　字经三书未可遽真也，言传三口未可遽信也。

[译文]

字经过三次模仿就可能失去本色，话经过三次传达就未必可信了。

3.095　巧者，气化之贼也，万物之祸也，心术之蠹也，财用之灾也，君子不贵焉。

[译文]

机巧，是阴阳气变的危害，是万物之祸，是心术的蛀虫，是财产的灾难，君子不要看重它。

3.096　君子之处事有真见矣，不遽行也，又验众见，察众情。协诸理而协，协诸众情、众见而协，则断以必行。果理当然，而众情、众见之不协也，又委曲以行吾理。既不贬理又不骇人，此之谓理术。噫！惟圣人者能之，猎较之类是也。

[译文]

君子处事有正确的见识，不会盲目草率行事，而会首先检验民众的意见，体察民情。如果这种做法与各种道理协和，与众人的感情和见解协和，那就一定去做。如果按理应当做，却与多数人的见解和感情不一致，那么就会婉转地按照自己的主张去做。这样既不违反常规又不会让大家大惊小怪，这才是合理的策略。唉！只有圣人能够做到这一点，就同狩猎时采取的措施一样。

3.097　干天下大事，非气不济。然气欲藏不欲露，欲抑不欲扬。掀天揭地事业，不动声色，不惊耳目，做得停停妥妥，此为第一妙手，便是入神。譬之天地，当春夏之时，发育万物，何等盛大流行之气！然视之不见，听之不闻，岂无风雨雷霆，亦只时发间出，不显匠作万物之迹，这才是化工。

［译文］

做天下大事，非有浩然正气则不能成功。但是气宜藏不宜露，应抑不应扬。做惊天动地的事业，不动声色，不惊耳目，做得停停妥妥，此为第一妙手，便是出神入化了。比如天地，在春夏之时，繁育万物，多么盛大而强的气！但是看不见，听不到，难道没有风雨雷霆？只是偶尔出现而已。不显露创造万物的痕迹，这就是造化之工。

3.098　疏于料事而拙于谋身，明哲者之所惧也。

［译文］

不愿思考事情，并且不会替自己打算，这是聪明人应感到害怕的。

3.099　实处着脚，稳处下手。

［译文］

在坚实的地方落脚，在稳当的地方开始行动。

3.100　姑息依恋，是处人大病痛。当义处，虽处骨肉，亦要果断；卤莽径直，是处事大病痛，当紧要处，虽细微，亦要检点。

［译文］

迁就依恋，是与人相处的大弊端。当大义所至，虽然是骨肉亲情，也应该果断为之；鲁莽愚直，是处事时的大缺点，在紧要关头，即便是细微的琐事，也应该加以检点。

3.101　正直之人，能任天下之事，其才、其守，小事自可见。若说小事且放过，大事到手才见担当，这便是饰说，到大事定然也放过了。松柏生，小便直，未有始曲而终直者也。若用权变时，另有较量，又是一副当说话。

［译文］

正直之人，能任天下之事，他的才能和操守在小事上就可以表现出来。如果说小事上放松，大事到手才见担当，这就是文饰的话，到大事也就放过了。松柏在幼小的时候便是直的，没有开始弯曲而后来变直的。如果是运用权力，另有较量，就另当别论了。

3.102　无损损，无益益，无通通，无塞塞，此调天地之道、理人物之宜也。然人君自奉无嫌于损损，于百姓无嫌于益益。君子扩理路无嫌于通通，杜欲窦无嫌于塞塞。

［译文］

不要在减少的情况下再减少，不要在增加的情况下再增加，不要在畅通的情况下再畅通，不要在堵塞的情况下再堵塞，这是调剂天地之道和理顺人物的方法。但是君主对于自己的供奉不要怕减少再减少，对于百姓的利益不要怕增加再增加。君子扩大合于理的道路不要怕通了又通，杜绝欲念不要怕堵了又堵。

3.103　事物之理有定，而人情意见千岐万径。吾得其定者而行之，即形迹可疑，心事难白，亦付之无可奈何。若惴惴畏讥，琐琐自明，岂能家置一喙哉？且人不我信，辩之何益？人若我信，何事于辩？若事有关涉，则不当以缄默妨大计。

［译文］

事物有各自一定的道理，而人情见解却千差万别。自己必须以能够确定下来的准则行事，即便是形迹可疑，心事难以辩白清楚，这也是无可奈何的事情。如果谨小慎微，害怕别人说三道四，就絮絮叨叨为自己辩白，那怎么能在每一家放一张嘴来为自己辩白呢？况且别人不相信自己，那么辩解又有什么好处呢？如果别人能够相信自己的话，又有何事需要辩白呢？倘若事关重大，就不应该总是保持缄默而危害了大事。

3.104　处人、处己、处事，都要有余，无余便无救性，此里甚难言。

［译文］

处人，处己，处事，都要留有余地，没有余地便没有救了，这其中的道理很难说清楚呀。

3.105　悔前莫如慎始，悔后莫如改图，徒悔无益也。

［译文］

做事之前怕将来后悔，那么开始的时候就要慎重；事情结束后感到后悔，不如改变计划。白白的后悔是没有任何好处的。

3.106　居乡而囿于数十里之见，硁硁然守之也百攻不破。

及游大都，见千里之事茫然自失矣。居今而囿于千万人之见，硁硁然守之也百攻不破。及观坟典见千万年之事茫然自失矣。是故囿见不可狃，狃则狭，狭则不足以善天下之事。

［译文］

住在乡下局限于数十里的见识，形成固执保守的性格，别人无论怎样劝说也无济于事。直到游历了京城以后，才大开眼界，顿生茫然若失的感觉。生活在今天局限于芸芸众生的见解，形成了固执保守的性格，别人无论怎样劝说也无济于事。直到读了古代的经典后，才知道了千万年以前的事情，顿生茫然若失的感觉。所以人不应该拘泥于局部的成见，如果如此，就会变得目光短浅，而目光短浅就不足以处理天下的大事。

3.107　事出于意外，虽智者亦穷，不可以苛责也。

［译文］

事情出乎意料，即使是聪明的人也毫无办法，所以不应对此加以苛求。

3.108　天下之祸多隐成而卒至，或偶激而遂成。隐成者贵预防，偶激者贵坚忍。

［译文］

天下的祸患经常隐藏很久而突然出现，或者由于偶然的刺激而突然爆发。对于潜伏的隐患，贵在事先预防，对于突如其来的祸患，重在坚忍不拔。

3.109　当事有四要：际畔要果决，怕是绵；执持要坚耐，怕是脆；机括要深沉，怕是浅；应变要机警，怕是迟。

[译文]

做事有四点要注意：遇到机遇要果断抓住，最怕绵软；执行的时候要坚忍不拔，最怕半途而废；谋划的时候要深沉，最怕肤浅；应变的时候要机警，最怕迟缓。

3.110　君子动大事，十利而无一害，其举之也必矣。然天下无十利之事，不得已而权其分数之多寡，利七而害三，则吾全其利而防其害。又较其事势之轻重，亦有九害而一利者，为之，所利重而所害轻也，所利急而所害缓也，所利难得而所害可救也，所利久远而所害一时也。此不可与浅见薄识者道。

[译文]

君子做大事，十利而无一害，必然会去做。但是天下没有百利无害之事，不得已而要权衡利害分量的多寡，利七害三，我就尽量保利而防其害。又要比较事情形势的轻重，当然有九害而一利的情况，之所以要做，是因为利重而害轻，利急而害缓，利难得而害可救，利久远而害一时。这些道理不可与见识浅薄的人谈论。

3.111　当需，莫厌久，久时与得时相邻。若愤其久也，而决绝之，是不能忍于斯须，而甘弃前劳，坐失后得也。此从事者之大戒也。若看得事体审，便不必需，即需之久，亦当速去。

[译文]

当有所需要的时候，就不应怕把事情拖得久长，因为长久拖延的时间与即将成功的时间时刻相连。如果因长时间拖延而感到厌烦，甚至想半途而废，这就是不能够容忍的表现，结果就会前功尽弃，坐失所得。这是做大事的人最应该戒掉的毛病。如果把事情看得透彻，又不是必得的，即便不需多长时间等待，也应该立即果断地放弃。

3.112　朝三暮四，用术者诚诈矣。人情之极致，有以朝三暮四为便者，有以朝四暮三为便者，要在当其所急。猿非愚，其中必有所当也。

［译文］

使用朝三暮四的方法，是善用权术人的欺骗。人情的极点，有早晨得到三个晚上得到四个而满足的，有早上得到四个晚上得到三个而满足的，关键要看当时的需要。猿猴不愚蠢，这样做必定有其道理。

3.113　天下之祸非偶然而成也，有辏合，有搏激，有积渐。辏合者杂而不可解，在天为风雨雷电，在身为多过，在人为朋奸，在事为众恶遭会，在病为风寒暑湿合而成痹。搏激者勇而不可御，在天为迅雷大雹，在身为忿狠，在人为横逆卒加，在事为骤感成凶，在病为中寒暴厥。积渐者极重而不可反，在天为寒暑之序，在身为罪恶贯盈，在人为包藏待逞，在事为大敝极坏，在病为血气衰羸，痰火蕴郁，奄奄不可支。此三成者，理势之自然，天地万物皆不能外，祸福之来，恒必由之，故君子为善则藉众美而防错履之多，奋志节而戒一朝之怒，体道以终身，孜孜不倦，而绝不可长之欲。

［译文］

天下的灾祸都不是偶然形成的，有凑合而成的，有突然激发的，又逐渐累积成的。凑合而成的，原因复杂，不可化解，在天就是风雨雷电，在自身就是多次过失，在人就是朋比为奸，在事就是所有的坏事都遭遇在一起，在病就是风寒暑湿合成了麻痹之症。突然激发的，来势凶猛，不可阻挡，在天就是迅雷大雹，在自身就是愤愤不平，在人就是横行霸道，在事就是骤然发生的凶事，在病就是中暑受寒突然昏厥。逐渐累积成的，天长日久，积重难返，在天就是暑寒四季的变化，在自身就是恶贯满盈，在人就是包藏祸心，在事就是大蔽极坏，在病就是血气衰羸，痰火蕴郁，奄奄待毙。以上三种原因形成的大祸，都是道理和形势发展的必然，天地万物都包括在内。祸福的到来，都是这些原因造成的，因此君子为善则凭借所做好事来防止错误出现，振奋志向，谨诫突然发怒，终身都要体会事物的自然规律，孜孜不倦，杜绝滋长欲望。

3.114　再之略不如一之详也，一之详不如再之详也，再详无后忧矣。

［译文］

反复的忽略，不如一次考虑周详；一次考虑周详不如反复考虑周详；反复考虑以后，就不会担心后悔的事发生了。

3.115　有余，当事之妙道也。故万无可虑之事备十一，难事备百一，大事备千一，不测之事备万一。

［译文］

留有余地，是处世的妙道。因此万无一失的事要防止出现十分之一的错误，难事要防止出现百分之一的错误，大事要防止出现千分之一的错误，难以预料的事要防止出现万分之一的错误。

3.116　在我有余，则足以当天下之感；以不足当感，未有不困者。识有余，理感而即透；才有余，事感而即办；力有余，任感而即胜；气有余，变感而不震；身有余，内外感而不病。

［译文］

自身留有余地，则足以应对天下的事；以不足应对天下事，没有不困惑的。见识有余，遇理就明白；才能有余，遇事就能快速办理；力量有余，任事能成；气概有余，遇到变化不会震惊；健康有余，不会轻易生病。

3.117 语之不从，争之愈勍，名之乃惊。不语不争，无所事名，忽忽冥冥，吾事已成，彼亦懵懵。昔人谓不动声色而措天下于泰山，予以为动声色则不能措天下于泰山矣。故曰："默而成之，不言而信，存乎德行。"

［译文］

言谈中相互不一致，争论就异常激烈，说得让人大惊失色。不讲话，不争论，也不贪图事情的名声，昏昏忽忽，自己的事情就已经成功，对方还不知道是怎么回事。过去的人是不动声色就把天下管理得稳如泰山。我认为大吹大擂，是不能将天下管理得稳如泰山的。因此说："悄悄地把事情办成，不说话而得到信誉，就在于自己的德行。"

3.118 天下之事在意外者常多，众人见得眼前无事都放下心，明哲之士只在意外做工夫，故每万全而无后忧。

［译文］

天下的事情出乎意料的很多，普通人看到眼前无事就放心了，明哲之士则在意外上下功夫，所以每次都是万无一失。

3.119 不以外至者为荣辱，极有受用处，然须是里面分数足始得。今人见人敬慢，辄有喜愠，心皆外重者也。此迷不破，胸中冰炭一生。

［译文］

不以外物而感到荣辱，这是极有用处的，但是必须是内心修养充足才能做到这一点。现在的人看到别人，或是尊敬或是怠慢，就有喜怒之心，都是内心看重外物。如果不打破这个谜局，胸中就像是有冰炭，难以安宁。

3.120　有一介必吝者，有千金可轻者，而世之论取与，动曰所直几何，此乱语耳。

［译文］

有时候一文钱也必须吝惜，有时候千金巨款也可以轻看，而世人评论行事，仅从值多少钱考虑，这真是一派胡言。

3.121　才犹兵也，用之伐罪吊民则为仁义之师，用之暴寡凌弱则为劫夺之盗。是故君子非无才之患，患不善用才耳。故惟有德者能用才。

［译文］

用才就和用兵一样，用它讨伐暴君、拯救人民，就是仁义的军队，用它欺辱寡小，就是强盗一样的军队。因此君子不必担心没有才能，而只担心不善用才能。只有有德者能够善用才能。

3.122　藏莫大之害，而以小利中其意；藏莫大之利，而以小害疑其心。此愚者之所必堕而智者之所独觉也。

［译文］

一件事里隐藏着很大的危险，而只是贪图其中的小利；一件事里隐藏着很大的利益，而只是疑心其中小的害处。像这样愚昧的人必然堕落，而唯独智睿之人能够觉察。

3.123　今人见前辈先达作事不自振拔，辄生叹恨，不知渠当我时也会叹恨人否？我当渠时能免后人叹恨否？事不到手，责人尽易，待君到手时，事事努力不轻放过便好。只任哓哓责人，他日纵无可叹恨，今日亦浮薄子也。

[译文]

现在的人们见到先辈们做某事而不能自拔，就会叹息怨恨，岂不知倘若自己处于那个情况还会不会叹息怨恨他人？倘若自己碰到那样的事情，能够不让后人叹息怨恨吗？不是自己碰到那种事情，就指责人，这是非常容易做到的，而等到自己碰到那种事情，应该努力而不轻言放弃才是。只知道絮絮叨叨地指责别人，即便以后没有让人叹息怨恨的事情，今天也是个虚浮浅薄的人。

3.124　区区与人较是非，其量与所较之人相去几何？

[译文]

与人争一些小的是非，你的气量与所较量的人又有什么区别呢？

3.125　无识见底人，难与说话；偏识见底人，更难与说话。

[译文]

没有见识的人，是很难跟他交谈的；而有偏见的人，是更难跟他交谈的。

3.126　两君子无争，相让故也。一君子一小人无争，有容故也。争者，两小人也。有识者奈何自处于小人？即得之未必荣，而况无益于得以博小人之名，又小人而愚者。

[译文]

两君子不会有争执，是互相谦让的结果。一君子一小人也不会有争执，是君子宽容的结果。会引起争执的只能是两个小人。有见识的人怎么会把自己置于小人的境地？即使赢了又有什么光荣的，只是得了小人的名声，又是小人中的愚蠢者。

3.127　方严是处人大病痛，圣贤处世离一温厚不得。故曰泛爱众，曰和而不同，曰和而不流，曰群而不党，曰周而不比，曰爱人，曰慈祥，曰岂弟，曰乐只，曰亲民，曰容众，曰万物一体，曰天下一家，中国一人。只恁踽踽凉凉，冷落难亲，便是世上一个碍物。即使持正守方，独立不苟，亦非用世之才，只是一节狷介之士耳。

[译文]

方正严厉是为人处世的大毛病，圣贤在为人处世时一刻也难离温和宽厚。因此称“泛爱众，和而不同，和而不流，群而不党，周而不比，爱人，慈祥，岂弟，乐只，亲民，容众，万物一体，天下一家，中国一人”。倘若只独来独往，冷落他人，那么在这世上就只有一个碍物而已。即使能够做到正直，独立不苟，也不是社会有用的人才，最多也只是一个倔强耿介的人而已。

3.128　谋天下后世事，最不可草草，当深思远虑。众人之识天下所同也，浅昧而狃于目前。其次有众人看得一半者，其次豪杰之士与练达之人得其大概者，其次精识之人有旷世独得之见者，其次经纶措置，当时不动声色，后世不能变易者。至此则精矣尽矣，无以复加矣，此之谓大智，此之谓真才。若偶得之见，借听之言，翘能自喜而攘臂直言天下事，此老成者之所哀而深沉者之所惧也。

[译文]

谋划天下以及后世的事，最不可草率，当深思远虑。普通人的见识天下都是一样，浅薄愚昧而又只顾眼前利益。有些人能看清事情的一半；还有一些豪杰之士与练达之人能看个大概；精见卓识的人，有旷世独得的见解；有的人筹划治理国家的大策，用于当时虽没有轰轰烈烈的表现，但这些大策后世都延续使用。到了这种程度，就是至精至善，无以复加了。这叫作大智，叫作真才。如果偶得之见，道听途说之言，翘然自喜，挥臂直言天下事，这是老成的人感到可悲、深沉的人感到可怕的事。

3.129　而今只一个“苟”字支吾世界，万事安得不废弛？

［译文］

现在“苟且”二字支配世界，什么事能够成功呢？

3.130　天下事要乘势待时，譬之决痈，待其将溃，则病者不苦而痈自愈。若虺蝮毒人，虽即砭手断臂犹迟也。

［译文］

天下的事情应该乘着有利的趋势，等待有利的时机，譬如挑破痈疮，应该等到它即将溃烂的时候，这样病人就不会觉得痛苦难耐，而且痈疮也容易好；像毒蛇咬了人，即便立刻砍断手臂，也为时已晚。

3.131　饭休不嚼就咽，路休不看就走，人休不择就交，话休不想就说，事休不思就做。

［译文］

饭食不应该不嚼就吞下去，路不应该不看就走，人不应该不加以选择就交往，话不应该不加以思索就说出口，事情不应该不加以考虑周全就去做。

3.132　参苓归芪，本益人也，而与身无当，反以益病；亲厚恳切，本爱人也，而与人无当，反以速祸。故君子慎焉。

[译文]

人参、茯苓、当归、黄芪，都是对身体有益的药物，但服用不当，反而使病情更加严重；亲厚恳切，本是好意，但是对象不对，反而会招致祸患。因此君子应当谨慎。

3.133　两相磨荡，有皆损无俱全，特大小久近耳。利刃终日断割，必有缺折之时；砥石终日磨砻，亦有亏消之渐。故君子不欲敌人以自全也。

[译文]

双方摩擦争斗，只有两相俱败而没有两相保全的，只是损失的大小多少不同而已。再锋利的刀刃整天用来割切，必然会有缺折的时候；磨刀石整天磨砺，也会逐渐亏消。因此君子从不刻意树立敌人以保全自己。

3.134　见前面之千里，不若见背后之一寸，故达观非难，而反观为难；见见非难，而见不见为难。此举世之所迷，而智者之独觉也。

[译文]

看前面的千里，不如看背后的一寸，所以说遍观不难，反观就难了；看到能看见的东西不难，看到一般人看不见的东西就难了。这是世上人所困惑之处，只有智者才可以体会到。

3.135　誉既汝归，毁将安辞？利既汝归，害将安辞？功既汝归，罪将安辞？

[译文]

荣誉归你了，那么如何避免诋毁呢？利益归你了，那么如何避免祸害呢？功勋归你了，那么如何避免罪责呢？

3.136　上士会意，故体人也以意，观人也亦以意。意之感人也深于骨肉，意之杀人也毒于斧钺。鸥鸟知渔父之机，会意也，可以人而不如鸥乎？至于征色发声而不观察，则又在“色斯举矣[①]”之下。

［注释］

①色斯举矣：语出《论语·乡党》：“色斯举矣，翔而后集。”

［译文］

高明的人能够了解别人的用意，所以体贴人和观察人都用心意。用心意感动人深于骨肉之情，用心意杀人毒于斧钺。鸥鸟知道渔夫的动机，是会意的缘故，然而人却不如鸥吗？对于表现出来的迹象、颜色、声音、言论，不注意观察，则又不如鸟看到人无善意就振翅飞走了。

3.137　士君子要任天下国家事，先把本身除外。所以说策名委质，言自策名之后身已非我有矣，况富贵乎？若营营于富贵身家，却是社稷苍生委质于我也，君之贼臣乎？天之僇民乎？

［译文］

士君子要担当国家的大事，就应该首先把自己置之度外。所以说策名委质，就是说策名之后身体性命已经不再属于自己所有了，更何况富贵呢？倘若为自己的身家富贵奔波劳碌，却使国家社稷和天下苍生委质于自己，那不就是君主的乱臣贼子、天地的罪人了吗？

3.138　圣贤之量空阔，事到胸中如一叶之泛沧海。

［译文］

圣贤之人的心胸宽阔，事情到了心里就像漂浮在大海上的一叶扁舟那样渺小。

3.139　圣贤处天下事，委曲纡徐，不轻徇一己之情以违天下之欲，以破天下之防。是故道有不当直，事有不必果者，此类是也。譬之行道然，循曲从远顺其成迹，而不敢以欲速适己之便者，势不可也。若必欲简捷直遂，则两京程途正以绳墨，破城除邑，塞河夷山，终有数百里之近矣，而人情事势不可也。是以处事要逊以出之，而学者接物怕径情直行。

［译文］

圣贤之人处理天下大事时，委曲徐缓，不轻易屈从自己的私情，以违背天下的想法，以免破坏了天下的原则。因此道理有不应当正直的，事情有不必有结果的，就是属于这类情况。譬如行路就是这样，沿着弯弯曲曲的道路远行，而不敢为了快些而随自己的便，这是因为情势所迫的缘故。如果一定要走简捷笔直的路，那么就在两京之间画一条线，把城池郡邑拆除，把河流填满，把高山夷为平地，终归要近数百里呢，可是人情和事实是不允许的。所以处事要以谦逊为出发点，而学者处事就怕任性不变。

3.140　热闹中，空老了多少豪杰。闲淡滋味，惟圣贤尝得出。及当热闹时，也只以这闲淡心应之。天下万事万物之理都是闲淡中求来，热闹处使用。是故静者动之母。

［译文］

多少英雄豪杰在热闹繁华中虚度一生。闲淡滋味，只有圣贤品尝过。热闹的时候也要用这闲淡心来应对。天下万事万物都是从闲淡中品悟而来，在热闹中使用。因此说静是动之母。

3.141　胸中无一毫欠缺，身上无一些点染，便是羲皇以上人。即在夷狄患难中，何异玉烛春台上。

［译文］

胸中没有一点欠缺，身上没有一点点染，此人便是超越伏羲的人。这样的人即使处于夷狄患难之中，也如同处于气候适宜的境地，如同春日游览胜地。

3.142　圣人掀天揭地事业只管做，只是不费力；除害去恶只管做，只是不动气；蹈险投艰只管做，只是不动心。

［译文］

圣人对于掀天揭地事业只管做，只是不费力；对于除害去恶只管做，只是不动气；对于危险重重只管做，只是不动心。

3.143　圣贤用刚，只够济那一件事便了；用明，只够得那件情便了，分外不剩分毫。所以作事无痕迹，甚浑厚，事既有成而亦无议。

［译文］

圣贤用刚，只要能完成那件事便不用了；用明，只够明了那件事便不用了，此外不剩分毫。所以做事不留痕迹，十分浑厚，事情做成也没有非议。

3.144　圣人只有一种才，千通万贯，随事合宜。譬如富贵，只积一种钱，贸易百货都得。众人之材如货，轻縠虽美，不可御寒；轻裘虽温，不可当暑。又养才要有根本，则随遇不穷；运才要有机括，故随感不滞；持才要有涵蓄，故随事不败。

［译文］

圣人只有一种才，这种才能可以贯穿万千事物，随事合宜。比如富贵，只要积蓄一种钱就可以了，用它可以买来各色货物。普通人的才能就如同货物，轻柔的丝织品虽然华美，但不能御寒；轻软的毛皮虽然温暖，但暑天不能穿。培养才能要从根本上着手，就会遇事不穷；运用才能要掌握关键，就会随感不滞；操持才能要有涵养，就会随事不败。

3.145　坐疑似之迹者，百口不能自辨；狃一见之真者，百口难夺其执。此世之通患也。唯圣虚明通变，吻合人情，如人之肝肺在其腹中，既无遁情亦无诬执。故人有感泣者，有愧服者，有欢悦者。故曰“惟圣人为能通天下之志”。不能如圣人，先要个虚心。

［译文］

做了令人起疑的事情，怎么说也不能说得清楚；局限于偏见的人，怎么讲也很难化解他的固执。这是全社会都有的毛病。唯独圣人能够变通而适合人情，就像人的肝肺在其腹中，既没有可以隐藏的情况又没有欺骗执拗。因此人们有感动哭泣的，有自愧而佩服的，有欢快而喜悦的。所以说圣人的作为能够沟通天下的志向。不能够像圣人的人，就应该首先虚心谨慎。

3.146　圣人处小人，不露形迹，中间自有得已处。高崖陡堑，直气壮頄，皆偏也。即不论取祸，近小丈夫矣。孟子见乐正子从王驩，何等深恶；及处王驩，与行而不与比，虽然犹形迹矣。孔子处阳货只是个绐法，处向魋只是个躲法。

［译文］

圣人与小人相处的时候要不露痕迹，中间自然该停止的地方还要停止。处于高崖陡堑的时候，盛气凌人就不对了，即使抛开不谈是否会引起祸患，这样做也是目光短浅的。孟子见乐正子跟随王驩，是那么深恶痛绝！等到与王驩相处时，和他同行而不与之并肩，即便如此还是留下了一些痕迹。孔子与阳货相处采取了推托法，而与向魋相处采取的是躲避法。

3.147　君子所得不同，故其所行亦异。有小人于此，仁者怜之，义者恶之，礼者处之不失体，智者处之不取祸，信者推诚以御之而不计利害。惟圣人处小人得当可之宜。

[译文]

由于君子的所得不同，因此其行为也有所不同。有小人在这里，仁善的人感到其可怜，义理之人感到其可恶，礼仪之人与之相处不会有失礼的地方，聪明的人与之相处不会引起祸患，讲信用的人与之相处会推心置腹而不计较利害得失。唯独圣人会以适当的方法与之相处。

3.148　被发于乡邻之斗，岂是恶念头？但类于从井救人矣。圣贤不为善于性分之外。

[译文]

在邻居争斗时，披散着头发去劝架，这怎么是不好的念头呢？这只是有点像跳到井里救人罢了。圣人是不会在本性之外做善事的。

3.149　仕途上只应酬，无益人事，工夫占了八分，更有甚精力时候修正经职业？我尝自喜行三种方便，甚于彼我有益：不面谒人，省其疲于应接；不轻寄书，省其困于裁答；不乞求人看顾，省其难于区处。

[译文]

仕途上只靠应酬，对处理人事都没有好处，这里费了功夫八分，哪里还有精力和时间去做正经事？我自己常常喜欢三种方法，对人对我都有益：一是不去拜访人，省得别人疲于应对；二是不轻易写书信，省得双方为回信的事困扰；三是不乞求别人照顾，省得别人难以处理。

3.150　士君子终身应酬不止一事，全要将一个静定心，酌量缓急轻重为后先。若应轇轕情，处纷杂事，都是一味热忙，颠倒乱应，只此便不见存心定性之功、当事处物之法。

[译文]

君子一生中要应酬许多事，需要一个静定心，酌量缓急轻重。如果整日处理纠葛和繁杂的事情，都是一味忙碌，没有意义，只这点就看不到存心定性的功夫和处理事务的方法。

3.151　儒者先要个不俗，才不俗又怕乖俗。圣人只是和人一般，中间自有妙处。

[译文]

学者首先应该没有庸俗之气，可是没有庸俗之气又忌讳为人乖巧。圣人看起来和一般人一样，但其中有其自己的精妙之处。

3.152　处天下事先把“我”字阁起，千军万马中先把“人”字阁起。

[译文]

处理天下的事要先把“我”字搁起来，千军万马中先把“人”字搁起来。

3.153　处毁誉要有识有量。今之学者尽有向上底，见世所誉而趋之，见世所毁而避之，只是识不定。闻誉我而喜，闻毁我而怒，只是量不广。真善恶在我，毁誉于我无分毫相干。

[译文]

对待诋毁和赞誉，应该有自己的见识和肚量。今天的学者，有的是眼睛向上看的，见到社会上的荣誉就趋附，见到诋毁就躲避，这是因为没有坚定的见识。听到他人赞誉自己就高兴，听到他人诋毁自己就发怒，这是因为肚量太小。其实本真、仁善与邪恶都在于自己，他人的诋毁和赞誉都与自己毫不相干。

3.154　某平生只欲开口见心，不解作吞吐语。或曰："恐非'其难其慎'之义？"予矍然惊谢曰："公言甚是。但'其难其慎'在未言之前，心中择个是字才脱口，更不复疑，何吞吐之有？吞吐者，半明半暗，似于'开诚心'三字碍。"

[译文]

我一生只想开口见心，不会说含糊吞吐的话。有人说："恐怕你所说的是难于任用，慎于所察的意义吧。"我大惊失色说："你说得很对。然而困难慎重在没有说话之前，心里有了选择才说出口，就不再犹疑，怎么会吞吞吐吐呢？所谓吞吞吐吐，就是半明半暗的缘故，似乎与开诚布公相抵触。"

3.155　接人要和中有介，处事要精中有果，认理要正中有通。

[译文]

待人要和气中有耿介，处理事情要精细且果断，认识道理要正确中有通达。

3.156　天下之事常鼓舞不见疲劳，一衰歇便难振举。是以君子提醒精神不令昏眊，役使筋骨不令怠惰，惧振举之难也。

[译文]

天下的事，经常鼓舞就不会疲劳停止，一旦衰歇了就很难再振作起来。因此君子提醒精神而不令其昏沉，经常活动筋骨使之不懈怠，这是为了避免振举的艰难。

3.157　实言、实行、实心，无不孚人之理。

[译文]

能够做到实言、实行、实心，就没有不让人信服的道理。

3.158　当大事要心神定，心气足。

[译文]

面临大事的时候，应该心神安定，心气十足。

3.159　世间无一处无拂意事，无一日无拂意事，惟度量宽弘有受用处。彼局量褊浅者，空自懊恨耳。

[译文]

世上到处都有不顺心的事，每天都有不顺心的事，只有度量宽宏才能从中受益。如果度量狭小，只能独自懊悔罢了。

3.160　听言之道徐审为先，执不信之心与执必信之心其失一也。惟圣人能先觉，其次莫如徐审。

[译文]

听他人说话的方法，首先是慢慢地审度，而固执地坚持不信与坚持必信，二者的错误是一样的。唯独圣人能够首先觉悟，然后再慢慢地审度。

3.161　君子之处事也，要我就事，不令事就我；其长民也，要我就民，不令民就我。

［译文］

君子做事情，要主动找事情，不要等事情找自己；君子管理人民，要主动接近人民，不要等人民来接近自己。

3.162　上智不悔，详于事先也；下愚不悔，迷于事后也。惟君子多悔。虽然，悔人事不悔天命，悔我不悔人。我无可悔，则天也、人也听之矣。

［译文］

非常聪明的人没有后悔的事情，这是因为在事先已经考虑周详了；非常愚蠢的人也没有后悔的事情，这是因为在事后仍然迷惑不解。唯独君子常常有很多后悔的事情。然而，君子为人事后悔，不为命运后悔；为自己后悔，不为他人后悔。自己没有后悔的事情，那么老天与人也会听之任之。

3.163　某应酬时，有一大病痛，每于事前疏忽，事后点检，点检后辄悔吝；闲时慵懒，忙时迫急，迫急后辄差错。或曰："此失先后着耳。"肯把点检心放在事前，省得点检，又省得悔吝；肯把急迫心放在闲时，省得差错，又省得牵挂。大率我辈不是事累心，乃是心累心。一谨之不能，而谨无益之谨；一勤之不能，而勤无及之勤。于此心倍苦而于事反不详焉，昏懦甚矣。书此以自让。

［译文］

我在应酬的时候有一个很大的毛病，那就是事前粗心大意，事后反省，反省之后就马上后悔；在闲暇时慵懒，在匆忙时急迫，急迫之后就容易出错。有人会说："这是没有先后的缘故。"如果能够把检点放在事前，就能够在事后省了检点，也省了后悔；如果能够把检点放在闲暇时，就能够在事后省得出差错，也省得牵挂了。大概人们不是因为事情而劳心，只是因为操心而劳心。既不能够谨慎，而在无益时却很谨慎；既不能够勤劳，而在用不着时却很勤劳。于是这颗心就愈加痛苦，而对于事情也愈加不清楚了，这真是太愚蠢了。写了这段话以自勉。

3.164　无谓人唯唯，遂以为是我也；无谓人默默，遂以为服我也；无谓人煦煦，遂以为爱我也；无谓人卑卑，遂以为恭我也。

［译文］

不要以为别人对我唯唯诺诺，就是尊敬我；不要以为别人默默无语，就是服气我；不要以为别人对我很客气，就是爱护我；不要以为别人对我卑谦，就是恭敬我。

3.165　事到手且莫急，便要缓缓想；想得时切莫缓，便要急急行。

［译文］

事情来了不要着急，要仔细想想再行动；有想法时就要抓住机遇，赶快行动。

3.166　我不能宁耐事而令事如吾意，不则躁烦。我不能涵容人而令人如吾意，不则谴怒。如是则终日无自在时矣。而事卒以偾，人卒以怨，我卒以损，此谓至愚。

［译文］

自己遇事不能忍耐，反而要求事情一定要如自己的心愿，一旦不如意，就心情烦躁；自己不能宽容他人，反而要求他人一定要如自己的意愿，一旦不如意就愠怒谴责。像这样，则整天没有放松的时候。所以事情会失败，他人会怨恨，自己也有损失，这真是愚昧之极。

3.167　有由衷之言，有由口之言。有根心之色，有浮面之色。各不同也，应之者贵审。

［译文］

有发自内心的话语，有仅仅流于口头的话语。有发自内心的面色，有仅仅浮现于脸上的面色。他们都是不同的，看到的人应该好好观察。

3.168　富贵，家之灾也；才能，身之殃也；声名，谤之媒也；欢乐，悲之藉也。故惟处顺境为难。只是常有惧心，退一步做，则免于祸。

［译文］

富贵是家的灾难，才能是自身的祸根，名声是诽谤的媒介，欢乐是悲伤的开始。因此处于顺境的时候是最困难的。应该常常怀有恐惧之心，给自己留有余地，就会免于灾祸。

3.169　语云：一错二误，最好理会。凡一错者必二误，盖错必悔怍，悔怍则心凝于所悔，不暇他思，又错一事。是以无心成一错，有心成二误也。礼节应对间，最多此失。苟有错处，更宜镇定，不可忙乱，一忙乱则相因而错者无穷矣。

［译文］

俗话说“一错二误”，最好理解。一错总是伴随二误，因为做错之后必定后悔，后悔则心中总是想这件事，无心思考其他的事情，这又是一个错。因此说无心造成了一个错误，有心造成了两个错误。在礼节应对的时候，最容易出现这样的错误。如果犯错不要慌乱，而更要镇定，一慌乱则下面的错误就会更多。

3.170　冲繁地、顽钝人、纷杂事、迟滞期、拂逆时，此中最好养火。若决裂、愤激，悔不可言；耐得过时，有无限受用。

［译文］

处在繁华的地方，遇到顽固愚钝的人，处理纷杂混乱的事情，碰到迟缓阻滞的时期，遭遇偃蹇不如意的时候，这些最能考验一个人的器量，消除人的火气。如果激愤、决裂，就会招来难言的悔恨；如果能忍耐过去，就会得到无限的好处。

3.171　当繁迫事，使聋瞽人；值追逐时，骑瘦病马；对昏残烛，理烂乱丝。而能意念不躁，声色不动亦不后事者，其才器吾诚服之矣。

［译文］

碰到繁忙紧迫的事情，像一个又聋又瞎的人；正当追逐时，却像骑着一匹又瘦又有病的马；对着昏暗的残烛，像在整理纷乱的烂丝一样。在这种情况下能够保持意念不焦躁，不动声色，也不后悔的，他的才华和器量正是我所佩服的。

3.172　义所当为，力所能为，心欲有为，而亲友挽得回，妻孥劝得止，只是无志。

［译文］

从道义上讲，应该去做，又有能力做，心里也想去做，然而亲友能够挽留住，妻子儿女能够劝得住，那么这个人一定是个没有志向的人。

3.173　妙处先定不得，口传不得。临事临时，相机度势，或只须色意，或只须片言，或用疾雷，或用积阴，务在当可。不必彼觉，不必人惊，却要善持善发，一错便是死生关。

［译文］

巧妙的处世方法无法事先确定下来，无法口头传达下来。要临事临时，相机度势，或用眼色示意，或用片言只语，或用疾雷般迅速的办法，或用慢慢积累的办法，关键在适当。不必让别人察觉，不要惊动别人，却要把握住时机，一错便是生死关头。

3. 174　意主于爱，则诟骂扑击，皆所以亲之也；意主于恶，则奖誉绸缪，皆所以仇之也。

［译文］

如果怀有仁爱的情意，那么就是诟骂鞭笞，也都是相亲相爱的缘由；如果怀有仇恨的念头，那么即便是夸奖，即便是殷切，也都是因为仇恨引起的。

3. 175　养定者上交则恭而不迫，下交则泰而不忽，处亲则爱而不狎，处疏则真而不厌。

［译文］

修养高的人，与比自己地位高的人交往时，会恭敬而不窘迫，与比自己地位低的人交往，会泰然而不疏忽，在与亲友相处时关爱而不狎亵，与一般朋友相处时真切而不厌烦。

3. 176　有进用，有退用，有虚用，有实用，有缓用，有骤用，有默用，有不用之用。此八用者，宰事之权也，而要之归于济义，不义虽济，君子不贵也。

［译文］

有进用，有退用，有虚用，有实用，有缓用，有骤用，有默用，有不用之用。这八用是主宰事物的权变之术，而要旨归于成就义，如果不合于义，即使成功，君子也不以为贵。

3.177　责人要含蓄，忌太尽；要委婉，忌太直；要疑似，忌太真。今子弟受父兄之责也，尚有所不堪，而况他人乎？孔子曰："忠告而善道之，不可则止①。"此语不止全交，亦可养气。

［注释］

①忠告而善道之，不可则止：语出《论语·颜渊》："忠告而善道之，不可则止，毋自辱焉。"

［译文］

责备别人要含蓄，忌讳太尽；要委婉，忌讳太直；要或真或假，忌讳太真。现在子弟受父兄指责，还有些难以接受，更何况别人呢？孔子说："忠告他人要有好的方法，如果做不到就不要去做。"这句话不仅可以保全交情，还可涵养气质。

3.178　祸莫大于不仇人而有仇人之辞色，耻莫大于不恩人而诈恩人之状态。

［译文］

祸莫大于不仇恨别人却表现出仇恨的态度和话语，无耻莫大于对人无恩却要装作恩人。

3.179　柔胜刚，讷止辩，让愧争，谦伏傲。是故退者得常倍，进者失常倍。

［译文］

柔能战胜刚，默默不语能够战胜巧言善辩，礼让能够使争抢的人感到惭愧，谦虚能够使傲慢的人放下架子。因此退一步海阔天空，进一步万丈深渊。

3.180　余少时曾泄当密之语，先君责之，对曰："已戒闻者使勿泄矣。"先君曰："子不能必子之口，而能必人之口乎？且戒人与戒己孰难？小子慎之。"

[译文]

我小时候曾经把家里不该说的话告诉了别人，先父责怪我，我对他说："我已经告诫那个人不要说出去了。"先父说："你连自己的嘴都管不住，又怎么能管住别人的嘴呢？况且管住自己的嘴与管住别人的嘴，哪一个更难呢？你以后千万要慎重啊！"

3.181　中孚，妙之至也。格天动物不在形迹言语，事为之末，苟无诚以孚之，诸皆糟粕耳。徒勤无益于义。鸟抱卵曰孚，从爪从子，血气潜入，而子随母化，岂在声色？岂事造作？学者悟此，自不怨天尤人。

[译文]

中孚，精妙至极。格化上天、感动万物而不留痕迹或言语。事情就是它的末端，如果没有诚挚可言，这些都是糟粕，徒然勤劳也无济于事。鸟抱着卵称为"孚"，"孚"字从爪从子，是使血气潜入卵内而使子随母孵化，还需要什么声色和造作呢？学者领悟到这一点，就不会怨天尤人了。

3.182　应万变，索万理，惟沉静者得之。是故水止则能照，衡定则能称。世亦有昏昏应酬而亦济事，梦梦谈道而亦有发明者，非资质高，则偶然合也，所不合者何限？

[译文]

应万变，求万机，只有沉静的人可以做到。因此水停止的时候可以照影，秤在平衡时才能称物。世上也有昏昏沉沉却能够办成事情，夸夸而谈却有所作为的人，不是他们资质高，这只是偶然的巧合，但是不碰巧的就数不清了。

3. 183　祸莫大于不体人之私而又苦之，仇莫深于不讳人之短而又讦之。

［译文］

灾祸没有比不体谅他人的个人感情而又苦苦要求更大的了，仇恨没有比不忌讳他人的短处而又揭人隐私更大的了。

3. 184　肯替别人想，是第一等学问。

［译文］

能够替别人着想，是天下最大的学问。

3. 185　不怕千日密，只愁一事疏。诚了再无疏处，小人掩著，徒劳尔心矣。譬之于物，一毫欠缺，久则自有欠缺承当时。譬之于身，一毫虚弱，久则自有虚弱承当时。

［译文］

不怕千日密，只怕一事的疏忽。即使再无疏忽的地方，小人也会来捣乱，白白的费心思而已。比如物品，有了一毫的欠缺，时间长了欠缺就会由原来的地方继续发展。比如身体，有了一毫的虚弱，时间长了虚弱就会由原来的样子继续发展。

3. 186　置其身于是非之外，而后可以折是非之中；置其身于利害之外，而后可以观利害之变。

［译文］

置身于是非之外，而后才可以判断是非；置身于利害之外，而后才可以看到利害的变化。

3.187　余观察晋中，每升堂，首领官凡四人先揖堂官，次分班对揖，将退，则余揖手，四人又一躬而行。一日，三人者以公出，一人在堂，偶忘对班之无人，又忽揖下，起愧不可言。群吏忍口而笑。余揖手谓之曰："有事不妨先退。"揖者退，其色顿平。昔余令大同日，县丞到任，余让笔揖手，丞他顾而失瞻，余面责簿吏曰："奈何不以礼告新官？"丞愧谢，终公宴不解容。余甚悔之。偶此举能掩人过可补前失矣。因识之以充忠厚之端云。

［译文］

我在山西任观察使时，每次升堂议事，四个吏卒领班先要向堂官作揖，然后分班互相作揖，将退堂时，我对他们行揖手礼，四个人又要鞠一躬才能下去。一天，三个吏卒领班出差去了，只留一个在堂上，他忘了对班的人不在，又向对面作揖，当直起身来时发觉自己弄错了，感到愧不可言。堂下的吏卒们也忍俊不禁。我揖手对他说："你有事不妨先下堂去吧。"这个领班下去后，神态也恢复了正常。过去我在大同任县令时，县丞到任，我放下笔对他行揖手礼，县丞看别处没看到我行礼，我当面责备簿吏说："你怎么不告诉新官礼法呢？"县丞感到很惭愧，连忙谢罪，在公宴时始终神态沮丧。我也因此感到十分后悔。偶然间的举动能掩盖他人的过失，也可以弥补以前的错误。由于认识到这一点，就能够作为忠厚的开始了。

3.188　善用人底，是个人都用得；不善用人底，是个人用不得。

［译文］

善于使用人才，那么每一个人都能加以利用；不善于使用人才的，那么哪一个人都没有办法使用。

3.189　以多恶弃人，而以小失发端是藉弃者以口实，而自取不韪之讥也。曾有一隶怒挞人，余杖而恕之；又窃同舍钱，又杖而恕之，且戒之曰："汝慎，三犯不汝容矣。"一日在燕，醉而寝，余既行矣，而呼之不至，既至托疾，实醉也，余逐之。出语人曰："余病不能从，遂逐我。"人曰："某公有德器，乃以疾逐人耶？"不知余恶之也，以积愆而逐之也。以小失则余之拙也。虽然彼藉口以自白，可为他日更主之先容，余拙何悔？

［译文］

借口他人身上多有恶习抛弃他人，而以其小的过失作为发端，这是给被摒弃的人以口实而给自己招来不好的名声。有一个仆人曾经鞭打他人，我杖罚他之后宽恕了他；后来他又偷了同屋的钱，我又杖罚他之后宽恕了他，并且告诫他说："你要小心了，如果再犯就容不得你了。"一天他喝得大醉，睡着了，我要出去怎么也叫不来他，直到他来之后，假装说是病了，而实际上是喝醉了。我把他赶了出去。他出去跟别人说："我病了，不能跟随，被赶出来了。"别人说："某公是有德行器量的，怎么会因为生病就把你赶走呢？"别人不知我憎恶他是因为他再三犯错才赶走他的。如果以小过而赶走他，就是我的不高明之处了。即便如此他还是有借口来为自己辩白，这样就能够被以后的主人所容纳，因此即便我很不高明又有什么后悔的呢？

3.190　手段不可太阔，太阔则填塞难完；头绪不可太繁，太繁则照管不到。

［译文］

手段不可太多，太多就难以应对；头绪不可太繁杂，太繁杂就会难以顾全。

3.191　得了真是非才论公是非。而今是非不但捉风捕影，且无风无影，不知何处生来。妄听者遽信是实，以定是非，曰：“我无私也。”噫！固无私矣，《采苓》止棘，暴公《巷伯》，孰为辩之？

[译文]

看清了真是真非才能公开品论是非。而现在对是非的分辨，不但捕风捉影，且无风无影，不知道从哪里生出的议论。而妄听就信以为真，并以此来判断是非，还要说：“我没有私心呀！”唉！固然没有私心，《诗经》中的《采苓》《巷伯》等篇中记载的那些遭受诽谤的人，谁来为他们辩护呢？

3.192　固可使之愧也，乃使之怨；固可使之悔也，乃使之怒；固可使之感也，乃使之恨。晓人当如是耶？

[译文]

本来可以使他惭愧，却招致抱怨；本来可以使他悔恨，却招致愤怒；本来可以使他感动，却招致怨恨。明白的人能把事情办成这样吗？

3.193　不要使人有过。

[译文]

不要使人有过失。

3.194　谦忍皆居尊之道，俭朴皆居富之道。故曰：卑不学恭，贫不学俭。

[译文]

谦虚忍让是居于尊位的方法，俭朴是居家致富的方法。所以说，地位卑下的人不用学谦恭（，因为自会谦恭）；贫困的人不用学节俭（，因为自会节俭）。

3.195　豪雄之气虽正多粗，只用他一分，便足济事，那九分都多了，反以偾事矣。

[译文]

英雄豪杰虽有正直的气概，但多数都很粗鲁，其实只要一分那样的气概就足以使事情成功，其他九分都是多余的，反而会把事情搞砸。

3.196　君子不受人不得已之情，不苦人不敢不从之事。

[译文]

君子不接受别人不得已之情，不强迫别人做不敢不从的事。

3.197　教人十六字：诱掖、奖劝、提撕、警觉、涵育、薰陶、鼓舞、兴作。

[译文]

教育人的十六字：引导、奖励、提醒、警觉、涵育、熏陶、鼓舞、兴作。

3.198　水激逆流，火激横发，人激乱作。君子慎其所以激者。愧之，则小人可使为君子；激之，则君子可使为小人。

[译文]

水被激起，就会逆流；火被激发，就会横向蔓延；人被激将，就会犯上作乱。因此，君子在使用激将时候，应该非常慎重。使之感到惭愧，那么小人也会成为君子；使之受到激将，那么君子也会成为小人。

3.199　事前忍易，正事忍难；正事悔易，事后悔难。

［译文］

事情发生之前忍耐容易，发生的过程中忍耐就困难；事情发生的过程中后悔容易，事情发生之后后悔困难。

3.200　说尽有千说，是却无两是。故谈道者必要诸一是而后精，谋事者必定于一是而后济。

［译文］

纵然有千百种说法，但正确的却没有两个。所以讲道的人，必须从许多说法中选取正确的一条，才能达到精通；考虑事情的人必须考虑好正确的一种做法，对事情才有好处。

3.201　世间事各有恰好处，慎一分者得一分，忽一分者失一分，全慎全得，全忽全失。小事多忽，忽小则失大；易事多忽，忽易则失难。存心君子自得之体验中耳。

［译文］

世间的事情都有自己的恰到好处的地方，谨慎一分则得一分，疏忽一分则失一分，全慎全得，全忽全失。小事上多会产生疏忽，疏忽了小的则会失去大的；容易的事多会产生疏忽，疏忽了容易的则会失去难得的。有心的君子自会有所体验。

3.202　到一处问一处风俗，果不大害，相与循之，无与相忤。果于义有妨，或不言而默默转移，或婉言而徐徐感动，彼将不觉而同归于我矣。若疾言厉色，是己非人，是激也，自家取祸不惜，可惜好事做不成。

[译文]

人每到一个地方，必须先了解一个地方的风俗，就是“入乡问俗”。这个风俗确实没有什么不好的，就遵守它们，不要违背。如果风俗对仁义有抵触的地方，不要大声张扬，或者自己悄悄地离开，或者是用委婉的语言慢慢地开导，使对方因受到教育而感化，对方就会不知不觉地对我有了认同。如果用过激的言辞和严厉的表情，非难别人，那就太偏激了，自己招来祸患不算什么，可惜的是一件好事情也办不成。

3.203　事有可以义起者，不必泥守旧例；有可以独断者，不必观望众人。若旧例当，众人是，莫非胸中道理而彼先得之者也？方喜旧例免吾劳，方喜众见印吾是，何可别生意见以作聪明哉？此继人之后者之所当知也。

[译文]

事情有应该以义理而行之的，不必拘泥固守旧例；有应当独断专行的，不必观望别人。如果旧例合适，众人认可，那么是不是自己的见解早已被众人想到了呢？这样就会因为旧例合适而解除了自己的辛苦，因众人的见解证实自己的判断正确而高兴，又怎么能另发意见而显示自己的聪明呢？这是继承前人事业的人应该懂得的道理。

3.204　善用明者用之于暗，善用密者用之于疏。

[译文]

善于使用明的，会把明用在黑暗之中；善于使用周密的，会把周密用在疏简之中。

3.205　你说底是，我便从，我不是从你，我自从是，何私之有？你说底不是，我便不从，不是不从你，我自不从不是，何嫌之有？

［译文］

你说得对，我就听从你的，我不是听从你，而是听从真理，这有什么私心呢？你说得不对，我就不听从，不是不听从你，而是我不听从错误，这有什么嫌疑呢？

3.206　日用酬酢，事事物物要合天理人情。所谓合者，如物之有底盖然，方者不与圆者合，大者不与小者合，欹者不与正者合。覆诸其上而不广不狭，旁视其隙而若有若无。一物有一物之合，不相苦窳；万物各有其合，不相假借。此之谓天则，此之谓大中，此之谓天下万事万物各得其所，而圣人之所以从容中，贤者之所以精一求，众人之所以醉心梦意、错行乱施者也。

［译文］

在日常生活中，每一件事都应该合乎天理人情。所谓合，就像器物有底有盖一样，方的与圆的不合，大的与小的不合，歪的与正的不合。盖在上面不大不小，左右看看没有空隙的才是相合。一物必然有另一物与之相合，不能强行拼凑；万物各有相合的，不能互相假借。这就叫作天则、大中，也就是天下万事万物各得其所，这就是圣人能够从容其间，贤者求得一精，众人醉生梦死、错乱行施的缘故。

3.207　事有不当为而为者，固不是；有不当悔而悔者，亦不是。圣贤终始无二心，只是见得定了，做时原不错，做后如何悔？即有凶咎，亦是做时便大拚[①]如此。

[注释]

①挤：舍弃，不顾一切。

[译文]

如果做了不该做的事情，固然是不对的；如果后悔了不该后悔的事情，也是不对的。圣贤始终没有二心，因为他们有确定的信念，做的时候就是正确的，做后如何后悔呢？即使有危险，做的时候也不会有所顾惜。

3.208　心实不然而迹实然，人执其然之迹，我辨其不然之心，虽百口不相信也。故君子不示人以可疑之迹，不自诬其难辨之心。何者？正大之心，孚人有素，光明之行，无所掩覆也。倘有疑我者，任之而已，哓哓何为？

[译文]

心中想的不是这样，而行为表现出来的却是这样，人们从我的行为辨识我的内心，我向人们解释我的内心原不是这样，但是百口难辩。因此君子不向人展示可疑之迹，不自诬其难辨之心。为什么？正大之心，一向被人信服，光明磊落，没有什么可以怀疑的。如果有人怀疑，那就随他去吧，何必要不停地辩解呢？

3.209　大丈夫看得生死最轻，所以不肯死者，将以求死所也。死得其所，则为善用死矣。成仁取义，死之所也，虽死贤于生也。

[译文]

大丈夫把生死看得最轻，之所以不愿意死，是为了找到一个可以为之死的事情。死得其所，就是善用死了。成仁取义，就是死的归宿，这样虽死犹生。

3.210　将祭而齐，其思虑之不齐者，不惟恶念，就是善念也是不该动的。这三日里时时刻刻只在那所祭者身上，更无别个想头。故曰精白一心。才一毫杂，便不是精白，才二，便不是一心。故君子平日无邪梦，齐日无杂梦。

［译文］

将要祭祀时举行斋戒，有的人思想意念上不斋戒，不只是有恶念，就是善念也不该在此时产生。斋戒这三天中，时时刻刻要把思虑放在被祭祀人身上，绝不要有其他的想法。因此称作精白一心。只要有一点杂念，便不是精白；只要走神，便不是一心。所以君子平日无邪梦，斋日无杂梦。

3.211　彰死友之过，此是第一不仁。生而告之也，望其能改，彼及闻之也，尚能自白。死而彰之，夫何为者？虽实过也，吾为掩之。

［译文］

揭出过世朋友的过错，是第一不仁之事。如果趁他活着告诉他，是希望他可以改，这时他还可以听到，还能自白。死了之后再这样做又有什么意义？即使是确实有过错，我也会替他掩饰的。

3.212　争利起于人各有欲，争言起于人各有见。惟君子以淡泊自处，以知能让人，胸中有无限快活处。

［译文］

对利益的争夺起于人的欲望各有不同，对意见的争论起于人的意见各有不同。只有君子能淡泊处世，宽容他人，心中自然有无限快活处。

3.213　吃这一箸饭是何人种获底？穿这一匹帛是何人织染

底？大厦高堂如何该我住居？安车驷马如何该我乘坐？获饱暖之休，思作者之劳；享尊容之乐，思供者之苦，此士大夫日夜不可忘情者也，不然，其负斯世斯民多矣。

［译文］

我吃的饭是什么人种的？我穿的衣帛是什么人织染的？大厦高堂为何该我居住？舒服的马车为何该我乘坐？获得饱暖的生活，应该想到劳动者的劳动；享受富贵的快乐，应该想到供应者的辛苦，这是士大夫任何时候都不能忘记的，不然的话，就有负社会、人民太多了。

3.214　只大公了，便是包涵天下气象。

［译文］

只要大公无私，就有能够包容天下之事的气概。

3.215　“定、静、安、虑、得”，此五字时时有，事事有，离了此五字，便是孟浪做。

［译文］

“定、静、安、虑、得”，这五个字应该时时刻刻牢记，事事牢记，忘记这五个字，就是孟浪的做法。

3.216　公人易，公己难。公己易，公己于人难。公己于人易，忘人己之界而不知我之为谁难。公人处人能公者也，公己处己亦公者也。至于公己于人，则不以我为嫌时当贵我富我。泰然处之，而不嫌于尊己事当逸我利我。公然行之而不嫌于厉民，非富贵我，逸利我也。我者天下之我也，天下名分纪纲于我乎寄，则我者名分纪纲之具也，何嫌之有？此之谓公己于人。虽然犹未能忘其道未化也。圣人处富贵逸利之地而忘其身，为天下劳苦卑困而亦忘其身。非曰我分当然也，非曰我志欲然也。譬痛者之必呻吟，乐者之必谈笑，痒者之必爬搔，自然而已。譬蝉之鸣秋，鸡之啼晓，草木之荣枯，自然而已。夫如是，虽负之使灰其心，怒之使薄其意，不能也。况此分不尽，而此心少怠乎？况人情未孚，而惟人是责乎？夫是之谓忘人己之界，而不知我之为谁。不知我之为谁，则亦不知人之为谁矣。不知人我之为谁，则六合混一而太和元气塞于天地之间矣。必如是而后谓之仁。

［译文］

用公心待人易，而用公心处已就难了；用公心处已易，使自己公正对待他人就难了；使自己公正对待他人很容易，而忘却他人和自己的界限、不知道自己的存在就难了。能以公心处人的人，是有公心的人；能以公心处己的人也是有公心的人。至于使自己对待他人公正，如果没有私心的嫌疑，就会使自我富贵。泰然处之而没有自尊自大的嫌疑，就会使我宽逸获利。公然推行而没有对民众暴戾苛刻的嫌疑，不单会使自我富贵，也会使自我宽逸获利。这时的自我，就是整个社会的自我。整个社会的名义、身份和纲纪，都寄托在自我身上，那么自我也就具有这些。这样又有什么嫌疑呢？这就叫作使自己公正对待他人。即便如此还不能忘却其来历，还没有完全融入大众中。圣人身处富贵逸利的境地，而能够忘却自己；为了整个社会不辞辛劳，也能够忘却自身。不说自我的本分应该如此，也不说有意如此。譬如疼痛的人定会呻吟，快乐的人定会谈笑风生，痒痒的人定会挠痒，这些都是出自自我本能。譬如秋天蝉鸣，拂晓鸡啼，草木的荣枯，都是出于自然。像这样，虽然辜负了他使其灰心，激怒他使其意志消沉，都是不可能的。况且自己的本分没有尽到，心中怎么能有一点怠惰呢？何况人情还未信服，怎么能唯人是责呢？所以说，这就叫忘却了人己的界限而不知我之为谁。不知我之为谁，也就不知人之为谁了。不知人我之为谁，天地四方就会大同，而太和元气就会充塞天地之间。必须达到这种境界，才能叫作仁。

3.217　才下手便想到究竟处。

［译文］

刚刚开始就想到了事情的究竟。

3.218　理、势、数皆有自然，圣人不与自然斗，先之不敢干之，从之不敢迎之，待之不敢奈之，养之不敢强之。功在凝精，不撄其锋；妙在默成，不揭其名。夫是以理、势、数皆为我用而相忘于不争。噫！非善济天下之事者不足以语此。

［译文］

理、势、数都有它们的自然规律，圣人不与自然斗，让其作为先导而不敢干涉它，跟从它而不逆着它，等待它而不敢奈何它，养着它而不敢强迫它。功业在于凝聚它的精华，而不犯它的锋芒；妙处在于默默成功，而不显露其名。这样使理、势、数都为我用而相忘于不争。唉！除非善于成就天下大事的人，否则不能和他谈论这个道理。

3.219　心一气纯，可以格天动物，天下无不成之务矣。

［译文］

心专一，气纯粹，可以感天动物，天下就没有办不成的事情。

3.220　握其机使自息，开其窍使自噭，发其萌使自峥，提其纲使自张，此老氏之术乎？曰：非也。二帝三王御世之大法不过是也。解其所不得不动，投其所不能不好，示其所不得不避。

天下固有抵死而惟吾意指者，操之有要而战敠其心故也。化工无他术，亦只是如此。

［译文］

握其机使自息，开其窍使自叫，发其萌使自峥，提其纲使自张，这是老子的方法吗？回答说：不是。这是二帝三王管理社会的方法。解其所不得不动，投其所不能不好，示其所不得不避。天下本来就有至死也要按照自己的意志做的人，这是因为掌握了他的要害而又能估量他的心意的缘故。教化没有其他的办法，也只有这些而已。

3.221　对忧人勿乐，对哭人勿笑，对失意人勿矜。

［译文］

在忧愁的人面前不要过分高兴，在痛哭的人面前不要过分大笑，在失意的人面前不要过分自夸。

3.222　“与禽兽奚择哉？于禽兽又何难焉[①]？”此是孟子大排遣。初爱敬人时，就安排这念头，再不生气。余因扩充排遣横逆之法，此外有十：一曰与小人处，进德之资也。彼侮愈甚，我忍愈坚，于我奚损哉？《诗》曰：“他山之石，可以攻玉[②]。”二曰不遇小人，不足以验我之量。《书》曰：“有容，德乃大。”三曰彼横逆者至于自反而忠，犹不得免焉，其人之顽悖甚矣，一与之校，必起祸端。兵法云：“求而不得者，挑也无应。”四曰始爱敬矣，又自反而仁礼矣，又自反而忠矣。我理益直，我过益寡。其卒也乃不忍于一逞以掩旧善，而与彼分恶，智者不为。太史公曰：“无弃前修而崇新过。”五曰是非之心，人皆有之，彼固自昧其天，而责我无已，公论自明，吾亦付之不辩。古人云：

"桃李不言，下自成蹊[3]。"六曰自反无阙。彼欲难盈，安心以待之，缄口以听之，彼计必穷。兵志曰："不应不动，敌将自静。"七曰可避则避之，如太王之去邠[4]；可下则下之，如韩信之胯下。古人云："身愈诎，道愈尊。"又曰："终身让畔，不失一段。"八曰付之天，天道有知，知我者其天乎？《诗》曰："投畀有昊[5]。"九曰委之命。人生相与，或顺或忤，或合或离，或疏之而亲，或厚之而疑，或偶遭而解，或久构而危。鲁平公将出而遇臧仓[6]，司马牛为弟子而有桓魋，岂非命耶？十曰外宁必有内忧。小人侵陵则惧患防危，长虑却顾，而不敢侈然有肆心，则百祸潜消。孟子曰："出则无敌国外患者，国恒亡[7]。"三自反后，君子之存心犹如此。彼爱人不亲、礼人不答而遽怒，与夫不爱人、不敬人而望人之爱敬己也，其去横逆，能几何哉？

［注释］

①与禽兽奚择哉？于禽兽又何难焉：语出《孟子·离娄下》。②他山之石，可以攻玉：语出《诗经·小雅·鹤鸣》。③桃李不言，下自成蹊：语出《史记·李将军列传》。④太王之去邠：太王，指周朝古公亶父。邠，地在陕西彬县。事见《史记·周本纪》。⑤投畀有昊：语出《诗经·小雅·巷伯》。⑥鲁平公将出而遇臧仓：事见《孟子·梁惠王下》。⑦出则无敌国外患者，国恒亡：语出《孟子·告子下》。

［译文］

孟子说："那些对我蛮横无理的人，同禽兽有什么区别呢？对于禽兽又有什么可以责备的呢？"这是孟子排除愤懑的最好办法。当初和人相爱相敬的时候，就存有这样的想法，再不会有使你生气的事。因此我把对付蛮横无理的人的方法扩大，除孟子讲的之外，还有十种方法：第一，与小人相处，可以有助于我品德的长进。他对我侮辱得愈厉害，我的忍耐心愈坚定，这对我有什么损害呢？《诗经》说："他山之石，可以攻玉。"借用别的山上的石头，可以打磨我的玉石。第二，不遇小人，不足以验证我的气量。《尚书》说："有容，德乃大。"能够宽容，品德才能扩大。第三，那些蛮横无理的人使我自省，我已经做到鞠躬尽瘁了，仍然不能避免蛮横无理的对待，说明那些人太顽固、太不讲道理了，和他较量，必起祸端。兵法说："求而不得者，挑也无应。"请求不得，挑战也不得回应。第四，开始我对他的态度是敬和爱，后来我自省我的做法都合乎仁义，我又自省自己是忠心耿耿的，我更理直气壮，错误更少。最终我忍耐不住，想使自己痛快一下，而与他较量，这样就抹去了自己以前好的做法，而与他共同承担错误，有智慧的人不这样做。太史公说："无弃前修而崇新过。"不要抛弃以前的修养，而增加新的错误。第五，是非之心，人皆有之。他固然昧着良心对我责备求全，但大家对这些自有公论，我不必自辩。古人说："桃李不言，下自成蹊。"桃李不会说话，但它的花和果实吸引着人们，树下自然会踏出一条小路。第六，我自问没有什么错误，但他的欲望难以满足，我就只能以安定的心情对待他，闭着口听他说话，这样他最终会有停止的时候。兵法说："不应不动，敌将自静。"不迎战，按兵不动，敌人会自己安静下来。第七，可以躲避就躲避他，就如同周朝的古公亶父为躲避戎狄的进攻，离开邠地一样，可以退让就退让，如同韩信从侮辱他的人跨下钻过一样。古人说："身愈诎，道愈尊。"本身愈受冤屈，你提倡的道理就愈能尊显。又说："终身让畔，不失一段。"终生都在田界上让着别人，不会失去一点田地。第八，托付给上天。天道若是有知的，了解我的不是还有天吗？《诗经》说："投畀有昊。"把他交付给上天吧！第九，听凭命运的安排。人的互相往来，有时顺利，有时不顺利；有时与人相合，有时会背离；有时疏远了反而亲近，有时厚待他反而遭到怀疑；有时偶然相遇而和解，有时长久结怨而形成危险。鲁平公将要出去会见孟子，但受到了臧仓的阻拦；司马牛是孔子的弟子，但却有一个四处作乱的哥哥，难道这不是命运的安排吗？第十，外部安宁内部容易发生忧患，小人来侵扰则可以使你产生忧患意识，而不敢放松，这样就会使灾难消失在萌芽状态。孟子说："出则无敌国外患者，国恒亡。"经过三次自问之后，君子还要有如此的用心。那些敬爱他人但他人不敬爱自己、礼遇他人但他人不礼遇自己，于是就发怒的人，还有那些不敬爱别人、不礼遇别人，却希望别人敬爱、礼遇他的人，他们距离那些蛮横无理的人又有多远呢？

3.223　过责望人，亡身之念也。君子相与，要两有退心，不可两有进心。自反者，退心也。故刚两进则碎，柔两进则屈，万福皆生于退反。

[译文]

过分地责备别人，是危害自己的念头。君子与人相交，要双方都有退心，不能都有进心。反躬自问，就是退心。因此刚两进则碎，柔两进则屈，福分都源于此呀！

3.224　施者不知，受者不知，诚动于天之南，而心通于海之北，是谓神应。我意才萌，彼意即觉，不俟出言，可以默会，是谓念应。我以目授之，彼以目受之，人皆不知，两人独觉，是谓不言之应。我固强之，彼固拂之，阳异而阴同，是谓不应之应。明乎此者可以谈兵矣。

[译文]

施与的人不知道，接受的人也不知道，诚恳表现于天之南而诚心通于海之北，这叫神应。我刚萌发一种意念，对方马上领悟，不等出言，已经默会，这叫念应。我用目光授意，他用目光接受，别人都未察觉，只有我二人独知，这叫不言之应。我固执地勉强他，他固执地反对，表面上意见不同，暗中却是相同的，这叫不应之应。明白这些道理的人可以谈兵法了。

3.225　卑幼有过，慎其所以责让之者：对众不责，愧悔不责，暮夜不责，正饮食不责，正欢庆不责，正悲忧不责，疾病不责。

［译文］

地位低、年龄小的人有过错，一定要注意责备他们的方式：当众不要责备，已经愧疚后悔了不要责备，晚上不要责备，正在吃饭的时候不要责备，正在高兴的时候不要责备，正在悲伤忧愁的时候不要责备，生病的时候不要责备。

3.226　举世之议论有五：求之天理而顺，即之人情而安，可揆[①]圣贤，可质神明，而不必于天下所同，曰公论。情有所便，意有所拂，逞辩博以济其一偏之说，曰私论。心无私曲，气甚豪雄，不察事之虚实、势之难易、理之可否，执一隅之见，狃时俗之习，既不正大，又不精明，蝇哄蛙嗷，通国成一家之说，而不可与圣贤平正通达之识，曰妄论。造伪投奸，谂訾诡秘，为不根之言，播众人之耳，千口成公，久传成实，卒使夷、由为跻、跖，曰诬论。称人之善，胸无秤尺，惑于小廉曲谨，感其煦意象恭[②]，喜一激之义气，悦一霎之道言，不观大节，不较生平，不举全体，不要永终，而遽许之，曰无识之论。呜呼！议论之难也久矣，听之者可弗察与？

［注释］

①揆：度察。②象恭：貌似恭敬。

［译文］

世上的议论有五种：按天理来衡量符合天理，按人情来要求符合人情，可以让圣贤来度量，可以请神明来评定，而不必让天下人都认同，这叫公论。所议论的事对有些人有利，所讲的意见与有些人不合，旁征博引，以激烈的辩说来成就偏向一边的议论，这叫私论。心无私心，气甚豪雄，不观察事情的虚实、时势的难易、道理的可否，偏执己见，拘泥于当时的世俗，既不正大，又不精明，就像蝇哄蛙嗷，全国都是一种论调，但又不合圣贤平正通达的见识，这叫妄论。造伪投奸，诋毁诽谤，诡秘难言，造不根之言，播众人之耳，千口成公，久传成实，从而使伯夷、许由这样的贤者被诬陷为庄跻、盗跖那样的恶人，这叫诬论。称赞别人的好处，但胸中没有一点标准，迷惑于小处的廉洁，感动于和颜悦色似的恭敬，喜欢一时激发的义气，悦服一时合乎道理的话，不观大节，不其生平为人，不看全体，不要求永终，而马上称许，这叫无识之论。啊！议论之难是长久以来的事了，听的人难道不需要明察吗？

3.227　简静沉默之人，发用出来不可当。故停蓄之水一决不可御也，蛰处之物其毒不可当也，潜伏之兽一猛不可禁也。轻泄骤举，暴雨疾风耳，智者不惧焉。

［译文］

简静沉默之人，爆发出来不可阻挡。因此蓄存的水一旦决口就不可抵挡，蛰伏动物的毒性人们难以承受，潜伏的野兽凶猛起来不可禁止。轻易发出、骤然出现的东西，如同暴雨疾风一样，一会儿就过去了，有智慧的人不怕这些。

3.228　平居无事之时，则丈夫不可绳以妇人之守也；及其临难守死，则当与贞女烈妇比节。接人处众之际，则君子未尝示人以廉隅之迹也；及其任道徙义，则当与壮士健卒争勇。

［译文］

平居无事的时候，对大丈夫不可用妇人的操守来衡量；等到他临难赴死之时，则当与贞女烈妇比节。接人处世之际，君子不曾显示出品德方正的行迹；等到他担重任之时，则比壮士健卒还勇猛。

3.229　祸之成也，必有渐；其激也，奋于积。智者于其渐也绝之，于其积也消之，甚则决之。决之必须妙手，譬之疡然，郁而内溃，不如外决；成而后决，不如早散。

[译文]

祸患的形成，必然是渐渐的；它的突然发生，也是长久积累造成的。有智慧的人要绝其势头，消其积累，甚至要断绝祸根。断绝祸根必须妙手，譬如溃疡，养着它让它在内部化脓，不如从外面切开；形成脓疮再动手术，不如让它早早消散。

3.230　涵养不定的，恶言到耳先思驭气，气平再没错的；一不平，饶你做得是，也带著五分过失在。

[译文]

涵养、修养不成熟的时候，听到恶言要先思考，驾驭自己的脾气，心平气静之后就不会犯错误；一旦气无法平静，就算你做得再对，也带着五分过失。

3.231　疾言遽色、厉声怒气，原无用处。万事万物只以心平气和处之，自有妙应。余褊，每坐此失，书以自警。

[译文]

疾言遽色、厉声怒气，是毫无用处的。世上的万事万物，都要以心平气和来对待，自然会收到好结果。我思想狭隘，常常在这方面犯错，所以写下来作为警戒。

3.232　尝见一论人者云：“渠只把天下事认真做，安得不败？”余闻之甚惊讶。窃意天下事尽认真做去还做得不象，若只在假借面目上做工夫，成甚道理？天下事只认真做了，更有甚说？何事不成？方今大病痛，正患在不肯认真做，所以大纲常、正道理无人扶持，大可伤心。嗟夫！武子之愚[①]，所谓认真也与？

［注释］

①武子之愚：事见《论语·公冶长》。

［译文］

曾经听到一个议论别人的人说：“他只把天下事认真做了，怎么能不失败？”我听了之后非常惊讶。我一直以为认真尽力去做天下事还做得不好，如果只是在假借面目上做功夫，成什么道理？认真做天下事，又有什么可说的，又有什么事做不成呢？现在世上的一大病痛，正是患在不肯认真做，所以大纲常、正道理无人扶持，我们应该为之伤心。啊！我们所说的武子的愚蠢，难道不就是所谓的认真吗？

3.233　人人因循昏忽，在醉梦中过了一生，坏废了天下多少事！惟忧勤惕励之君子常自惺惺爽觉。

［译文］

人人因循守旧，惶惶忽忽，在醉梦中过了一生，坏废了天下多少事！只有忧愁劳苦、心存戒惧的君子，才是常常清醒和警觉的。

3.234　明义理易，识时势难。明义理，腐儒可能；识时势，非通儒不能也。识时易，识势难。识时，见者可能；识势，非蚤见者不能也。识势而蚤图之，自不至于极重，何时之足忧？

［译文］

明白义理容易，识破时势困难。明白义理，迂腐儒士可能做到；识破时势，不是通儒不能做到。识时易，识势难。识时，看到的人可能做到；识势，不是有预见的人不能做到。识破时势而提早谋划，事情就不会发展到极其严重的形势，之后还有什么可忧虑的呢？

3.235　只有无迹而生疑，再无有意而能掩者，可不畏哉？

［译文］

只有不留痕迹才会让人产生怀疑，没有有意而能设法掩饰的，不感到畏惧吗？

3.236　令人可畏，未有不恶之者，恶生毁；令人可亲，未有不爱之者，爱生誉。

［译文］

令人可畏，就没有不让人厌恶的，厌恶就会产生诽谤；令人可亲，就没有不让人喜欢的，喜欢就产生称赞。

3.237　先事体怠神昏，事到手忙脚乱，事过心安意散，此事之贼也，兵家尤不利此。

［译文］

事前昏头昏脑，放松懈意，事到手忙脚乱，事后若无其事，这是做事的大害，也是兵家的大忌。

3.238　善用力者，举百钧若一羽；善用众者，操万旅若一人。

［译文］

善用力的人，举百钧重量的物品就如同拿一根羽毛；善用众的人，操纵万支军队就如同指挥一人。

3.239　没这点真情，可惜了繁文侈费；有这点真情，何嫌于二簋一掬[①]。

［注释］

①二簋一掬：形容饮食不丰盛。簋，音鬼，古代祭祀时用的器皿。掬，半升。

［译文］

没有真情，就可惜了烦琐文字和奢侈的花费；有真情，就不在乎简单的饮食。

3.240　百代而下，百里而外，论人只是个耳边纸上，并迹而诬之，那能论心？呜呼！文士尚可轻论人乎哉？此天谴鬼责所系，慎之。

［译文］

百代之后，百里之外，评论人只是凭言论和文章，他的行迹也会被歪曲，还能做到公平吗？啊！文士可以这么轻易就评论别人吗？这是上天和鬼神都要谴责的事情，一定要慎重。

3.241　或问："怨尤之念，底是难克，奈何？"曰："君自来怨尤，怨尤出甚的？天之水旱为虐，不怕人怨，死自死耳，水旱自若也。人之贪残无厌，不怕你尤，恨自恨耳，贪残自若也。此皆无可奈何者。今且不望君自修自责，只将这无可奈何事恼乱心肠，又添了许多痛苦，不若淡然安之，讨些便宜。"其人大笑而去。

［译文］

有人问："怨恨责怪的念头难以克制，怎么办？"回答说："你从来只是怨天尤人，你怨尤出什么来了？水旱这样的天灾肆虐，不怕人怨，死就死了，水旱还是老样子。有的人贪婪无厌、残忍欺弱，不怕你怨恨，恨就恨了，他还是老样子。这都是无可奈何的情况。现在不奢望你能自修自责，只是因这些无可奈何的事而烦恼、痛苦，还不如淡然处之更好一些。”此人听完我的话，大笑而去。

3.242　见事易，任事难。当局者只怕不能实见得，果实见得，则死生以之，荣辱以之，更管甚一家非之，一国非之，天下非之。

［译文］

事情总是看起来容易做起来难。当事人只怕不能认识清楚，如果认清了，不怕生死，不畏荣辱，都要做下去，哪管它什么一家的非议，一国的非议，天下人的非议。

3.243　人事者，事由人生也；清心省事，岂不在人！

［译文］

事情都是由人做出来的；清心省事，难道不是都取决于人吗？

3.244　闭户于乡邻之斗，虽有解纷之智，息争之力，不为也，虽忍而不得谓之杨朱[①]。忘家于怀襄[②]之时，虽有室家之忧，骨肉之难，不顾也，虽劳而不得谓之墨翟[③]。

［注释］

①杨朱：战国时魏人，字子居，后于墨翟，先于孟子。其说重在爱己，不以物累，不拔一毛以利天下。②怀襄：洪水侵陵环绕。③墨翟：墨子名，墨家学派创始人。

［译文］

乡邻发生争斗，自己闭户不出，虽然有解决纷争的智慧，有停止争斗的力量，但也不管不问。虽然有点心狠，也不能称作不拔一毛以利天下的杨朱。为了解救洪水的灾难，即使家庭有忧患，骨肉有危险，也不管不问。这样的人即使再辛苦，也不能称作墨翟。

3.245　流俗污世中真难做人，又跳脱不出，只是清而不激就好。

[译文]

在流俗污世中做人困难，但是又无法挣脱出来，只要做到自身清白，不再激起污水就好。

3.246　恩莫到无以加处，情薄易厚，爱重成隙。

[译文]

恩情不要到无以加覆的地步，薄情容易加厚，爱太重就容易反目成仇。

3.247　欲为便为，空言何益？不为便不为，空言何益？

[译文]

想做就做，说空话有什么用处？不做就不做，说空话有什么用处？

3.248　以至公之耳听至私之口，舜、跖易名矣。以至公之心行至私之闻，黜陟易法矣。故兼听则不蔽，精察则不眩，事可从容，不必急遽也。

[译文]

以大公无私之耳听那些私心很重的话，舜和跖的名字就会颠倒。以大公无私之心接纳那些私心很重的传闻，升降的速度就会改变。所以说兼听则明，精察则不会被迷惑，事情可以从容做的，就不必急遽。

3.249　某居官，厌无情者之多言，每裁抑之。盖无厌之欲，非分之求，若以温颜接之，彼恳乞无已，烦琐不休，非严拒则一日之应酬几何？及部署日看得人有不尽之情，抑不使通，亦未尽善。尝题二语于私署云：“要说的尽著都说，我不嗔你；不该从未敢轻从，你休怪我。”或曰：“毕竟往日是。”

[译文]

我做官的时候，讨厌那些虚伪不实的人多言多语，每每制止他们，抑制他们。对那些无止的欲望和非分的要求，如果以温和的态度来对待，他就会喋喋不休地乞求，除非严厉地拒绝，否则一天到晚的应酬何时休止？直到在部里做官的时候，才看到人家还没有讲完的情况，如果不让他说完，似乎不太好。曾经我在私宅题了两句话：“要说的尽着都说，我不嗔你；不该从未敢轻从，你休怪我。”有人说：“还是你以前做得对。”

3.250　同途而遇，男避女，骑避步，轻避重，易避难，卑幼避尊长。

[译文]

在同一条路上遇到，男的要避女的，骑马的要避走路的，装载轻的要避装载重的，善行走的要避行走不便的，年幼的要避尊长的。

3.251　势之所极，理之所截，圣人不得而毫发也。故保辜[①]以时刻分死生，名次以相邻分得失。引绳之绝，堕瓦之碎，非必当断当敝之处，君子不必如此区区也。

[注释]

①保辜：古代刑律规定，凡打伤人者，官府立限，责令被告为伤者治疗。

如伤者在期限内因伤致死，则以死论罪。不死，以伤论罪。叫“保辜”。

[译文]

判断时势是否到达了极点，事情是否合乎道理，圣人不能不在毫发之间斟酌。所以“保辜”这条法律，判断是打伤人还是打死人，都规定了时限；而排列名次，就分出了前后得失。至于牵引的绳子断了，掉下来的瓦片碎了，不必弄清是在何时断的、碎的。对这类事情，君子不必区区计较。

3.252　制礼法以垂万世、绳天下者，须是时中之圣人，斟酌天理人情之至而为之。一以立极，无一毫矫拂心，无一毫惩创心，无一毫一切心。严也而于人情不苦，宽也而于天则不乱，俾天下肯从而万世相安。故曰：“礼之用，和为贵[①]。”“和”之一字，制礼法时，合下便有，岂不为美？《仪礼》不知是何人制作，有近于迂阔者，有近于迫隘者，有近于矫拂者，大率是个严苛繁细之圣人所为，胸中又带个惩创矫拂心而一切之。后世以为周公也，遂相沿而守之，毕竟不便于人情者，成了个万世虚车。是以繁密者激人躁心，而天下皆逃于阔大简直之中；严峻者激人畔心，而天下皆逃于逍遥放恣之地。甚之者乃所驱之也。此不可一二指。余读《礼》，盖心不安而口不敢道者，不啻百余事也，而宋儒不察《礼》之情，又于节文上增一重锁钥，予小子何敢言？

[注释]

①礼之用，和为贵：语出《论语·学而》。

[译文]

制定礼法是为了能够流传万世，作为衡量天下人行为的准则。制定礼法的人必须是立身行事都能合乎时宜和中道的圣人，斟酌天理人情的最细微之处确定。有一定的标准，没有一毫纠正谁或忤逆谁的意思，没有一毫惩罚谁或伤害谁的意思，又不一概而论。严格，但符合人情；宽容，但又不违背自然法则，使天下的人肯于遵从而万世相安，所以说“礼之用，和为贵”。“和”这个字制定礼法的时候，便包含在内，岂不好吗？《仪礼》不知道是什么人写的，有接近于迂阔的地方，有接近于迫隘的地方，有接近于矫拂的地方，大概是个严苛繁细的圣人所做的，心中又有个惩罚、纠正的思想而一概而论。后世以为是周公所做的，遂相沿遵守，毕竟不便于人情，成了万世虚设的东西。因此说烦琐细密的东西激发人的躁心，天下人就都会逃到广阔简单的地方去；严峻苛刻的东西激发人的叛心，天下人都会逃到逍遥放任的地方去。说得更严重些，简直是逼着人们叛离。《仪礼》中这样的问题不只一二处。我读《礼》，内心不安而口不敢说的不只有百余事，而宋儒不体察《礼》的情况，又在礼仪仪式上增加了一层枷锁，我作为后生，又怎么敢说呢？

3.253　礼无不报，不必开多事之端；怨无不酬，不可种难言之恨。

［译文］

礼尚往来可以回报，但是不必开多事之端；对怨恨也可以回报，但是不可种下难言之恨。

养生

3.254　夫水，遏之乃所以多之，泄之乃所以竭之。惟仁者能泄，惟智者知泄。

[译文]

水被阻遏了就增多，泄放了就枯竭。只有仁者有能力疏泄，只有智者知道怎样疏泄。

3.255　天地间之祸人者，莫如多；令人易多者，莫如美。美味令人多食，美色令人多欲，美声令人多听，美物令人多贪，美官令人多求，美室令人多居，美田令人多置，美寝令人多逸，美言令人多入，美事令人多恋，美景令人多留，美趣令人多思，皆祸媒也。不美则不令人多，不多则不令人败。予有一室，题之曰“远美轩”，而扁其中曰“冷淡”。非不爱美，惧祸之及也。夫鱼见饵不见钩，虎见羊不见阱，猩猩见酒不见人，非不见也，迷于所美而不暇顾也。此心一冷，则热闹之景不能入；一淡，则艳冶之物不能动。夫能知困穷抑郁、贫贱坎坷之为祥，则可与言道矣。

[译文]

天地间给人带来灾祸的，就是多；令人改变很多的，就是美。美味令人多食，美色令人多欲，美声令人多听，美物令人多贪，美官令人多求，美室令人多居，美田令人多置，美寝令人多逸，美言令人多入，美事令人多恋，美景令人多留，美趣令人多思，这都是灾祸的媒介。不美则不令人多欲望，不多欲望则不令人失败。我有一室，题之曰“远美轩”，并且在匾中又题曰“冷淡”。不是不爱美，而是害怕灾祸的到来。鱼能看见饵而看不见钩，虎能看见羊而看不见陷阱，猩猩能看见酒而看不见人，不是看不见，而是迷于所迷恋的东西而无暇顾及。此心一冷，则热闹的地方不能入；一淡，则艳冶之物不能动。能够知道困穷抑郁、贫贱坎坷是祥兆，就可以和此人说道了。

3.256　以肥甘爱儿女而不思其伤身，以姑息爱儿女而不恤其败德，甚至病以死，犯大辟而不知悔者，皆妇人之仁也。噫！举世之自爱而陷于自杀者又十人而九矣。

[译文]

让儿女吃肥美的食物，却不知道会伤害他们的身体；姑息儿女的错处，却不知道会让他们道德败坏。甚至病死，犯了杀头的罪也不知道悔改，这都是妇人之仁呀。唉！世界上自爱却又陷于自杀境地的人十有八九。

3.257　五闭，养德养生之道也。或问之曰："视、听、言、动、思将不启与？"曰："常闭而时启之，不弛于事可矣，此之谓夷夏关。"

[译文]

五闭，养德养生之道也。有人问："视、听、言、动、思都不开启吗？"回答说："经常关闭而有事开启，只要不使事情荒废就可以了。这是夷、夏的区分。"

3.258　今之养生者，饵[①]药、服气[②]、避险、辞难、慎时、寡欲，诚要法也。嵇康善养生，而其死也，却在所虑之外，乃知养德尤养生之第一要也。德在我而蹈白刃以死，何害其为养生哉？

[注释]

①饵：食。②服气：一作"食气"，一种古代养生方法，同吐纳相似。

[译文]

今天养生的人，吃药、服气、避险、辞难、慎时、寡欲，这的确都是很重要的方法。嵇康深知养生之道，但最后难逃一死，他的死却是因为养生之外的事，因此我们知道养德才是养生第一要务。

如果我是有德的人，即使死于白刃，对我养生又有什么妨害呢？

3.259　愚爱谈医，久则厌之。客言及者告之曰：“以寡欲为四物[①]，以食淡为二陈[②]，以清心省事为四君子[③]。无价之药，不名之医，取诸身而已。”

[注释]

①四物：四物汤。四物为当归、川芎、白芍、熟地，功能为调精补血。②二陈：二陈汤，成分为半夏、陈皮等，功能为理气和中。③四君子：四君子汤，成分为人参、甘草、茯苓、白术等，功能为益气健脾。

[译文]

我爱谈医，时间长了就厌烦了。客人问到医学的问题，我就告诉他说：“以寡欲为四物汤，以食淡为二陈汤，以清心省事为四君子汤。无价之药，不名之医，从自己身上寻找就可以了。”

3.260　仁者寿，生理完也；默者寿，元气定也；拙者寿，元神固也。反此皆夭道也。其不然，非常理耳。

[译文]

仁者长寿，是因为对人生的道理了解得很清楚；默者长寿，是因为元气安定；拙者长寿，是因为元神牢固。与此相反的都是夭折之道。如果不是这样，就不符合常理。

3.261　盗为男戎，色为女戎。人皆知盗之劫杀为可畏，而忘女戎之劫杀，悲夫！

[译文]

盗是手持兵器的男人，色是带着武器的女人。人们都知道强盗杀人劫物的可怕，而忘记了女色也会杀人，可悲呀！

3.262　太朴，天地之命脉也，太朴散而天地之寿夭可卜矣。故万物蕃则造化之元精耗散。木多实者根伤，草出茎者根虚，费用广者家贫，言行多者神竭，皆夭道也。老子受用处尽在此中看破。

［译文］

元气，是天地的命脉，元气散了，天地是长寿还是夭折就可想而知了。因此万物繁茂，造化的元气精神就会耗散。树木果实结多了就会伤根，草长出茎叶根就虚弱，花费多了家就贫穷，言行多了精神就会衰竭，这都是夭折之道。老子受用的地方，就是看到了这些道理。

3.263　饥寒痛痒，此我独觉，虽父母不之觉也。衰老病死，此我独当，虽妻子不能代也。自爱自全之道不自留心，将谁赖哉！

［译文］

饥寒痛痒，只有我自己能够体会，即使父母也无法替代。生老病死，只能自己承担，即使妻子儿女也无法替代。自爱自全之道自己不留心不注意，还要依赖谁呢？

3.264　气有为而无知，神有知而无为，精者无知无为，而有知有为之母也。精，天一也，属水，水生气；气，纯阳也，属火，火生神；神，太虚也，属无，而丽于有。精盛则气盛，精衰则气衰，故甑涸而不蒸。气存则神存，气亡则神亡，故烛尽而火灭。

［译文］

气有作用而无知觉，神有知觉而无作用，精者无知觉无作用，它是有知觉有作用的源头。精，天一的精华，属水，水生气；气，纯阳之气，属火，火生神；神，太虚也，属无，有别于有。精盛则气盛，精衰则气衰，所以瓦甑虽然干涸而不被蒸发。气存则神存，气亡则神亡，所以蜡烛燃尽之后，火自然就灭了。

3.265　气只够喘息底，声只够听闻底，切莫长余分毫，以耗无声无臭之真体。

[译文]

气只够喘息，声只够听闻，切不要多余分毫，否则就会消耗无声无臭的真元之体。